iBT 고득점으로 가는

Grammar & Writing **3**

2nd Edition

DARAKWON

김민호
선문대학교 통번역 대학원 석사(한영과)
전) 정이조 영어학원 동작캠퍼스 원장
전) 정이조 영어학원 목동캠퍼스 원장
현) 김민호 영어 원장

전진완
한국외국어대학교 대학원 영어과 석사
현) 정이조 영어학원 문법 전문 강사

지은이 김민호, 전진완
펴낸이 정규도
펴낸곳 (주)다락원

개정판 1쇄 인쇄 2014년 7월 24일
개정판 7쇄 발행 2021년 8월 27일

편집 최주연, 류혜원, 김민주, 이동호
영문 교열 Michael A. Putlack, Mark Thorrowgood
디자인 조화연, 김금주

다락원 경기도 파주시 문발로 211
내용문의: (02)736-2031 내선 502
구입문의: (02)736-2031 내선 250~252
Fax: (02)732-2037
출판등록 1977년 9월 16일 제406-2008-000007호

Copyright ⓒ 2014 김민호・전진완

값 12,500원

ISBN 978-89-277-0734-9 54740
ISBN 978-89-277-0731-8 54740 (set)

http://www.darakwon.co.kr
다락원 홈페이지를 방문하시면 상세한 출판정보와 함께 동영상강좌, IMP3자료 등 다양한 어학 정보를 얻으실 수 있습니다.

iBT 고득점으로 가는

Grammar & Writing

3

2nd Edition

DARAKWON

학생들에게 영어 문법을 강의하면서, 문법 시간에 배운 내용을 활용하여 문장을 만들고 자기 생각과 의견을 영어로 표현하는 데 도움을 주고 싶다는 생각을 오랫동안 해 왔습니다. 그러던 차에, iBT 토플뿐만 아니라 토익 시험에도 Writing, Speaking 시험이 도입된다는 소식을 듣고, 영어 문법을 활용하여 Writing 훈련을 할 수 있는 책을 쓰는 일을 더 이상 미루면 안 되겠다고 마음먹게 되었습니다.

앞으로는 자기 생각과 의견을 영어로 표출하는 Output English가 대단히 중요한 시대가 될 것입니다. 학교 영어 교육에서도 Writing과 Speaking의 비중이 늘어났고 앞으로도 점점 더 커지게 되겠지요.

iBT 고득점으로 가는 Grammar & Writing은 영어 문법을 정확히 이해하여 기본을 탄탄히 다지고, 이를 바탕으로 영어 Writing과 Speaking을 잘 할 수 있도록 만든 교재입니다.

매 Unit의 구성과 특징을 살펴볼까요?

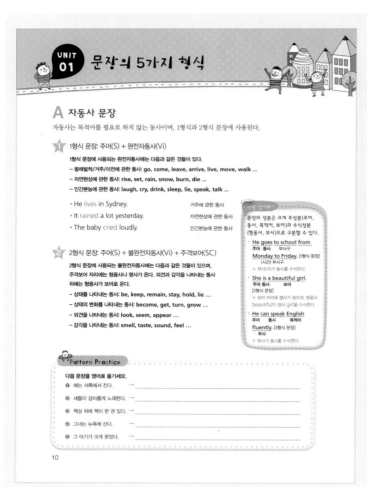

Unit의 핵심 문법 사항

먼저 그 Unit에서 꼭 알아두어야 할 핵심 문법 사항을 각 단계에 맞는 생생한 예문과 함께 쉽게 설명했습니다.

이건 알아둬~

Writing에 적용하기 / 독해에 적용하기

핵심 문법 사항 중에서도 특히 독해와 Writing에 적용할 수 있는 중요한 영어 팁은 필요할 때마다 상자 안에 따로 간추려 놓았습니다.

Pattern Practice

간단한 쪽지시험으로 지금 배운 문법 사항을 곧바로 확인해 볼 수 있습니다.

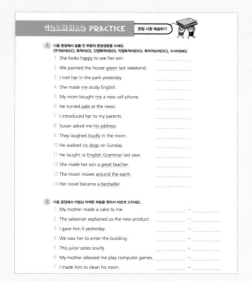

Grammar Practice

다양한 유형의 문제로 그 Unit에서 배운 문법
사항을 한꺼번에 복습해 봅니다.

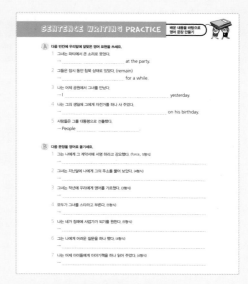

Sentence Writing Practice

배운 문법 사항을 바탕으로 영어 문장을 만들어
보면서 영작 실력을 연마합니다.

Chapter Review Test

한 Chapter가 끝나면 단답형 및 영작 등 다양한
유형의 문제를 풀어보면서 배운 내용을 전체적으로
다시 한 번 복습합니다.

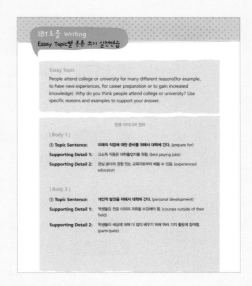

iBT 토플 Writing
Essay Topic별 본론 쓰기 실전연습

iBT 토플 Writing 시험 고득점을 위해 논리적으로
아이디어를 정리하여 본문을 쓰는 요령을 익힙니다.

여러분이 이 책을 통해서 영어 문법을 쉽고 명확하게 정리하고, 정리한 문법을 활용하여
영어 문장을 만드는 감각을 멋지게 향상시킬 수 있기를 기대합니다.

김민호, 전진완

CONTENTS

문장의 구조

UNIT 01 문장의 5가지 형식

A 자동사 문장

자동사는 목적어를 필요로 하지 않는 동사이며, 1형식과 2형식 문장에 사용된다.

 1형식 문장: 주어(S) + 완전자동사(Vi)

1형식 문장에 사용되는 완전자동사에는 다음과 같은 것들이 있다.

– 왕래발착/거주/이전에 관한 동사: **go, come, leave, arrive, live, move, walk** …

– 자연현상에 관한 동사: **rise, set, rain, snow, burn, die** …

– 인간본능에 관한 동사: **laugh, cry, drink, sleep, lie, speak, talk** …

• He lives in Sydney.	거주에 관한 동사
• It rained a lot yesterday.	자연현상에 관한 동사
• The baby cried loudly.	인간본능에 관한 동사

 2형식 문장: 주어(S) + 불완전자동사(Vi) + 주격보어(SC)

2형식 문장에 사용되는 불완전자동사에는 다음과 같은 것들이 있으며, 주격보어 자리에는 형용사나 명사가 온다. 외견과 감각을 나타내는 동사 뒤에는 형용사가 보어로 온다.

– 상태를 나타내는 동사: **be, keep, remain, stay, hold, lie** …

– 상태의 변화를 나타내는 동사: **become, get, turn, grow** …

– 외견을 나타내는 동사: **look, seem, appear** …

– 감각을 나타내는 동사: **smell, taste, sound, feel** …

> **:stop:**
> **이건 알아둬~**
>
> 문장의 성분은 크게 주성분(주어, 동사, 목적어, 보어)과 수식성분 (형용사, 부사)으로 구분할 수 있다.
>
> • <u>He goes to school from</u>
>   주어 동사   부사구
>   <u>Monday to Friday.</u> [1형식 문장]
>   (시간) 부사구
>   ≫ 부사(구)가 동사를 수식한다.
>
> • <u>She is a beautiful girl.</u>
>   주어 동사   보어
>   [2형식 문장]
>   ≫ 보어 자리에 명사가 왔으며, 형용사 beautiful이 명사 girl을 수식한다.
>
> • <u>He can speak English</u>
>   주어   동사   목적어
>   <u>fluently.</u> [3형식 문장]
>   부사
>   ≫ 부사가 동사를 수식한다.

Pattern Practice

다음 문장을 영어로 옮기세요.

❶ 해는 서쪽에서 진다. → _____

❷ 새들이 감미롭게 노래한다. → _____

❸ 책상 위에 책이 한 권 있다. → _____

❹ 그녀는 뉴욕에 산다. → _____

❺ 그 아기가 크게 웃었다. → _____

- Life is wonderful.　　　　　　　　　　　상태를 나타내는 동사
- The leaves have turned red and yellow.　　상태의 변화를 나타내는 동사
- The bride looks very happy. (happily가 아님)　외견을 나타내는 동사
- This soup tastes sweet. (sweetly가 아님)　　감각을 나타내는 동사

B 타동사 문장

타동사는 목적어를 필요로 하는 동사이며, 3, 4, 5형식 문장에 사용된다.

⭐ 3형식 문장: 주어(S) + 완전타동사(Vt) + 목적어(O)

3형식 문장에 사용되는 완전타동사에는, 1형식과 2형식 문장에서 사용되는 동사를 제외한 대부분의 동사들이 해당된다. 목적어는 완전타동사의 대상이 되는 말이다.

- He bought a new car last month.　　　　　　buy의 대상 → a new car
- I have written a long letter to her.　　　　　write의 대상 → a long letter
- We can rely on him.　　　　　　　　　　　rely on의 대상 → him
  자동사 + 전치사 = 타동사구 (타동사구는 목적어를 취한다.)
- I didn't laugh at you.　　　　　　　　　　laugh at의 대상 → you
- You should take off your shoes inside the house.　take off의 대상 → your shoes
  타동사 + 부사 = 타동사구 (타동사구는 목적어를 취한다.)
- He turned off the light before he left the office.　turn off의 대상 → the light
- They looked up to him as a great scholar.　look up to의 대상 → him
  동사 + 부사 + 전치사 = 타동사구 (타동사구는 목적어를 취한다.)

> **stop 이건 알아둬~**
>
> 동사와 같은 의미의 목적어를 동족목적어라고 한다.
> - She lived a happy life.
>   (그녀는 행복한 삶을 살았다.)
> - I dreamed a strange dream.
>   (나는 이상한 꿈을 꾸었다.)

Pattern Practice

다음 문장에서 밑줄 친 부분이 주격보어(SC)인지 목적어(O)인지 쓰세요.

1. She is a beautiful girl.　　　　　　＿＿＿＿＿＿＿＿
2. I like beautiful girls.　　　　　　　＿＿＿＿＿＿＿＿
3. He wrote a book.　　　　　　　　＿＿＿＿＿＿＿＿
4. This is a book.　　　　　　　　　＿＿＿＿＿＿＿＿
5. She looks happy.　　　　　　　　＿＿＿＿＿＿＿＿

4형식 문장: 주어(S) + 완전타동사/수여동사(Vt) + 간접목적어(IO) + 직접목적어(DO)

(1) 4형식 문장에 사용되는 수여동사는 '~에게'에 해당하는 간접목적어(사람)와 '~을'에 해당하는 직접목적어(사물), 이렇게 2개의 목적어가 필요하다. 수여동사에는 다음과 같은 것들이 있다.

> give, send, hand, tell, teach, write, pay, bring, buy, make, build, lend, read, show, get, ask, serve, find, order

- I sent her a present last week. 4형식
  - → I sent a present to her last week. 3형식
  ≫ 동사가 give, send, tell, show, read, teach 등일 때는 간접목적어 앞에 to를 붙인다.

- She bought me a cell phone when I graduated from elementary school. 4형식
  - → She bought a cell phone for me when I graduated from elementary school. 3형식
  ≫ 동사가 make, buy, get, order 등일 때는 간접목적어 앞에 for를 붙인다.

- He asked me Susan's mobile number. 4형식
  - → He asked Susan's mobile number of me. 3형식
  ≫ 동사가 ask, inquire 등일 때는 간접목적어 앞에 of를 붙인다.

- He gave me it. 4형식(매우 어색하며 거의 사용하지 않음)
  - → He gave it to me. 3형식(자연스러운 표현)
  ≫ 직접목적어가 대명사일 경우에는 4형식으로 사용하지 않고 3형식 문장으로 사용해야 한다.

(2) 다음 동사는 4형식 문장으로만 사용하며 3형식 문장으로 전환해서 사용하지 않는다.

> cost, envy, save, forgive, pardon

- The work cost Steve his life.
  cf. The work cost his life to Steve. (×)

- They envy him his intelligence.
  cf. They envy his intelligence to him. (×)

- This machine saved us a lot of hard work.
  cf. This machine saved a lot of hard work for us. (×)

Pattern Practice

다음 문장에서 어법상 어색한 부분을 찾아서 고치세요.

❶ I bought a smart phone to her. _____ → _____

❷ I gave him it. _____ → _____

❸ She sent a present for me. _____ → _____

❹ IT devices have saved a lot of time for us. _____ → _____

❺ He asked the question to me. _____ → _____

(3) 다음 동사는 3형식 문장으로만 사용하며 4형식문장으로 사용하지 않는다.

> explain, introduce, announce, recommend, mention, propose, suggest, confess

- She explained <u>the contract</u> to me.
  cf. She explained me the contract. (×)
- He introduced <u>me</u> to the professor.
  cf. He introduce me the professor. (×)
- They announced <u>a new plan</u> to the public.
  cf. They announced the public a new plan. (×)

③ 5형식 문장: 주어(S) + 불완전타동사(Vt) + 목적어(O) + 목적격보어(OC)

(1) 5형식에 사용되는 불완전타동사는 목적어에 대한 보충설명, 즉 목적격격보어(OC)가 필요하다. 목적격보어로는 명사, 형용사, **to**부정사, 원형부정사, 현재분사, 과거분사가 올 수 있다. 불완전타동사에는 다음과 같은 것들이 있다.

> want, elect, call, believe, find, paint, order, ask, force, see, hear, feel, let, make, have

- They call <u>him</u> a genius.   목적격보어가 명사
- He painted <u>his car</u> red yesterday.   목적격보어가 형용사
- My father allowed <u>me</u> to use his computer.   목적격보어가 to부정사
- She saw <u>someone</u> run across the street.   목적격보어가 원형부정사
  ≫ 지각동사가 오면 목적격보어에 원형부정사(동사원형)를 사용한다.
  She saw <u>someone</u> running across the street.   목적격보어가 현재분사
  ≫ 목적어와 목적격보어가 능동의 관계일 때는, 목적격보어로 현재분사를 사용할 수 있는데, 이때는 진행 중인 동작을 강조하는 표현이 된다.
- The teacher had <u>his students</u> complete their application forms. 목적격보어가 원형부정사
  ≫ 사역동사가 오면 목적격보어에 원형부정사(동사원형)를 사용한다.
  The teacher had <u>the application forms</u> completed by his students. 목적격보어가 과거분사
  ≫ 목적어와 목적격보어가 수동의 관계일 때는 목적격보어에 과거분사가 온다.

(2) 직접목적어(DO)는 동사의 대상이 되는 말이고, 목적격보어(OC)는 목적어를 보충설명 해 주는 말로서 목적어(O)와 목적격 보어(OC)사이에는 주어와 술어의 관계가 성립된다.
- She made <u>her son</u> <u>a toy</u>. ≫ her son과 a toy는 주술 관계가 아님. a toy는 직접목적어
- She made <u>her son</u> <u>a lawyer</u>. ≫ her son과 a lawyer는 주술 관계임. a lawyer는 목적격보어

Pattern Practice

다음 문장에서 목적보어(OC)에 밑줄을 그으세요.
❶ I saw her cheating on the exam.
❷ We call him a genius.
❸ I painted the car green.
❹ He made his son a doctor.
❺ They made him sign the contract.

C 문장 형식에 따라 의미가 달라지는 동사들

한 동사는 여러 가지 형식의 문장에 사용될 수 있으며, 그때마다 의미가 달라진다.

• Glass breaks easily.	1형식, 자동사, 깨지다
• The boy broke the window.	3형식, 타동사, ~을 깨뜨리다
• The earth moves around the sun.	1형식, 자동사, 움직이다
• Steve moved the desk in to his office.	3형식, 타동사, ~을 옮기다
• Honesty always pays.	1형식, 자동사, 이롭다.
• He has to pay the money to Susan.	3형식, 타동사, ~을 지불하다
• That will do.	1형식, 자동사, 충분하다
• I do my homework after school.	3형식, 타동사, ~을 하다
• The pen writes smoothly.	1형식, 자동사, 써지다
• He wrote a book on history.	3형식, 타동사, ~을 쓰다
• Every minute counts.	1형식, 자동사, 중요하다
• He counted the eggs.	3형식, 타동사, ~을 세다
• This machine doesn't work.	1형식, 자동사, 작동하다
• He worked himself too hard.	3형식, 타동사, 일 시키다
• They walked along the river.	1형식, 자동사, 걷다
• She walks her dog every day.	3형식, 타동사, ~을 걷게 하다
• This book sells well.	1형식, 자동사, 팔리다
• He sells used cars.	3형식, 타동사, ~을 팔다
• He is running now.	1형식, 자동사, 달리다
• He is running a hotel.	3형식, 타동사, ~을 운영하다
• Birds sing sweetly.	1형식, 자동사, 노래하다
• They are singing Christmas carols together.	3형식, 타동사, ~을 노래 부르다
• Everything has changed a lot.	1형식, 자동사, 바뀌다
• He changed the plan.	3형식, 타동사, ~을 바꾸다
• I think, therefore, I am.	1형식, 자동사, 존재하다
• I am a student.	2형식, 자동사, ~이다
• He read a book last night.	3형식, 타동사, ~을 읽다
• He read his son a book last night.	4형식, 타동사, ~에게 …을 읽어주다
• I made a toy.	3형식, 타동사, ~을 만들다
• I made my son a toy.	4형식, 타동사, ~에게 …을 만들어주다
• I made my son a doctor.	5형식, 타동사, ~을 …으로 만들다

Pattern Practice

다음 문장을 해석하세요.

❶ Glass breaks easily. → _____

❷ Every minute counts. → _____

❸ This book sells well. → _____

❹ The pen writes smoothly. → _____

14

A 다음 문장에서 밑줄 친 부분의 문장성분을 쓰세요.
[주격보어(SC), 목적어(O), 간접목적어(IO), 직접목적어(DO), 목적격보어(OC), 수식어(M)]

1 She looks <u>happy</u> to see her son. _____

2 We painted the house <u>green</u> last weekend. _____

3 I met <u>her</u> in the park yesterday. _____

4 She made <u>me</u> study English. _____

5 My mom bought <u>me</u> a new cell phone. _____

6 He turned <u>pale</u> at the news. _____

7 I introduced <u>her</u> to my parents. _____

8 Susan asked me <u>his address</u>. _____

9 They laughed <u>loudly</u> in the room. _____

10 He walked <u>his dogs</u> on Sunday. _____

11 He taught us <u>English Grammar</u> last year. _____

12 She made her son <u>a great teacher</u>. _____

13 The moon moves <u>around the earth</u>. _____

14 Her novel became <u>a bestseller</u>. _____

B 다음 문장에서 어법상 어색한 부분을 찾아서 바르게 고치세요.

1 My mother made a cake to me. _____ → _____

2 The salesman explained us the new product. _____ → _____

3 I gave him it yesterday. _____ → _____

4 We saw her to enter the building. _____ → _____

5 This juice tastes sourly. _____ → _____

6 My mother allowed me play computer games. _____ → _____

7 I made him to clean his room. _____ → _____

8 She asked Tom's address to me. _____ → _____

9 She showed her pictures for us. _____ → _____

A 다음 빈칸에 우리말에 알맞은 영어 표현을 쓰세요.

1 그녀는 파티에서 큰 소리로 웃었다.

→ _____ _____ _____ at the party.

2 그들은 잠시 동안 침묵 상태로 있었다. (remain)

→ _____ _____ _____ for a while.

3 나는 어제 공원에서 그녀를 만났다.

→ I _____ _____ _____ _____ _____ yesterday.

4 나는 그의 생일에 그에게 자전거를 하나 사 주었다.

→ _____ _____ _____ _____ _____ on his birthday.

5 사람들은 그를 대통령으로 선출했다.

→ People _____ _____ _____.

B 다음 문장을 영어로 옮기세요.

1 그는 나에게 그 계약서에 서명 하라고 강요했다. (force, 5형식)

→ _____

2 그녀는 지난달에 나에게 그의 주소를 물어 보았다. (4형식)

→ _____

3 그녀는 작년에 우리에게 영어를 가르쳤다. (3형식)

→ _____

4 모두가 그녀를 스타라고 부른다. (5형식)

→ _____

5 나는 네가 장래에 사업가가 되기를 원한다. (5형식)

→ _____

6 그는 나에게 어려운 질문을 하나 했다. (4형식)

→ _____

7 나는 어제 아이들에게 이야기책을 하나 읽어 주었다. (4형식)

→ _____

UNIT 02 자동사와 타동사 구분

A 주의해야 할 자동사와 타동사

 1 자동사로 혼동하기 쉬운 타동사

타동사 다음에 목적어가 올 때 전치사는 필요 없으니 주의하자.

• Susan resembles <u>her mother</u>.	resemble with (×)
• She married <u>a rich man</u>.	marry with (×)
• He entered <u>his room</u>.	enter into (×)
• I attended <u>the meeting</u>.	attend to (×)
• They reached <u>Seoul</u> yesterday.	reach to (×)
• He addressed <u>his followers</u>.	address to (×)
• Steve answered <u>my question</u>.	answer to (×)
• You should obey <u>your parents</u>.	obey to (×)
• We discussed <u>the problem</u> at the meeting.	discuss about (×)
• He explained <u>a new marketing strategy</u> to his boss.	explain about (×)
• Most women survive <u>their spouses</u>.	survive after (×)

Pattern Practice

다음 문장에서 어법상 어색한 부분을 찾아서 바르게 고치세요.

❶ She explained about the new product to us. ＿＿＿＿＿ → ＿＿＿＿＿

❷ I will marry with a pretty woman. ＿＿＿＿＿ → ＿＿＿＿＿

❸ A lot of people entered into the auditorium. ＿＿＿＿＿ → ＿＿＿＿＿

❹ We should obey to our parents. ＿＿＿＿＿ → ＿＿＿＿＿

❺ She answered to their question. ＿＿＿＿＿ → ＿＿＿＿＿

2 타동사로 혼동하기 쉬운 자동사

자동사 중에는 우리말로 '~을', '~에게'로 해석되기 때문에 목적어를 필요로 하는 타동사로 혼동하기 쉬운 경우가 있다.
이런 동사들은 전치사와 함께 목적어를 취한다는 것에 주의하자.

- They objected <u>to</u> his proposal.
  They objected his proposal. (×)　　　　　　　object 뒤에 전치사가 필요

- He apologized <u>to</u> me for being rude.
  He apologized me for being rude. (×)　　　apologize 뒤에 전치사가 필요

- She complained <u>about</u> her neighbor's dog to the police.
  She complained her neighbor's dog to the police. (×)　　complain 뒤에 전치사가 필요

- I <u>subscribed</u> to the weekly magazine, *The Economist*.
  I subscribed the weekly magazine, *The Economist*. (×)　　subscribe 뒤에 전치사가 필요

- I hope <u>for</u> her success.
  I hope her success. (×)　　　　　　　　　　hope 뒤에 전치사가 필요

3 타동사 = 자동사 + 전치사

한 가지 내용을 타동사로 표현할 수도 있고, 〈자동사+전치사〉로 표현할 수도 있다. 다음 문장을 비교해 보자

- I <u>attended</u> the meeting. = I <u>participated</u> <u>in</u> the meeting.
  　　타동사　　　　　　　　　　　자동사　　전치사

- We reached Seoul yesterday. = We arrived in Seoul yesterday.

B 기타 주의해야 할 동사의 용법

 1 자동사 용법으로만 사용되는 동사

대부분의 동사가 자동사로도 사용되고 타동사로도 사용되지만, 일부 동사는 자동사로만 사용되는 경우가 있으니 주의하자.

- Water consists of hydrogen and oxygen.
  ≫ consist는 자동사로만 사용되기 때문에 목적어를 취할 때 전치사가 꼭 필요하며, 수동태로 사용될 수 없다.

- Tell me what happened.

- The accident occurred last night.

 Pattern Practice

다음 문장에서 어법상 어색한 부분을 찾아서 바르게 고치세요.

❶ People objected the government's plan. ＿＿＿＿＿ → ＿＿＿＿＿

❷ Water is consisted of hydrogen and oxygen. ＿＿＿＿＿ → ＿＿＿＿＿

❸ He participated the meeting. ＿＿＿＿＿ → ＿＿＿＿＿

❹ She subscribed the monthly magazine. ＿＿＿＿＿ → ＿＿＿＿＿

18

목적어 뒤에 특정 전치사와 함께 쓰이는 타동사

3형식 문장에서 목적어 다음에 특정 전치사와 함께 사용되어 의미가 완성되는 동사들이 있다.

(1) 타동사 + 목적어(O) + of

- They informed me <u>of</u> the work schedule.   O에게 ~을 알려주다
- He robbed the lady <u>of</u> her bag.   O의 ~을 빼앗다
- She reminds me <u>of</u> my mother.   O에게 ~을 생각나게 하다

(2) 타동사 + 목적어(O) + with

- My elder brother helped me <u>with</u> my homework.   O가 ~하는 것을 도와주다
- Cows provide us <u>with</u> milk.   O에게 ~을 제공하다
- They replaced our old desks <u>with</u> new ones.   O를 ~으로 대체하다

(3) 타동사 + 목적어(O) + from

- The heavy rain prevented rescue workers <u>from</u> entering the disaster area.

           O가 ~을 못하게 하다
- The law prohibits people <u>from</u> smoking inside buildings.

           O가 ~하는 것을 금지하다
- Can you tell a fox <u>from</u> a wolf?   O를 ~과 구분하다

(4) 타동사 + 목적어(O) + for

- He blamed her <u>for</u> the car accident.   ~에 대해 O를 비난하다
- I sold my used car <u>for</u> 2,000 dollars.   O를 ~에 팔다
- Thank you <u>for</u> your help.   ~에 대해 O에게 감사하다

(5) 타동사 + 목적어(O) + to

- He owes his success <u>to</u> his mother.   O를 ~덕분으로 생각하다
- I prefer orange juice <u>to</u> milk.   O를 ~보다 더 좋아하다

(6) 타동사 + 목적어(O) + as

- He regarded my plan <u>as</u> worth considering.   O를 ~로 생각하다, 간주하다

Pattern Practice

다음 빈칸에 알맞은 말을 넣으세요.

❶ They provided displaced people _____ food and shelter.

❷ The man robbed me _____ my money.

❸ The boss blamed him _____ the delay of the project.

❹ It is hard to tell a fox _____ a wolf.

A 다음 빈칸에 알맞은 전치사를 넣으세요.

1 I will help her _____ her homework tomorrow evening.

2 I blamed Steve _____ the failure of the project.

3 I owe my success _____ my father.

4 We will replace old chairs _____ new ones next week.

5 The public company provides citizens _____ electricity.

6 A tall man robbed the gentleman _____ his wallet.

7 The heavy rain prevented us _____ going out.

8 She prefers tea _____ coffee.

9 The dictator deprived the citizens _____ their basic human rights.

10 He compared Seoul _____ other large cities in terms of transportation.

11 The machine freed the workers _____ hard labor.

12 The insurance company compensated him _____ the loss.

B 다음 문장에서 어법상 어색한 부분을 찾아서 바르게 고치세요.

1 The politician addressed to his followers. _____ → _____

2 Many people attended to the conference. _____ → _____

3 She explained about the new plan to her co-workers. _____ → _____

4 She participated a beauty contest last year. _____ → _____

5 Steve resembles with his father. _____ → _____

6 I apologized him for being late. _____ → _____

7 He answered to my question loudly. _____ → _____

8 We should obey to our parents. _____ → _____

9 They arrived New York yesterday. _____ → _____

10 She wants to marry with a handsome man. _____ → _____

Ⓐ 다음 빈칸에 우리말에 알맞은 영어 표현을 쓰세요.

1 그는 예쁜 여자와 결혼하기를 원한다.

→ He _____ _____ _____ _____ _____ _____.

2 나는 나의 선생님에게 무례했던 것에 대해서 사과했다.

→ I _____ _____ _____ _____ _____ being rude.

3 나는 그녀에게 무슨 일이 있어났는지를 말했다.

→ I _____ _____ _____ _____ _____.

4 그 회사는 우리들에게 우유를 공급한다. (supply ~ with)

→ The company _____ _____ _____ _____.

5 나는 커피보다 녹차를 더 좋아한다. (prefer)

→ I prefer _____ _____ _____ _____.

Ⓑ 다음 문장을 영어로 옮기세요.

1 그 판매원은 우리에게 새로운 컴퓨터에 대해서 설명을 했다.

→ _____

2 컴퓨터는 수백 개의 부품들로 구성되어 있다. (consist)

→ _____

3 그는 나에게 나의 아버지를 생각나게 한다.

→ _____

4 폭풍 때문에 우리는 밖에 나가지 못했다. (prevent A from -ing)

→ _____

5 그는 자기 차를 3,000 달러에 팔았다.

→ _____

6 정부는 노숙자들에게 음식을 제공한다.

→ _____

7 어젯밤에 러시아에서 비행기 추락 사고가 발생했다. (occur)

→ _____

REVIEW TEST

A 다음 문장이 몇 형식의 문장인지 쓰세요.

1 I have something to ask you. _____형식

2 They remained quiet during the meeting. _____형식

3 I had him clean his room yesterday. _____형식

4 There is a letter for you. _____형식

5 He bought his wife a diamond ring on their wedding anniversary. _____형식

6 She died young at the age of 32. _____형식

B 다음 문장을 해석하세요.

1 She made her son a cake. → _____

2 She made her son a great businessman. → _____

3 Plants grow well in this soil. → _____

4 Farmers grow rice on this land. → _____

5 She counted the chickens. → _____

6 Every minute counts. → _____

7 She is running fast. → _____

8 She is running a big company. → _____

C 다음 문장에서 어법상 어색한 부분을 찾아서 바르게 고치세요.

1 Susan answered to the difficult question correctly. _____ → _____

2 They informed him to his promotion. _____ → _____

3 A car is consisted of thousands of various parts. _____ → _____

4 Workers objected the new labor policy. _____ → _____

5 He prefers playing soccer than watching soccer. _____ → _____

6 She sold her old computer with 200 dollars. _____ → _____

7 The city government provides citizens for public transportation.

_____ → _____

다음 빈칸에 알맞은 단어를 쓰세요.

1 나는 그녀에게 반지 하나를 주었다. (4형식)

   → I gave _____ _____ _____.

2 나는 수잔의 아름다움이 부럽다. (4형식)

   → I envy _____ _____ _____.

3 우리는 그를 '음악의 천재' 라고 부른다. (5형식)

   → We call _____ _____ _____ _____ _____.

4 나는 그녀가 바이올린 연주하는 것을 보았다. (5형식)

   → I saw _____ _____ _____ _____.

5 나는 나의 오래된 차를 1,000달러에 팔았다.

   → I sold _____ _____ _____ _____ _____.

6 새로운 모델의 차가 잘 팔린다.

   → The new model car _____ _____.

7 정부는 국민들에게 일자리를 제공해야 한다.

   → The government should _____ _____ _____ _____.

8 나는 나의 성공을 나의 아버지 덕분이라고 생각한다.

   → I owe _____ _____ _____ _____ _____.

다음 문장을 영어로 옮기세요.

1 그는 우리에게 회의실을 보여 주었다. (show, 4형식)

   → _____

2 이 새로운 기계는 우리에게 많은 노력과 시간을 덜어 줄 것이다. (save, 4형식)

   → _____

3 정부는 새로운 복지정책을 국민들에게 발표했다. (welfare policy, 3형식)

   → _____

4 아빠는 나에게 자기 차를 운전하도록 허락해 주었다. (allow, 5형식)

   → _____

5 그는 자기 아들을 정치인으로 만들었다. (politician, 5형식)

   → _____

6 나는 낡은 내 책상을 새것으로 바꿀 것이다. (replace, 3형식)

   → _____

Essay Topic

People attend college or university for many different reasons(for example, to have new experiences, for career preparation or to gain increased knowledge). Why do you think people attend college or university? Use specific reasons and examples to support your answer.

본론 아이디어 정리

| Body 1 |

ⓘ **Topic Sentence:**   **미래의 직업에 대한 준비를 위해서 대학에 간다.** (prepare for)

Supporting Detail 1:   고소득 직종은 대학졸업자를 원함. (best paying jobs)

Supporting Detail 2:   관심 분야의 경험 있는 교육자로부터 배울 수 있음. (experienced educator)

| Body 2 |

ⓘ **Topic Sentence:**   **개인적 발전을 위해서 대학에 간다.** (personal development)

Supporting Detail 1:   학생들은 전공 이외의 과목을 수강해야 함. (courses outside of their field)

Supporting Detail 2:   학생들이 세상에 대해 더 많이 배우기 위해 여러 가지 활동에 참여함. (participate)

● 정리된 아이디어를 영어로 옮기세요.

| Body 1 |

① 나는 대부분은 아니지만 많은 사람들이 대학에 가는 이유가 취업 시장을 준비하기 위해서라고 믿는다.

→ First, I believe that many, if not most, people attend college because they _____

_____.

1 오늘날, 많은 고소득 직종은 대학교육 받은 사람을 요구한다.

→ Today, _____ require a college education.

2 대학교육은 그런 분야에서 일하는 데 관심 있는 사람들로 하여금 경험 많은 교육자로부터 배울 수 있게 해준다.

→ A college education allows people who are interested in working in such fields _____

_____.

| Body 2 |

① 나는 또한 많은 사람들이 개인적 발전을 위해서 대학에 간다고 믿는다.

→ I also believe that many people _____

_____.

1 대학 교육에서는 학생들이 전공분야 이외의 과목을 수강해야 하는 것을 요구한다.

→ A college education requires students _____

_____.

2 학생들은 또한 자기 자신과 자신들이 살고 있는 세상에 대해 더 많이 배우기 위해, 유학프로그램, 사회 · 정치 조직과 같은 여러 활동에 참여한다.

→ Students also _____ such as study abroad program

or social and political organizations to learn more about themselves and the world they

live in.

CHAPTER

02

시제

UNIT 03 단순 시제 & 진행 시제

A 단순 시제

가장 기본이 되는 시제들이므로 용법을 확실하게 이해해야 한다.

 현재 시제

- Mt. Baekdu is the highest mountain on the Korean Peninsula. 현재의 사실
- The Olympics are held every four years. 현재의 반복적인 것 또는 습관
- My dad used to say that time is money. 격언
- A friend in need is a friend indeed. 속담 ---- 항상 현재
- Hot air goes up and cold air goes down. 불변의 진리

과거 시제

- The authorities decided to close off the contaminated area. 과거의 사실
- Mary went to church every Sunday when she was young.
  ≫ 과거의 반복적인 것 또는 습관. 주로 would 또는 used to 사용한다.
- South Korea and Japan held the 2002 World Cup jointly. 역사적 사실
- The UN was established in 1945. 역사적 사실 ---- 항상 과거
- The Soviet Union was once the largest country in the world. 역사적 사실

> **Writing에 적용하기**
> 여기서 '항상 현재'라는 말은 현재진행형이나 현재완료로 쓸 수 없다는 말이며, '항상 과거'라는 말도 과거진행형이나 과거완료로 쓸 수 없다는 것을 말한다.

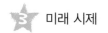

3 미래 시제

(1) 단순미래와 의지미래

- The temple will be 1000 years old next year.　　　단순미래 = is going to

- Jennifer: What are you planning to do?
  David: I'm just going to have a rest this vacation.　　의지미래 / 예정

- I was about to leave when she came into the office.　　막 ~하려는 참이다

(2) will의 특별용법: 현재로 해석한다.

- The new car I bought yesterday won't start.　　　사물의 고집

- Bees won't attack you if you don't bother them.　　습성

- Boys will be boys.　　　경향

(3) 현재형의 미래시제: 시간과 조건의 부사절에서는 현재가 미래를 대신한다.

- <u>When the sun rises</u>, we will start searching for the missing person.
  　　시간의 부사절

- <u>Until North Korea apologizes for the attack</u>, South Korea will not have any
  　　　　시간의 부사절

  contact with the North.

- <u>If it keeps raining</u>, the event staff will have to look for another place for the show.
  　　조건의 부사절

- <u>Unless the company raises their pay</u>, they won't call off their strike.
  　　　조건의 부사절

- Do you know <u>when he will come</u> back?　　　주의: 명사절에선 미래 시제 사용
  　　know의 목적어인 명사절

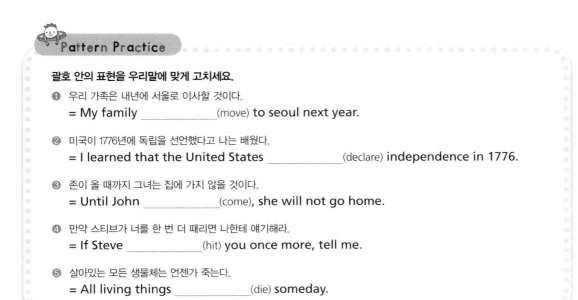

Pattern Practice

괄호 안의 표현을 우리말에 맞게 고치세요.

❶ 우리 가족은 내년에 서울로 이사할 것이다.
= My family _____(move) to seoul next year.

❷ 미국이 1776년에 독립을 선언했다고 나는 배웠다.
= I learned that the United States _____(declare) independence in 1776.

❸ 존이 올 때까지 그녀는 집에 가지 않을 것이다.
= Until John _____(come), she will not go home.

❹ 만약 스티브가 너를 한 번 더 때리면 나한테 얘기해라.
= If Steve _____(hit) you once more, tell me.

❺ 살아있는 모든 생물체는 언젠가 죽는다.
= All living things _____(die) someday.

B 진행 시제

사건이 어떤 시점에 진행 중인 경우에 사용한다. 그러나 상태동사는 진행형이 불가능하다.

 진행형의 종류와 의미

현재진행형: is/am/are + 동사ing (~하는 중이다)
과거진행형: was/were + 동사ing (~하는 중이었다)
미래진행형: will be + 동사ing (~하는 중일 것이다)

- The passengers are boarding flight 704 now.
- Antonio was writing a book about linguistics.
- The CEO of the company will be presenting a new product at 5 o'clock tomorrow.

 진행형으로 미래를 나타낼 수 있다.

(1) 시간과 장소가 이미 정해진 경우에 미래를 나타낼 수 있다.
- She is meeting her ex-boyfriend this Sunday.
- The minister is leaving for Hawaii tonight to attend the APEC summit.

(2) 막 시작하려고 하는 동작인 경우에 미래를 나타낼 수 있다.
- Get in the car! I'm taking you to hospital right now.
- Are the reporters coming to City Hall?

 상태동사는 진행형을 쓰지 않는다.

(1) 감정의 상태: love, like, hate, dislike...
- The buyer *is liking* my new proposal. (×)
  → The buyer likes my new proposal. (○)
- She *is disliking* her opponent a lot. (×)
  → She dislikes her opponent a lot. (○)

(2) 소유의 상태: have, belong, own, posses, owe...
- The millionaire *is owning* a huge yacht. (×)
  → The millionaire owns a huge yacht. (○)
- This draft *is belonging* to Jennifer. (×)
  → This draft belongs to Jennifer. (○)

(3) 인지의 상태: think, know, believe, remember, understand...

- *Are* you *thinking* that the politicians tell the truth? (✕)
  → Do you think that the politicians tell the truth? (○)

- The secret agent *is knowing* the enemy pretty well. (✕)
  → The secret agent knows the enemy pretty well. (○)

(4) 지각의 상태: smell, taste, hear, feel, sound, see...

- The perfume my boyfriend gave me *is smelling* wonderful. (✕)
  → The perfume my boyfriend gave me smells wonderful. (○)

- The lemonade you gave me *is tasting* terrific. (✕)
  → The lemonade you gave me tastes terrific. (○)

(5) 존재의 상태: be, become, resemble...

- Man *is being* the lord of all creation. (✕)
  → Man is the lord of all creation. (○)

- My daughter *is resembling* her mother. (✕)
  → My daughter resembles her mother. (○)

Writing에 적용하기

상태동사들도 동작을 의미할 경우에는
진행형이 가능하다.

- **My mom is tasting the soup.** (○)
  (엄마가 스프를 맛보고 있다.)
  ≫ '맛보다'라는 동작을 나타냄.
- **I'm seeing the manager at 5:30.** (○)
  (나는 5시 30분에 매니저를 만난다.)
  ≫ '만나다'라는 동작을 나타냄.

Pattern Practice

다음 문장에서 틀린 부분이 있으면 우리말에 맞게 고치고, 없으면 '없음'이라고 쓰세요.

❶ I am believing that the criminal is guilty. (나는 그 범인이 유죄라고 믿는다.)

_____ → _____

❷ The police investigated the house when she came in.

(그녀가 들어왔을 때 경찰이 집을 조사하고 있었다.)

_____ → _____

❸ Be quiet! I'm thinking about the important matter. (조용히 해! 중요한 문제에 대해 생각 중이야.)

_____ → _____

❹ She is feeling terrible about her mistake. (그녀는 자신의 실수에 대해 끔찍하게 생각하고 있다.)

_____ → _____

❺ Are you remembering what he said to you? (그가 너에게 한 말이 기억나니?)

_____ → _____

 A 괄호 안의 표현 중 알맞은 것을 고르세요.

1 She (goes / is going) on business trips to Boston four times a year.

2 I will sue anybody who (will touch / touches) my possessions.

3 He (usually stays / is usually staying) in his room quietly after he is punished.

4 The water jar (contains / is containing) about 100 liters.

5 Did you read the newspaper that she (became / was becoming) a movie star?

6 I learned that Columbus (had discovered / discovered) America in 1492.

7 My little brother (is always playing / always plays) video games at night.

8 She (has / is having) a wonderful dinner which her husband cooked.

9 My wife (drives / is driving) our daughter to school every morning.

10 He (had / has) his decayed tooth pulled out at that time.

B 다음 문장에서 틀린 부분을 올바르게 고치고, 없으면 '없음'이라고 쓰세요.

1 The people in the square look like small ants from the top of the building.

   _____ → _____

2 All that lives in the world are dying some day.

   _____ → _____

3 The bell's ringing. I answer it.

   _____ → _____

4 My sister never rides roller coaster. She really hates them.

   _____ → _____

5 The Japanese had abandoned Guam in the end of World War II.

   _____ → _____

6 The plan you've just suggested is sounding great!

   _____ → _____

7 Will you join the party if she will accept to be your date?

   _____ → _____

8 I was thinking about your offer when you called me.

   _____ → _____

A 다음 빈칸에 우리말에 맞게 알맞은 표현을 쓰세요.

1 만약 그가 너를 알아본다면 우리의 조사는 헛되게 될 것이다. (in vain)

→ If he _____ _____, our investigation _____ _____ _____

_____.

2 내 부인과 나는 작년에 한국의 남해안을 처음으로 관광했다.

→ _____ _____ _____ _____ _____ _____ the south coast of Korea

for the first time.

3 나는 그녀가 도착하자마자 크게 안아줄 것이다.

→ I _____ _____ _____ a big hug as soon as _____ _____.

4 우리 선생님은 일주일에 8번의 수업을 하신다.

→ My teacher _____ _____ _____ _____ _____.

5 그는 벤치에 앉아서 몇 시간 동안 책을 읽곤 했다.

→ He _____ _____ on the bench and _____ for hours.

B 다음 문장을 영어로 옮기세요.

1 N타워는 남산 위에 높게 서 있다. (stand)

→ _____

2 Michael Jackson은 1980년대에 매우 인기 있었다.

→ _____

3 당신의 상황을 이해하지만 약속을 지켜주셔야 합니다.

→ _____

4 한국은 8개의 도로 이루어져 있다. (compose, province)

→ _____

5 한국은 1945년에 두 개의 나라로 분단되었다.

→ _____

6 우리 아버지는 매일 작은 언덕을 등산하신다. (hike)

→ _____

7 파나마 운하는 미국에 의해 1914년에 개통되었다.

→ _____

A 현재완료 (have[has]+p.p.)

어떤 동작이나 사건이 과거에 시작하여 현재에 끝나거나 계속 이어지는 시제이다. 즉, 과거에 일어난 일의 현재와의 관련성에 초점이 맞추어져 있다. 완료 · 결과 · 경험 · 계속의 용법이 있다.

과거의 한 시점   현재에 이르러 완료 혹은 진행 중

 완료 & 결과

a. 완료: 어떤 행위가 과거에 시작하여 현재에 끝난 것. (흔히 부사 already, just, yet와 쓰임)

b. 결과: 과거에 있었던 사건이 현재에도 영향을 끼치는 것.

- The task force has completed organizing the system.   완료
- She has just arrived at Incheon international airport.   완료
- I can't do nothing because I've broken my arms.   결과
- Ann can't tell what time it is since she has lost her watch.   결과

 경험 & 계속

a. 경험: 과거에서 현재 사이에 겪은 경험. (흔히 부사 ever, never와 함께 쓰임)

b. 계속: 과거에 시작하여 지금까지 이어져오는 행동이나 상태.
   → 현재완료 진행형과 비교하여 알아둘 것.

- Have you <u>ever</u> been to a musical concert?   경험
- I have <u>never</u> seen such a movie in my life.   경험
- I have known that news since I first met her.   계속
- Some people say that Steve has known her since he was a child.   계속

> **Writing에 적용하기**
>
> 현재완료 진행형(have[has] been ~ing)은 과거에 시작한 동작이나 상황이 지금까지 진행되고 있을 때 사용한다. 단, 진행형으로 쓸 수 없는 동사이거나 기간이 길고 영구적인 상황일 때 현재완료가 쓰인다.
>
> - I have been knowing her for 10 years. (✗) » know는 진행형이 불가능하다.
>   → I have known her for 10 years. (○) (나는 그녀를 10년 동안 알고 지내왔다.)
> - I have been living here all my life. (✗) » '평생'이라는 긴 기간과 현재완료 진행은 어울리지 않음.
>   → I have lived here all my life. (○) (나는 평생 여기서 살아왔다.)

현재완료 vs 과거 시제: 현재완료는 현재와 관련이 있는 반면에 과거 시제는 과거에 일어났다는 사실만 전달할 뿐이다. 즉, 현재에 대한 정보는 없다.

- She has finished doing laundry.　　　　vs　　　She finished doing laundry.
- I have lost my purse.　　　　　　　　vs　　　I lost my purse.
- I have been to Busan.　　　　　　　　vs　　　I was in Busan.
- He has known the old man.　　　　　　vs　　　He knew the old man.

 명백한 과거를 나타내는 표현은 현재완료와 같이 쓸 수 없다.

> yesterday, last night, last year, that day, ago...

- I have been to the same museum three times *last year*. (✕)
  → I have been to the same museum three times. (○)
  → I went to the same museum three times last year. (○)
- Have you read the Bible *yesterday*? (✕)
  → Have you read the Bible? (○)
  → Did you read the Bible *yesterday*? (○)
- When have you finished the work? (✕)
  → When did you finish the work? (○)

Pattern Practice

1 다음 밑줄 친 현재완료의 용법을 밝히세요.

　① She has lost all her money gambling.　　　　　_____

　② The exile has left his country.　　　　　　　　_____

　③ The new neighbor next door has lived there for 3 months.　_____

　④ Have you ever had a chat with a stranger?　　　_____

2 다음 문장들을 해석하고 틀린 부분이 있으면 고치세요.

　① She has gone to Berlin on business.
　　→ _____ / _____ → _____

　② When have you met him for the first time?
　　→ _____ / _____ → _____

　③ The poor girl has lost her parents but they found her later.
　　→ _____ / _____ → _____

　④ I have participated in the program three times two years ago.
　　→ _____ / _____ → _____

B 과거완료 (had+p.p.)

기본적으로 과거완료는 '과거보다 더 과거'를 나타낸다. 기본 형태는 ⟨had+p.p.⟩이다.

과거의 한 시점   그 이후의 과거에 완료 혹은 진행   현재

 화자가 대화 또는 생각하고 있던 때보다 더 이전 시점에 일어난 것을 확실히 나타내기 위하여 사용한다. 이때는 과거나 현재완료로 쓸 수 없다.

- She <u>told</u> me that she had finished the work.
  ≫ ...that she (have) finished가 아님

- She <u>said</u> that she had already submitted the paper. ≫ ...she (have) already submitted가 아님

- They <u>thought</u> I had reported the news to her.
  ≫ ...I (have) reported가 아님

 과거의 어떤 시점까지 얼마나 오랫동안 진행되었는지 나타내기 위하여 사용한다. 이때는 과거로 쓸 수 없다.

- He <u>said</u> that he had had his MP3 player for 4 years. ≫ ...he had가 아님

- My friend <u>said</u> that he had been sick for a week. ≫ ...he was가 아님

- When I <u>received</u> the letter from her, I had known her for 10 years. ≫ ...I knew가 아님
  보통 이런 의미에서는 다른 동사들은 과거완료 진행형으로 쓴다.
  '이건 알고 넘어 갑시다' 과거완료 진행형 참조.

─Writing에 적용하기─

과거완료 진행형(had been -ing)은 과거에 시작한 동작이나 상황이 과거의 어느 시점까지 진행되는 경우에 쓴다. 단, 진행형으로 쓸 수 없는 동사이거나 기간이 길고 영구적인 상황일 때는 과거완료가 쓰인다.

- She told me that she had been having the doll since she was a child. (✗) (have는 진행형이 불가능하다.)
  → She told me that she had had the doll since she was a child. (O) (그녀는 아이였을 때부터 그 인형을 가지고 있었다고 내게 말했다.)

─Writing에 적용하기─

미래완료(will have+p.p.)는 어떤 동작이나 사건이 미래의 어떤 시점에 끝나거나 계속 이어지는 시제이다.
완료 · 결과 · 경험 · 계속의 용법이 있다.

- The plumber will have finished repairing the pipes by tomorrow.
  (배관공은 내일까지 파이프 수리를 끝내게 될 것이다.)

Pattern Practice

다음 문장에서 틀린 부분을 올바르게 고치세요.

① My father said that he had been knowing his friend for a long time.

　　　　　　　＿＿＿＿＿ → ＿＿＿＿＿

② The teacher thought that I did my homework. ＿＿＿＿＿ → ＿＿＿＿＿

③ When they got married, they had been knowing each other for 7 years.

　　　　　　　＿＿＿＿＿ → ＿＿＿＿＿

A 괄호 안의 표현 중 알맞은 것을 고르세요.

1 When (has she completed / did she complete) the assignment?

2 When I finished my work, my boss (had already left / already left).

3 Steve told me that he (had known / had been knowing) her for a long time.

4 The Earth (has been moving / has moved) around the sun since it was formed.

5 I can't go anywhere since I (had lost / have lost) my purse.

6 I (have wanted / wanted) to work with you a month ago but not now.

7 I told you that I (have gone / have been) to Long Beach several times.

8 The screensaver (had been running / will have been running) for 6 hours when you come back from work.

9 Can you make him stop downloading that software? He (has been downloading / is downloading) it since this morning.

10 The student (had not been concentrating / has not been concentrating) on my lecture, so I had to punish him.

B 다음 문장에서 틀린 부분이 있으면 올바르게 고치세요.

1 I have only worked for this software company for a few months.

   ————————————→————————————

2 She wondered who stole her car.

   ————————————→————————————

3 Last summer, I've been to an amusement park with my relatives.

   ————————————→————————————

4 When my wife came to pick me up, I have worked for two hours.

   ————————————→————————————

5 Because she didn't know what to do, she decided to stay in her house.

   ————————————→————————————

6 Someone has already broken into our house when we arrived.

   ————————————→————————————

7 He had been snoring all night, so I was unable to sleep very well.

   ————————————→————————————

A 다음 빈칸에 우리말에 맞게 알맞은 표현을 쓰세요.

1 그는 여기서 10년째 살고 있다.

→ He _____ _____ _____ for 10 years.

2 내가 가장 좋아했던 가수의 CD를 잃어버렸다. (지금도 없다.)

→ I _____ _____ the CD of _____ _____ _____.

3 6시가 되면 나는 이 지겨운 일을 5시간 동안 일하고 있는 것이 될 것이다.

→ I _____ _____ _____ _____ this boring work _____ _____ _____ by six.

4 그 가수는 2시간째 계속 노래를 부르고 있다.

→ The singer _____ _____ _____ for 2 hours.

5 사장이 그 계획이 취소되었다고 말했다.

→ The boss _____ that the plan _____ _____ _____.

B 다음 문장을 영어로 옮기세요.

1 그녀는 그가 이미 돈을 내게 보냈다고 말했다.

→ _____

2 그가 회사를 떠난 지 1주일이 됐다. (비인칭주어 사용)

→ _____

3 올해 자동차 사고의 수가 급격하게 증가해 왔다. (drastically)

→ _____

4 커피콩을 볶는 것은 내가 생각했던 것보다 훨씬 더 어려웠다. (roast)

→ _____

5 그는 10km 지점에서부터 고통을 겪었다고 말했다. (10 kilometer point)

→ _____

6 그녀는 누군가가 박물관 안으로 침입했었다는 것을 발견했다.

→ _____

7 그는 다른 사람에게 그 돈을 줬기 때문에 우리에게 그것을 주지 않았다.

→ _____

REVIEW TEST

A 다음 괄호 안에서 알맞은 표현을 고르세요.

1 One thing for sure is that everything (changes / changed) all the time.

2 The teacher said that World War I (had broken / broke) out in 1914.

3 When you (will arrive / arrive) at the airport, your father will be waiting for you.

4 The window (won't open / isn't opening).

5 I'm not sure whether she (will talk / talks) to me or not.

B 다음 빈칸에 알맞은 표현을 쓰세요.

1 그녀는 내가 일을 끝냈을 때 소설을 읽는 중이었다.

→ She _____ _____ a novel, when I _____ _____ _____.

2 해는 동쪽에서 뜨고 서쪽으로 진다.

→ The sun _____ _____ the East and _____ _____ the West.

3 그는 서유럽의 여러 나라들을 가본 적이 있다.

→ He _____ _____ _____ several countries in Western Europe.

4 그들 둘 다 매일 축구를 같이 하곤 했다.

→ Both of them _____ _____ _____ _____ every day together.

5 그에게 한 마디라도 해본 적이 있니?

→ _____ you _____ _____ _____ _____ to him?

C 다음 문장에서 틀린 부분이 있으면 올바르게 고치세요.

1 The girl has lived in this house since her dad passed away.

_____ → _____

2 They said that the judge has been meeting the suspect personally.

_____ → _____

3 She had lost her mind before he arrived at the site.

_____ → _____

4 What were you doing since then?

_____ → _____

5 When have they arrived at the national park?

_____ → _____

Essay Topic

It has been said, "Not everything that is learned is contained in books." Compare and contrast knowledge gained from practical experience with knowledge gained from books. In your opinion, which source of knowledge is more important? Why?

본론 아이디어 정리

| Body 1 |

① **Topic Sentence:** **책에서 얻은 지식은 그것이 실생활에 어떻게 적용되는지가 중요하다.** (apply)

Supporting Detail 1: 노벨상 수상자 토니 모리슨은 많은 지식을 책에서 얻음. (a significant amount of knowledge)

Supporting Detail 2: 상을 받은 이유는 그녀가 그 지식을 실생활에 적용한 연구 때문. (apply)

| Body 2 |

① **Topic Sentence:** **생활 경험에서 얻은 지식은 우리를 더욱 열정적으로 만들고, 자신의 인간성을 인식하게 해준다.** (compassionate, humanity)

Supporting Detail 1: 역사를 통해서 철학자들이 "모든 인간은 동등하다"라는 것을 주장해옴. (be created equal)

Supporting Detail 2: 하지만 세계는 최근에야 그 말의 진정한 의미를 깨닫게 됨. (come to understand)

● 정리된 아이디어를 영어로 옮기세요.

| Body 1 |

① 첫째, 책에서 얻은 지식은 우리가 그것이 실생활에 어떻게 적용되는지를 배울 때에만 중요하다.

→ First, knowledge gained from books is important only when we learn _____

_____ .

1   노벨상을 수상한 토니 모리슨은 책으로부터 엄청나게 많은 양의 지식을 얻었다.

→ Toni Morrison, who won a Nobel Prize, _____

_____ from books.

2   하지만 상을 받은 이유는, 이 지식이 사람들의 일상생활에 어떻게 적용되는지를 연구했기 때문이다.

→ But what her prize praised was her research into how this knowledge _____

_____ .

| Body 2 |

① 둘째, 생활 경험에서 얻은 지식은 우리로 하여금 동료 인간에 대해 더욱 열정적이 되도록 만들고, 우리 자신의 인간성을 인식하게 한다.

→ Second, the knowledge we gain from our life experiences _____

_____ to our fellow human beings and forces us

_____ .

1   역사를 통해서 존 로크, 토마스 제퍼슨과 같은 많은 철학자들과 중요 인물들은 "모든 인간은 동등하다"라는 원칙을 주장해왔다.

→ _____ , many philosophers and important figures

such as John Locke and Thomas Jefferson have advocated the principle that

" _____ ."

2   하지만 여러 가지 사건들을 통해 세계가 불평등의 폐해를 보고서야 그 말의 의미를 진정으로 깨닫게 되었다.

→ However, it is only as the world experienced the harm of inequality, through several

events the world _____ the meaning of that statement.

CHAPTER
03

조동사

UNIT 05 조동사의 용법

A 조동사의 의미별 분류

비슷한 의미의 조동사끼리 분류하여 그 용법을 정리하면 다음과 같다.

 1 능력을 나타내는 조동사: can, be able to '～할 수 있다'

- I can speak both English and Chinese.   현재의 능력
  → I am able to speak both English and Chinese.

- I can't speak Russian at all.
  → I am not able to speak Russian at all.

- Can you speak Spanish?
  → Are you able to speak Spanish?

- He could play the piano when he was 7 years old.   과거의 능력
  → He was able to play the piano when he was 7 years old.

- He couldn't play the piano when he was 7 years old.
  → He was not able to play the piano when he was 7 years old.

- She will be able to speak English very well next year.   미래의 능력
  → Will she be able to speak English very well next year?

Pattern Practice

다음 문장을 해석하세요.

❶ Will you be able to swim very well next year?
→ _____

❷ The boy was able to play the violin when he was 5.
→ _____

❸ Are you able to play table tennis?
→ _____

❹ I am not able to speak French at all.
→ _____

❺ He will be able to play the guitar in six months.
→ _____

허락을 나타내는 조동사: can, may '~해도 좋다'

can 보다는 **may**가 더 정중한 표현이고, **can**은 일상생활에서, **may**는 공식적인 문서 등에 많이 사용된다. **can**과 **may**의 부정형은 '금지'의 의미가 된다.

- You can use my cell phone.
- Can[Could] I use your cell phone?   Could는 Can보다 정중한 표현
- Customers may use the computers for free.
- May I use your computer for a moment?
- People can't vote when they are under 18.   금지
- You may not smoke here.   금지

 가능성을 나타내는 조동사: can, could '~일 수 있다'

- Children can have cancer.   가능성
- What he was saying could[can] be true.
- That kind of thing could[can] happen.

 추측을 나타내는 조동사: may, must, can, ought to '~일 것이다'

- He may be at home today.   확신 없는 긍정의 추측(현재)
- He may not be at home today.   확신 없는 부정의 추측(현재)
- He must be at home today.   확신 있는 긍정의 추측(현재)
- He must not be at home today.   확신 있는 부정의 추측(현재, 미국식 영어)
- He cannot be at home today.   확신 있는 부정의 추측(현재)
- He may have been at home yesterday.   확신 없는 긍정의 추측(과거)
- He may not have been at home yesterday.   확신 없는 부정의 추측(과거)
- He must have been at home yesterday.   확신 있는 긍정의 추측(과거)
- He must not have been at home yesterday   확신 있는 부정의 추측(과거)
- He cannot have been at home yesterday.   확신 있는 부정의 추측(과거)

Pattern Practice

다음 문장을 해석하세요.

❶ The rumor cannot be true.   → _____

❷ You may smoke only in smoking room.   → _____

❸ She must have told a lie yesterday.   → _____

❹ She must be at home now.   → _____

의무를 나타내는 조동사: must, should, ought to '～해야 한다'

- To get a cheap ticket, you must[have to] book in advance.   현재의 의무
- Last week Steve broke his leg and had to go to hospital.   과거의 의무
- You will have to study harder to get better grades next exam.   미래의 의무
- I should finish this report by tomorrow.   현재의 의무
- The government should have done more to help homeless people.   과거의 의무
- You look sick. You ought to see a doctor.   현재의 의무/필요
- He ought to have consulted me.   과거의 의무

 필요를 나타내는 조동사: have to, need '～해야 한다, ～할 필요가 있다'
불필요를 나타내는 조동사: don't have to, need not '～할 필요가 없다'

- I have to buy a notebook and a pencil.   필요
- He need type the report again because it has many errors.   필요
  ≫ need가 조동사이기 때문에 주어가 3인칭 단수일지라도 동사원형을 사용한다.
- You don't have to wash the car. It is clean.   현재의 불필요
- Tomorrow is a holiday. I don't have to go to work.   미래의 불필요
- Yesterday was a holiday. I didn't have to go to work.   과거의 불필요

 금지를 나타내는 조동사: must not, should not, ought not to, may not, cannot
'～하면 안 된다'

- Children must not smoke or drink.   현재와 미래의 강한 금지
  ≫ must not은 '～하면 (절대) 안 된다'라는 강한 금지를 나타낸다.
- You should not make noise in the library.   현재와 미래의 금지
- People ought not to drink and drive.   현재와 미래의 금지
  ≫ 일반적으로 조동사의 부정형은 조동사 뒤에 not을 붙인다. 그러나 조동사 ought to의 부정형은 ought not to이다.
- I should not have lent the money to him.   과거의 금지, 지나간 일에 대한 후회, 유감

 Pattern Practice

다음 문장을 해석하세요.

❶ Jennifer had to walk to school when she was a child.   → _____

❷ I don't have to get up early tomorrow.   → _____

❸ You shouldn't have gone to the party.   → _____

❹ You will have to study harder next year.   → _____

❺ You ought not to drink and drive.   → _____

8 부탁을 나타내는 조동사: May[Can / Could] I ~?, Will[Would / Can / Could] you~?
'~해도 될까요?, ~해 주시겠습니까?'

- Can I use your computer for a moment?

- Could I use your computer for a moment?
  ≫ Can I 보다는 Could I가 더 공손한 표현

- May I use your computer for a moment?
  ≫ Can I 보다는 May I가 더 격식을 갖춘 표현

- Will you do me a favor?

- Would you do me a favor?
  ≫ Will you 보다는 Would you가 더 공손한 표현

- Can you do me a favor?

- Could you do me a favor?
  ≫ Can you 보다는 Could you 가 더 공손한 표현

9 충고를 나타내는 조동사: had better '~해야 한다, ~하는 게 좋다'
제안을 나타내는 조동사: should, ought to '~하는 것이 좋다'

- You had better listen to me carefully. I won't repeat myself.　　긍정의 충고

- You'd better not be late for school again.　　부정의 충고
  ≫ had better의 부정형은 had better not이다.

- You should study harder to get a better job.　　긍정의 제안
  → You ought to study harder to get a better job.

- You shouldn't leave your valuables in the hotel room.　　부정의 제안

Pattern Practice

다음의 우리말을 영어 문장으로 바꾸세요.

❶ 학생들은 담배를 피우면 (절대) 안 됩니다.　　→ _____

❷ 너는 거기에 갈 필요가 없다.　　→ _____

❸ 나는 어제 하루 종일 숙제를 해야만 했다. (had to)　　→ _____

❹ 제가 당신 차 좀 사용해도 되나요? (Can I ~)　　→ _____

❺ 창문 좀 닫아 주시겠습니까? (Would you ~)　　→ _____

❻ 너는 오늘 집에 일찍 가는 것이 좋겠다. (had better)　　→ _____

B 조동사 관용 용법 / 기타 용법

앞에서 설명한 조동사의 의미 외에 조동사와 관련된 관용 표현과 기타 용법은 다음과 같다.

 조동사의 관용적 용법

- When I see the clown, I cannot help laughing. ~하지 않을 수 없다
  = When I see the clown, I cannot but laugh.

- We cannot be too careful in taking care of our health. 아무리 ~해도 지나치지 않다

- I would like to watch the movie with her. ~하고 싶다

- I would rather die than surrender. ~하느니 차라리 …하겠다

- I broke my mom's vase, she may well get angry. ~하는 것은 당연하다

- You may[might] as well take the subway. Traffic is very heavy. ~하는 게 낫다 (=had better)

- You may as well throw away your money as spend it gambling. ~하느니 …하는 게 낫다

 조동사의 기타 용법

- I will do anything for her. 의지

- She wouldn't listen to my advice. 고집

- The car won't start on rainy days. 고집

- He would go fishing with his son. 과거의 습관

- I will lend you my car so that you can[may] go there. 목적, ~할 수 있도록

- May God bless you. 기원

- I suggest that he (should) attend the meeting.
  ≫ suggest, insist, demand, recommend 다음에 오는 절에서는
    《(should)+동사원형》을 쓴다.

- It is important that he should not miss the opportunity.
  ≫ It is natural[important, surprising, lucky] 등과 같이 주관적 판단이나
    감정을 나타내는 어구 다음에 오는 절에서는 《(should)+동사원형》이 와야 한다.

> **Stop 이건 알아둬~**
>
> 조동사 역할의 be, do, have
> - He **was** killed in the war.
>   ≫ 수동태를 만드는 조동사 역할
> - **Do** you like soccer?
>   ≫ 의문문을 만드는 조동사 역할
> - I **don't** like to play computer games. ≫ 부정문을 만드는 조동사 역할
> - I **have** been to China.
>   ≫ 현재완료 시제를 만드는 조동사 역할

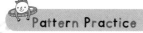 **Pattern Practice**

다음 문장을 해석하세요.

❶ She wouldn't accept my offer. → _____

❷ I would rather die than tell a lie. → _____

❸ You may as well eat less for your health. → _____

❹ You cannot be too careful when driving a car. → _____

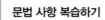

A 괄호 안의 표현 중 알맞을 것을 고르세요.

1 I saw him enter his house. He (must / can't) be at home now.

2 He played with me all day long yesterday. He can't (study / have studied).

3 If she practices English speaking every day, she (will can / will be able to) speak English very well next year.

4 He (need / needs) send the e-mail again.

5 Yesterday was a holiday. We (don't have to / didn't have to) go to school.

6 You (ought not to / ought to not) drive so fast.

7 You (had not better / had better not) be late for school again.

B 다음 문장을 해석 하세요.

1 If you finish your work, you can go home early.

→ _____

2 People can't drive when they are under 18.

→ _____

3 You can be a businessman in the future.

→ _____

4 I should have finished the report earlier.

→ _____

5 You should study harder to get better grades on the final exam.

→ _____

C 다음 문장에서 어법상 어색한 부분을 찾아서 바르게 고치세요.

1 I would like to going to the concert with her.   _____ → _____

2 When I see a sad movie, I can't help cry.   _____ → _____

3 You may as well paying the money back to me as soon as possible.

_____ → _____

4 I have to study all day long for the final exam yesterday.

_____ → _____

Ⓐ 다음 빈칸에 알맞은 영어 표현을 쓰세요.

1 나는 영어와 불어를 모두 말 할 수 있다. (능력)

→ I _____ _____ _____ _____ _____ _____.

2 너는 내 차를 사용해도 된다. (허락)

→ You _____ _____ _____ _____.

3 그녀는 오늘 집에 있을 리가 없다. (추측)

→ She _____ _____ _____ today.

4 나는 오늘 학교에 갈 필요가 없다. (불필요)

→ I _____ _____ _____ _____ _____ today.

5 당신은 여기에 차를 주차하면 안 됩니다. (강한 금지)

→ You _____ _____ _____ _____ _____ here.

Ⓑ 다음 문장을 영어로 옮기세요.

1 나는 내일 기말고사를 위해 열심히 공부해야만 할 것이다. (미래 의무)

→ _____

2 너는 오늘 집에 일찍 들어가는 것이 좋겠다. (긍정 충고)

→ _____

3 나는 저녁식사 후에 산책을 하고 싶다. (would like to)

→ _____

4 나는 그 코미디 쇼를 보면 웃지 않을 수가 없다. (can't help -ing)

→ _____

5 제 부탁 하나 들어 주시겠습니까?

→ _____

6 그녀는 지난 일요일에 틀림없이 영화를 보러 갔을 것이다. (확신, 긍정, 과거 추측)

→ _____

7 나는 매일 연습하고 있으니까 내년에는 수영을 잘 할 수 있을 것이다. (미래 능력)

→ _____

UNIT 06 조동사 + have p.p

A 과거에 대한 추측

may, must, cannot, could 뒤에 have p.p가 오면 과거 일에 대한 추측을 나타낸다.

- He may[might] have been sick yesterday.   과거 추측
  → He may be sick today.   현재 추측

- Steve may[might] have studied hard yesterday.   과거 추측
  → Steve may study hard today.   현재 추측

- He must have been sick yesterday.   과거 추측
  → He must be sick today.   현재 추측

- He must have studied hard at home yesterday.   과거 추측
  → He must study hard at home today.   현재 추측

- He could have been sick yesterday.   과거 추측
  → He could be sick today.   현재 추측

- He cannot have been sick yesterday.   과거 추측
  → He cannot be sick today.   현재 추측

- He cannot have studied hard yesterday.   과거 추측
  → He cannot study hard today.   현재 추측

Pattern Practice

다음 문장을 해석하세요.

❶ Susan may have been sad yesterday.   → _____

❷ Susan must have been sad yesterday.   → _____

❸ Susan cannot have been sad yesterday.   → _____

❹ John may be tired today.   → _____

❺ John may have been tired yesterday.   → _____

B 과거 일에 대한 후회, 유감

should 뒤에 have p.p가 오면 지나간 일에 대한 후회, 유감을 나타낸다.

• You look tired. You should have gone to bed early last night.	과거 유감
• You look tired. You should go to bed early.	현재 제안
• I should have brought an umbrella.	과거 후회
• I should take an umbrella.	현재 의무
• I should not have driven the car so fast.	과거 후회
• I should not drive the car so fast.	현재 금지
• He should not have bought such an expensive car.	과거 후회
• He should not buy such an expensive car.	현재 제안

C 가정법 과거완료 문장의 귀결절 시제

과거 사실의 반대를 가정하는 가정법 과거완료형 문장의 귀결절에 〈should / would / could / might + have p.p〉가 사용되는데, 이는 과거에 대한 내용을 말하는 것이다.

- If she had worked harder, she could have been promoted last month.
- If you had helped me, I could have finished the project within the deadline.
- If I had known his mobile number, I would have called him.
- If he had called me earlier, I would have helped him.
- If she had made more efforts, she might have gotten better grades in English exam.
- If you had wanted to pass the bar exam, you should have studied harder.

Pattern Practice

다음 문장을 해석하세요.

❶ I shouldn't have gone to the party yesterday. → _____

❷ You should have been more careful in driving. → _____

❸ If I had known her address, I would have visited her. → _____

❹ You should not buy such expensive shoes. → _____

❺ If you had called me earlier, I could have helped you. → _____

A 괄호 안의 표현 중 알맞을 것을 고르세요.

1 Steve may (be / have been) sad yesterday.

2 Steve may (be / have been) sad today.

3 She cannot (be / have been) sick today.

4 She cannot (be / have been) sick yesterday.

5 If you had called me earlier, I (could help / could have helped) you.

6 She looks tired. She should (go / have gone) to bed early last night.

7 It's raining outside. I don't have an umbrella.
I should (bring / have brought) it with me this morning.

8 Susan must (be / have been) angry yesterday.

9 The accident happened because you drove the car too fast.
You should not (drive / have driven) so fast.

B 다음 문장을 해석하세요.

1 He must be happy today.

→ _____

2 He must have been happy yesterday.

→ _____

3 She cannot be hungry now.

→ _____

4 She cannot have been hungry then.

→ _____

5 He should be more careful when he is driving his car.

→ _____

6 He should have been more careful when he was driving his car.

→ _____

7 If I had studied harder, I could have passed the exam.

→ _____

A 다음 빈칸에 우리말에 알맞은 영어 표현을 쓰세요.

1 그녀는 오늘 아픈 것이 틀림없다. (현재 확신 긍정 추측)

→ _____ _____ _____ _____ today.

2 그녀는 어제 아팠던 것이 틀림없다. (과거 확신 긍정 추측)

→ _____ _____ _____ _____ _____ yesterday.

3 그 소문은 사실일 리가 없다. (현재 확신 부정 추측)

→ The rumor _____ _____ _____.

4 그 소문은 사실이었을 리가 없다. (과거 확신 부정 추측)

→ The rumor _____ _____ _____ _____.

5 그는 오늘 틀림없이 슬플 것이다. (현재 확신 긍정 추측)

→ _____ _____ _____ _____ today.

B 다음 문장을 영어로 옮기세요.

1 나는 학생이었을 때, 더 열심히 공부 했어야 했다.

→ _____

2 너는 그 책을 가져왔어야만 했다.

→ _____

3 너는 어젯밤 너무 많이 먹지 말았어야 했다.

→ _____

4 그녀는 그 중고차를 사지 말았어야 했다.

→ _____

5 너는 차를 그렇게 빨리 운전하지 말았어야 했다.

→ _____

6 나는 어젯밤 일찍 잤어야 했는데.

→ _____

7 나는 오늘 아침에 일찍 일어났어야만 했는데.

→ _____

REVIEW TEST

A 다음 괄호 안에서 알맞은 표현을 고르세요.

1 When I see that sitcom, I cannot help (laugh / laughing).

2 You may (well / as well) eat less and exercise more.

3 They played soccer for 2 hours. They (cannot / must) be tired.

4 (Would / May) you please close the door?

5 I suggested that she (goes / go) to his birthday party.

6 We (ought to not / ought not to) despise the poor.

7 You (had not better / had better not) miss the exam.

B 다음 빈칸에 알맞은 단어를 쓰세요.

1 너는 내일까지 그 보고서를 끝내는 게 나을 거야.
  → You _____ _____ _____ the report by tomorrow.

2 나는 학생이었을 때, 더 열심히 공부했어야 했는데.
  → I _____ _____ _____ harder when I was a student.

3 나는 그 당시에 그 기회를 잡았어야 했는데.
  → I _____ _____ _____ the opportunity then.

C 다음 문장을 영어로 옮기세요.

1 너의 엄마가 화를 내는 것은 당연하다. (may well)
  → _____

2 너는 곧 수영을 잘 할 수 있을 것이다. (can의 미래형)
  → _____

3 그녀는 지금 자기 방에서 피아노를 연주하고 있는지도 모른다. (may의 진행형)
  → _____

4 나는 항복을 하느니 차라리 죽겠다. (would rather~ than, surrender)
  → _____

5 네가 거기에 갈 수 있도록 내가 돈을 좀 빌려 주겠다. (so that ~ can)
  → _____

Essay Topic

Do you agree or disagree with the following statement? Universities should give the same amount of money to their student' sports programs as they give to their libraries. Use specific reasons and examples to support your opinion.

본론 아이디어 정리

| Body 1 |

ⓣ **Topic Sentence:**   대학은 도서관 없이 존재할 수 없다.

Supporting Detail 1: 도서관이 더 좋을수록 그 대학은 더 존경받게 됨 (the better~ the more…)

Supporting Detail 2: 하지만 대학은 스포츠 팀 없이도 존재할 수 있음 (on the other hand)

| Body 2 |

ⓣ **Topic Sentence:**   대학의 모든 학생이 스포츠 프로그램에 참여하는 것은 아니다. (sports programs)

Supporting Detail 1: 대학은 전공 교육 분야의 자료 확보와 업데이트를 위해 도서관에 자금을 할당함. (excellent library, allot money)

Supporting Detail 2: 한편 스포츠 팀은 관람료를 부과해서 소득 창출이 가능 (generate one's own income)

● 정리된 아이디어를 영어로 옮기세요.

| Body 1 |

① 첫째, 어떤 대학도 도서관 없이 존재할 수 없다.

→ First, _____ can exist _____.

1 사실, 대학의 도서관이 더 좋을수록 그 대학은 더 존경받게 될 것이다.

→ In fact, _____ a university's library, _____

_____ the university will become.

2 반면, 대학은 스포츠 팀 없이도 존재할 수 있다.

→ _____ a university can exist _____.

| Body 2 |

① 둘째, 대학의 모든 학생은 도서관을 이용할 필요가 있을 것이다. 하지만 모든 학생이 스포츠 활동에 참여하지는 않을 것이다.

→ Second, _____ use the library, but _____

_____ will participate in _____.

1 대학은 반드시 훌륭한 도서관을 가져야 한다. 대학은 제공하는 과목의 각 분야마다 주 자료 및 보조 자료를 보유해야
만 하기 때문이다. 따라서 이런 자료들을 구입하기 위해 가능한 많은 돈을 할당해야 할 것이며 이 자료들을 계속 업데
이트하기 위해서도 계속해서 돈을 할당해야만 한다.

→ _____ because it must contain

primary and secondary sources from every field in which the university offers courses.

Consequently, the university will need to allot as much money as it can to buy these

sources and then it _____ so that the sources can be kept up

to date.

2 한편 스포츠 팀은 경기를 관람하는 사람들에게 돈을 부과해서 스스로 소득 창출이 가능하다.

→ Sports teams, on the other hand, _____ by charging for

people to attend games and matches.

CHAPTER 04

부정사

UNIT 07 부정사의 용법

A 명사적 · 형용사적 · 부사적 용법

부정사는 명사, 형용사, 부사 중 하나의 성질을 가진다.

 명사적 용법: 문장에서 주어/목적어/보어로 사용 (~하는 것, ~하기)

- To see their granddaughter once a month is the joy of their life. 　주어
- It's embarrassing to see him being arrested in front of people. 　진주어
- She wants to claim damages. 　목적어
- I've decided what to give my wife for our 10th wedding anniversary.
　　　　　　　　　　　　　　　　　　　　　　　　　목적어: 의문사 + to부정사
- Her plan is to reorganize the losing team. 　주격보어
- They thought it rude for him to ignore her urgent demand. 　목적격보어

> **─ Writing에 적용하기 ─**
>
> 5형식 문장에서 동사 think, find, make, believe, consider의 목적어가 to부정사인 경우, 〈it(가목적어)+목적격보어+to 동사원형(진목적어)〉의 형태로 쓴다.
> - I found **it** difficult to stay up all night.
> 　　　　　가목적어　　　　　진목적어
> 　(나는 밤새 깨어있는 것이 어렵다는 것을 알았다.)

 형용사적 용법: 명사 수식과 보어(= be to용법)의 기능이 있다.

(1) 명사수식: 명사 뒤에서 수식한다. (~할)

- Every man has <u>the right</u> to enjoy a happy life.
- The presenter is looking for <u>a marker</u> to write with.
- Bring me several pieces of <u>paper</u> to write on.
- I don't think you need <u>a big house</u> to live in.

(2) 보어(be to용법): 문맥에 따라 여러 가지로 해석된다.

- The conference is to be held in Moscow next week. 　예정
- If you are to gain their trust, you must set a good example. 　조건
- The man committed suicide because he was never to return to his country. 　운명
- The priceless relics were not to be found anywhere. 　가능
- You are to stay quiet while taking this exam. 　의무

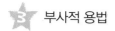 부사적 용법

(1) 기본적인 용법

- She arrived early (in order) to finish her given work.　　목적: ~하기 위하여
  = so as to finish

- Pat tried hard to fail the exam.　　결과: ~했으나 결국
  　　　　　　　　　　　　　　　　　　…하게 되다

- He was disappointed to know that his work was excluded.　　감정의 원인: ~해서

- She must be out of her mind to meet him again.　　판단의 근거: ~하다니

- The woman to whom you are talking is very difficult to persuade.
  　　　　　　　　　　　　　　　　　　　　　　　형용사 수식: ~하기에

(2) 관용적인 표현들

- To be frank with you, I'm tired of working for this company. (솔직히 말하면)

- The woman in the drawing looks, so to speak, like a mermaid. (말하자면)

- To make matters worse, I don't like my partner in our team very much.
  (설상가상으로)

- My father works as a novelist, not to mention as a poet. (~은 말할 것도 없고)
  = to say nothing of, not to speak of

- Strange to say, he doesn't know how to operate this simple machine.
  (이상한 이야기지만)

- To tell the truth, I haven't even started the assignment. (사실대로 말하면)

- To begin with, the Senator didn't admit his misbehavior to the media. (우선)

- To make a long story short, the police couldn't find the missing person.
  (간단히 말하자면)

Pattern Practice

다음 밑줄 친 부정사의 용법(명사/형용사/부사)을 밝히고 문장을 해석하세요.

❶ After the volcanic eruption, the town was not to be seen anywhere.

→ _____ / _____

❷ It was a failure to negotiate with the company.

→ _____ / _____

❸ It's my pleasure to introduce to you the best actor in the world.

→ _____ / _____

❹ My boss made it a rule for everyone to be on time.

→ _____ / _____

B 원형부정사

to가 없는 동사원형을 원형부정사라고 한다. 원형부정사가 나오기 위해서는 앞에 사역동사나 지각동사가 있어야 하고 목적어와 능동의 관계이어야 한다.

 1 사역동사/지각동사 + 목적어 + 원형부정사

- 사역동사: have, make, let, help...
- 지각동사: see, smell, taste, hear, sound, feel...

- She <u>made</u> the boy clean the classroom.
  cf. I <u>got</u> the boy to clean the classroom.

- The committee of inquiry didn't <u>let</u> the senator speak a single word.

- Antonio <u>helped</u> the police officer capture[to capture] the criminal.

- The neighbor <u>saw</u> a thief break into the house. (=...saw a thief breaking into...)

- She <u>felt</u> the motherhood rise in her heart.

> **Writing에 적용하기**
> 목적어와 목적격보어가 수동의 관계인 경우 목적격보어로 과거분사를 써야 한다. 이때 앞에 사역동사나 지각동사가 있더라도 과거분사로 써야 한다.
> - I saw someone carried out of the
>   └ 수동 관계 ┘
>   building. (나는 누군가가 건물에서 실려 나오는 것을 봤다.)

 2 관용 표현들

(1) **had better + 동사원형**: ~하는 게 낫다 (cf. **had better not + 동사원형**: ~하지 않는 게 낫다)

(2) **cannot (help) but + 동사원형**: ~하지 않을 수 없다 (= cannot help + 동명사)

(3) **Why not + 동사원형...?**: ~하지 그래? [제안]

(4) **do nothing but + 동사원형**: 단지 ~하기만 하다

(5) **would rather + 동사원형(A) + than + 동사원형(B)**: B하느니 차라리 A하겠다 (= prefer A(~ing) to B(~ing))

- You <u>had better</u> <u>give up</u> the work.

- He <u>couldn't help but laugh</u> at her appearance.

- <u>Why not go</u> and <u>say</u> hello first?

- The boy <u>does nothing but complain</u>.

- I <u>would rather walk</u> <u>than take</u> a taxi.

Pattern Practice

다음 문장에서 틀린 부분을 고치세요.

❶ I couldn't help cry when I heard the news. _____ → _____

❷ She got her daughter carry the bag. _____ → _____

❸ Jessica had her watch mend last weekend. _____ → _____

❹ For exercise, he prefers walking to run. _____ → _____

62

A 괄호 안의 표현 중 알맞은 것을 고르세요.

1 (Make / To make) a film, you need actors, investors, and a group of staff.

2 My laptop was not (be / to be) found anywhere.

3 Have you read the book titled, "101 Ways (to Cope / to Cope with) Stress"?

4 (That / It) was a difficult situation for him to scold the poor boy.

5 She is scheduled (demonstrate / to demonstrate) the first operation of the machine.

6 You (had better not / hadn't better) ignore her advice.

7 The strange dancing lessons made her (feel / to feel) unworthy and degraded.

8 Don't let strangers (waste / to waste) your precious time.

9 I cannot but (be gratified / to be gratified) by the assurance.

10 She would rather meet the man than (go / to go) there.

11 Some millionaires do nothing but (spend / to spend) their money.

12 My dog smelled something (burning / to burn) in the kitchen.

13 She helped the company (increase / increasing) its profit.

14 (To make matters better / To make matters worse), I also lost my key.

15 She is (submit / to submit) the report by 3:00p.m. tomorrow.

B 다음 문장에서 틀린 부분이 있으면 올바르게 고치세요.

1 My friend is building a nice house to live. ＿＿＿＿＿ → ＿＿＿＿＿

2 Consultants can make it hard tell the truth. ＿＿＿＿＿ → ＿＿＿＿＿

3 He got her prepare a presentation. ＿＿＿＿＿ → ＿＿＿＿＿

4 The researchers are developing new pens to write. ＿＿＿＿＿ → ＿＿＿＿＿

5 She asked me how to enjoy my spare time. ＿＿＿＿＿ → ＿＿＿＿＿

6 Why not spreading your wings and flying? ＿＿＿＿＿ → ＿＿＿＿＿

7 She saw her competitor to take English lessons at the institute.

＿＿＿＿＿ → ＿＿＿＿＿

Ⓐ 다음 빈칸에 우리말에 알맞은 영어 표현을 쓰세요.

1 나는 조언을 얻기 위해 선생님을 만났다.

→ I _____ my teacher _____ _____ _____ _____.

2 미국으로 가는 것보다 일본으로 가는 것이 훨씬 가깝다.

→ It _____ _____ _____ _____ _____ _____ Japan than
America.

3 우리 사장님은 내가 그 프로젝트를 하기를 원했다.

→ My boss _____ me _____ _____ _____ _____.

4 나는 두 달 후에 있을 공연에서 함께 연주할 사람이 필요하다.

→ I _____ a person _____ _____ _____ in the concert two months
later.

5 토요일은 휴식을 취하기에 좋다.

→ Saturday is _____ _____ _____ _____ _____.

Ⓑ 다음 문장을 영어로 옮기세요.

1 그녀는 그 남자를 만나서 기쁜 것임에 틀림없다.

→ _____

2 설상가상으로 그는 다리가 부러졌다. (사역동사 have)

→ _____

3 그녀는 프린터 작동시키는 법을 몰랐다.

→ _____

4 나는 축구는 말할 것도 없고 야구도 좋아한다.

→ _____

5 내 친구는 복권에 당첨됐다는 것을 알고 놀랐다. (win the lottery)

→ _____

UNIT 08 부정사의 동사적 성질

A 부정사의 시제

부정사의 시제를 알기 위해서는 반드시 문장의 술어동사의 시제를 확인해 봐야 한다. 부정사의 시제는 술어동사의 시제를 기준으로 하기 때문이다.

 단순형: to+동사원형 (문장의 술어동사 시제와 같거나 그 후를 나타냄)

- He <u>seemed</u> to drive his car with only one hand.
  (= It <u>seemed</u> that he drove his car with only one hand.)
- She <u>seems</u> to ignore his advice all the time.
  (= It <u>seems</u> that she ignores his advice all the time.)
- The owner of a baseball team always expects the team to win.
  (= The owner of a baseball team always expects that the team will win.)

> **독해에 적용하기**
>
> expect, hope, wish, want 등과 같이 소망 · 의지 동사 뒤에 오는 부정사의 단순형은 그 동사의 시제보다 이후를 나타낸다.
>
> - **I wish to see her again.**
>   (나는 그녀를 다시 보기를 소망한다.)

2 완료형: to have p.p. (문장의 술어동사 시제보다 이전을 나타냄)

- He <u>seems</u> to have been extremely nervous at that time.
  (= It <u>seems</u> that he was extremely nervous at that time.)
- She <u>seemed</u> to have lost her way home.
  (= It <u>seemed</u> that she had lost her way home.)
- The girl <u>seemed</u> to have eaten all the cookies in the jar.
  (= It <u>seemed</u> that the girl had eaten all the cookies in the jar.)

> **Writing에 적용하기**
>
> 단순 수동형: to be p.p.
> 완료 수동형: to have been p.p.
>
> - **She seemed to be disappointed with the result.** (그녀는 결과에 실망한 것 같았다.)
> - **He seemed to have been accused of murder.**
>   (그는 살인죄로 기소당했던 것 같았다.)

Pattern Practice

다음 밑줄 친 부정사의 시제를 밝히세요.

❶ You seem <u>to be</u> disappointed with the result. _____

❷ She seems <u>to have lost</u> lots of weight. _____

❸ He expects <u>to meet</u> her in a few days. _____

B 부정사의 의미상의 주어

부정사에서 나타나는 동작의 주체가 바로 의미상의 주어이다. 의미상의 주어가 될 수 있는 것은 문장의 주어, 목적어, 일반인, 그리고 〈of/for + 목적격〉이다.

 의미상의 주어가 문장의 주어 및 목적어 또는 일반인인 경우

- She wants <u>to maintain</u> a good relationship with her business partner.　　주어인 경우

- She wants her boyfriend <u>to maintain</u> a good relationship with his friends.

　　　　　　　　　　　　　　　　　　　　　　　　　　　　　목적어인 경우

- It's useful <u>to memorize</u> as many words as possible.　　일반인인 경우: 생략

 의미상의 주어가 주어 및 목적어 또는 일반인이 아닌 경우: 〈of/for + 목적격〉으로 쓴다.

(1) of+목적격: 사람의 성질 및 특성 등을 나타내는 형용사가 있는 경우

- It is <u>kind</u> of her <u>to remind</u> me of her mother's birthday.

- It was <u>nice</u> of him <u>to send</u> a Christmas card to me.

- It was <u>foolish</u> of the terrorists <u>to hold</u> hostages.

(2) for+목적격: 사람의 성질 및 특성 등을 나타내는 형용사가 없는 경우

- It was <u>difficult</u> for me <u>to follow</u> the linguistics class.

- It is <u>necessary</u> for her <u>to study</u> the natural environment.

- It is <u>possible</u> for us <u>to visit</u> North Korea now.

 Pattern Practice

다음 문장에서 부정사의 의미상의 주어에 밑줄 치세요. 없으면 '일반인'이라고 쓰세요.

❶ She said that the pedestrian was to blame for the accident.

❷ It's impossible to survive on Venus without any protection.

❸ It was hard for me to understand what she was saying.

❹ South Korea and the U.S. want North Korea to give up developing nuclear weapons.

❺ Immediate action is required to help the refugees in Syria.

C 부정사 관련 단문·복문 전환

부정사가 쓰인 단문을 주어와 동사가 있는 절로 전환시킬 수 있다.

 too~to 구문과 enough to 구문의 전환

(1) too~to 구문 ⇌ so~that S + can't + 동사원형   매우 ~해서 …할 수 없다
   to부정사의 의미상의 주어

- Chosun was too weak to defend itself from invaders in the late 1800s.
  (⇌ Chosun was so weak that it couldn't defend itself from invaders in the late 1800s.)

- The building was too old to be remodeled again.
  (⇌ The building was so old that it couldn't be remodeled again.)

(2) enough to 구문 ⇌ so~that S + can + 동사원형   …할 정도로 충분히 ~한
   to 부정사의 의미상의 주어

- My mom is strong enough to endure financial problems.
  (⇌ My mom is so strong that she can endure financial problems.)

- The little girl is brave enough to enter the ghost house alone.
  (⇌ The little girl is so brave that she can enter the ghost house alone.)

 부정사가 목적어 또는 목적격보어인 경우의 부정사의 전환

(1) 목적어인 경우: S + V + to 동사원형 ⇌ S + V + that S' + V' S' = to 부정사의 의미상의 주어

- South Korea wishes to hold the World Cup independently.
  (⇌ South Korea wishes that it could hold the World Cup independently.)

- I expect to finish this project early tomorrow morning.
  (⇌ I expect that I will finish this project early tomorrow morning.)

(2) 목적격보어인 경우: S + V + O + to 동사원형 ⇌ S + V + (O) + that S' + V' S' = to 부정사의 의미상의 주어

- He allowed his daughter to take a trip to Europe.
  (⇌ He allowed his daughter that she could take a trip to Europe.)

- She expected him to study harder than before.
  (⇌ She expected that he would study harder than before.)

Pattern Practice

다음 문장들을 단문 또는 복문으로 바꾸세요.

❶ The deer was wise enough to escape from the trap. → _____

❷ I hope that I will meet you soon.   → _____

❸ They expected that he would win the game. → _____

GRAMMAR PRACTICE

문법 사항 복습하기

A 괄호 안의 표현 중 알맞은 것을 고르세요.

1 It was really rude (for / of) him to behave like that.

2 She seems (to work / to have worked) very hard to succeed when young.

3 I hope (to offer / to be offered) an opportunity to work for this company.

4 The baby seems (to cry / to be crying) at the moment.

5 He asked his brother (to deliver / to be delivered) a present to her.

B 단문을 복문으로, 복문을 단문으로 고치세요.

1 She is said to have designed several well-known cars.
   → It is said that _____ _____ several well-known cars.

2 It appeared that she had stopped working for the company.
   → She appeared _____ _____ _____ working in this company.

3 They seem to be irritated by his words.
   → It seems that _____ _____ _____ by his words.

4 Her husband promised that he would go to church on Sunday.
   → Her husband promised _____ _____ to church on Sunday.

5 The team leader assigned too much work for her to finish in a day.
   → The team leader assigned her _____ _____ _____ _____
   _____ _____ _____ in a day.

C 다음 문장에서 틀린 부분을 올바르게 고치세요. 없으면 '없음'이라고 쓰세요.

1 His house seems to have painted.   _____ → _____

2 She decided not to have gone there alone.   _____ → _____

3 There are lots of cars which needs to repair.   _____ → _____

4 It was wrong of you to have done such a thing yesterday.

                                                       _____ → _____

5 Mary seemed to have been abroad when I met her.

                                                       _____ → _____

A 부정사를 사용하여 다음 빈칸에 우리말에 알맞은 영어 표현을 쓰세요.

1 나로서는 네가 혼자서 그 음식을 만들었다는 것을 믿기가 어렵다.
→ It's difficult _____ _____ _____ _____ that _____ _____
_____ _____ by yourself.

2 그는 그곳에 여러 번 가본 적이 있는 것 같았다.
→ He seemed _____ _____ _____ _____ several times.

3 그들이 그 독재자를 지지하는 것은 어리석은 것이다. (advocate)
→ It is foolish _____ _____ _____ _____ _____ _____.

4 내 새 차를 기다리는 것이 나를 애타게 한다.
→ It makes me anxious _____ _____ _____ _____
_____.

5 내가 그들과 함께 일하는 것은 언제나 즐겁다.
→ _____ _____ always a pleasure _____ _____ _____
_____ with them.

B 다음 문장을 부정사를 사용하여 영어로 옮기세요.

1 그녀를 설득하는 것은 거의 불가능하다.
→ _____

2 나는 맨체스터 유나이티드가 한국에서 경기를 하기를 원한다. (Manchester United)
→ _____

3 그녀는 살이 빠지고 있는 것 같다. (lose weight)
→ _____

4 그 커피는 며칠 전에 볶아진 것 같다. (roast)
→ _____

5 그는 배우가 될 만큼 충분히 잘 생겼다.
→ _____

6 그는 너무 어려서 그 영화를 볼 수 없었다.
→ _____

7 그녀는 그가 벌을 받기를 원했다. (punish)
→ _____

REVIEW TEST

A 다음 괄호 안의 표현 중 알맞은 것을 고르세요.

1 It's her destiny (overcome / to overcome) this absurd suggestion.

2 My idea was (her / for her) to take him to the hospital.

3 It seems unnecessary (of / for) him to start his own business this year.

4 This is too heavy (of / for) my daughter to lift.

5 She appears (to meet / to have met) the buyer yesterday.

6 Wonju is one of the best cities (to live / to live in) in Korea.

7 The meeting is (to be held / to have been held) next Monday.

8 His goal is (to be established / to establish) his own company.

9 She hopes (to arrive / to have arrived) there in time tomorrow.

10 He is (enough strong / strong enough) to endure the difficult situation.

11 (To be frank with you / To make matters worse), I spilled the soup on her dress.

12 They consider (it / it's) good to help poor people.

B 다음 문장 안에 쓰인 부정사의 용법을 밝히세요.

1   It's good for your health to sleep well.   _____

2 She must be really happy to know that he passed the test.   _____

3 All students are to follow the school's regulations.   _____

4 People say that he is to blame for the accident.   _____

5 To tell the truth, I finished the work several days ago.   _____

6 I am pleased to participate in this worthwhile event.   _____

7 He wants me to exclude all of these items from the list.   _____

8 They found it unpleasant to be ignored by him.   _____

9 She has the will to move the team.   _____

10 I think it very hard to persuade the buyer.   _____

11 It is impossible for me to survive in the jungle for a month.   _____

다음 문장을 영어로 옮기세요.

1 그들은 내가 그녀를 설득하기를 기대하고 있다.

→ _____

2 나는 불어를 공부하는 것이 어렵다는 것을 깨달았다. (가목적어 it 사용)

→ _____

3 그녀는 스페인어는 말할 것도 없고 영어도 잘한다.

→ _____

4 그 범인은 어제 경찰에게 체포된 것 같다.

→ _____

5 한국과 미국 둘 다 곧 조약을 체결할 예정이다. (conclude a treaty, be to용법 사용)

→ _____

Essay Topic

Some people think that they can learn better by themselves than with a teacher. Others think that it is always better to have a teacher's support. Which do you prefer? Use specific reasons to develop your essay.

본론 아이디어 정리

| Body 1 |

① **Topic Sentence:**　선생님은 이전에 했던 실수를 반복하지 않게 해준다. (prevent from -ing)

Supporting Detail 1:　아버지의 코치 덕분에, 비너스와 세레나가 세계적인 테니스 선수로 성장 가능했음.

Supporting Detail 2:　비너스와 세레나는 훈련에만 집중할 수 있었음. (focus on)

| Body 2 |

① **Topic Sentence:**　선생님은 질문에 답해 줄 수 있고 지지와 격려를 제공할 수 있다. (provide support)

Supporting Detail 1:　성공한 많은 사람들은 자신들을 격려해 준 선생님께 감사함.

Supporting Detail 2:　오프라 윈프리는 선생님 덕분에 훌륭한 방송인으로 성공함. (television personality)

● 정리된 아이디어를 영어로 옮기세요.

| Body 1 |

① 첫째, 선생님은 우리가 이전에 했던 실수를 반복하는 것을 막아줄 수 있다.

　→ First, a teacher _____ mistakes that have been made before.

1   예를 들어, 코치는 운동선수를 교육하고 훈련시키는 사람이다. 국제적인 테니스 스타가 되기 전에, 비너스와 세레나 윌리엄즈는 아버지로부터 코치를 받았다. 그들의 아버지는 테니스의 역사를 비롯해서 프로테니스 선수를 준비시키기 위한 최고의 훈련 방법에 대해 읽을 수 있었다.

> → For example, a coach is someone who teaches and trains athletes. Before they became international tennis superstars, Venus and Serena Williams _____
>
> _____ . Their father was able to read everything about the history of tennis and the best training methods for preparing a professional tennis player.

2   비너스와 세레나는 테니스 연습에만 집중할 수 있었다. 코치인 아버지를 통해 다른 테니스 선수들이 저지른 실수에 대해서 배웠기 때문이다.

> → Venus and Serena _____ practicing tennis because they had their father teach them about the mistakes that other tennis players had made.

| Body 2 |

① 둘째, 선생님은 질문에 답해 줄 수 있고 혼자서 공부하는 학생이 갖지 못할 지지와 격려를 제공할 수 있다.

> → Second, a teacher _____ and _____
> _____ that a person who is learning alone will not have.

1   성공한 많은 사람들은 아무도 그들을 믿어주지 않을 때, 자신들을 격려해 준 어떤 선생님들의 지지에 대해서 감사한다.

> → Many successful people are grateful to _____
> _____ when no one else believed in them.

2   예를 들어, 오프라 윈프리는 매년 〈미국의 교사상〉을 주최한다. 그 이유는 그녀가 고등학교에 다닐 때 많은 사람들이 그녀는 방송 일을 하기에 매력적이지 않다고 말했음에도 방송일을 하도록 격려해준 한 선생님이 있었기 때문이다. 오늘날 그녀는 세계에서 가장 성공한 방송인이다.

> → For example, Oprah Winfrey hosts the "American Teacher Awards" every year because she had a teacher when she was in high school who _____
> _____ even though many people told her she was not attractive enough to work in television. Today, Oprah Winfrey is the most _____
> _____ in the world.

CHAPTER 05

동명사

동명사의 용법

A 명사적 용법

동명사는 문장의 주어, 목적어, 보어로 쓰일 수 있다.

 주어 또는 보어로 쓰이는 동명사

- Eating more than necessary makes you gain weight.
- Constructing tank ships is one of the leading industries in Korea.
- My job is handling complicated tasks at my company.

 목적어로 쓰이는 동명사

(1) 동사의 목적어

- The pedestrian moved quickly and <u>avoided</u> being hit by a truck.
- My dad doesn't <u>mind</u> driving in this awful weather.

(2) 전치사의 목적어

- I'm certain <u>of</u> arriving at the meeting before it begins.
- She is satisfied <u>with</u> having reached an agreement with the opposite side.

> **Writing에 적용하기**
>
> 전치사의 목적어가 될 수 있는 것은 명사, 명사구, 동명사, 동명사구, 의문사절 등이다.
> - He told me <u>about</u> what he had done in the army.

Pattern Practice

밑줄 친 동명사의 용법을 밝히세요.

❶ <u>Accepting</u> their offer would be breaking news for everyone. _____

❷ That person is not capable of <u>doing</u> such work. _____

❸ Do you mind my <u>closing</u> the window? _____

B 동명사의 관용 표현

 관용 표현

(1) **on ~ing:** ~하자마자 (= as soon as S+V)

(2) **look forward to ~ing:** ~하기를 고대하다

(3) **feel like ~ing:** ~하고 싶다 (= feel inclined to + 동사원형)

(4) **be worth ~ing:** ~할 가치가 있다 (= It is worthwhile to + 동사원형)

(5) **cannot help ~ing:** ~하지 않을 수 없다 (= cannot (help) but + 동사원형)

(6) **There is no ~ing:** ~하는 것은 불가능하다 (= It is impossible to + 동사원형)

(7) **It goes without saying that:** ~은 말할 필요도 없다 (= needless to say)

(8) **It is no use[good] ~ing:** ~해도 소용없다 (= It is of no use to + 동사원형 / It is useless to + 동사원형)

- On hearing the announcement, all the people in the square started to moan.
- The CEO is looking forward to merging with the IT company.
- She feels like having her hair dyed.
- The new company is worth investing in.
- My wife couldn't help crying while she was watching the soap opera.
- There is no answering such a difficult question.
- It goes without saying that time is money.
- It is no use trying to persuade a person whose mind is already made up.

Pattern Practice

두 문장의 뜻이 같도록 빈칸에 알맞은 표현을 쓰세요.

❶ She couldn't help but laugh at his appearance.

= She _____ _____ _____ at his appearance.

❷ It is impossible to recognize her face.

= _____ _____ _____ _____ her face.

❸ As soon as the boy saw me, he ran away.

= _____ _____ me, the boy ran away.

❹ It is useless to claim insurance for the damage they caused.

= _____ _____ _____ _____ _____ insurance for the damage they caused.

❺ I want to tell my students that it is worthwhile to help the homeless.

= I want to tell my students that it _____ _____ _____ the homeless.

C 동명사 vs 부정사

 동명사를 목적어로 취하는 동사: finish, mind, avoid, give up, deny, enjoy, stop, quit, put off...

- George Lucas was able to finish <u>filming</u> the movie Star Wars thanks to the investors.
- She denied <u>having</u> been at the bar with her friends when the accident happened.
- He quit <u>persuading</u> the obstinate old man.

 부정사를 목적어로 취하는 동사: want, decide, expect, hope, wish, plan, promise, pretend, fail...

- The company is expecting <u>to make</u> a final contract with the dealer.
- They plan <u>to open</u> the park to the public next week.
- I'm sorry to tell you that he has failed <u>to make</u> a contract with the company.

 동명사와 부정사를 모두 목적어로 취하는 동사

(1) 뜻의 변화가 거의 없는 경우: begin, start, love, like, hate, continue, attempt...

- I began <u>to take[taking]</u> tennis lessons last week.
- She loves <u>to eat[eating]</u> Chinese food with her family.

(2) 뜻의 변화가 있는 경우

remember + to부정사 (~할 것을 기억하다)	remember + 동명사 (~했던 것을 기억하다)
forget + to부정사 (~할 것을 잊다)	forget + 동명사 (~했던 것을 잊다)

- He remembered to bring some important statistic data for the briefing.
- He remembered bringing some important statistic data for the briefing.
- Don't forget to take the medicine.
- Don't forget taking the medicine.

Pattern Practice

다음 문장에서 틀린 부분을 고치세요.

❶ They put off to open the ceremony one-sidedly. _____ → _____

❷ She always pretends being poor. _____ → _____

❸ The boy remembers watching the program tomorrow. _____ → _____

A 괄호 안의 표현 중 알맞은 것을 고르세요.

1 It goes without (to say / saying) that health is above wealth.

2 It's of no use (to search / searching) for the missing smartphone.

3 The company is looking forward to (work / working) with you again.

4 The poor soldier cannot help but (execute / executing) the prisoner.

5 I am sure of his (to participate / participating) in the programming competition.

6 Internet sites can't escape the danger of (revelation / revealing) important information.

7 He wishes (to own / owning) a farm in the country after he retires from work.

8 (On hearing / Hearing) the announcement, all the reporters started to transmit the news.

9 After his team won the game, he felt like (to have / having) a bottle of beer.

10 In my case, I think my new work is worth (to challenge / challenging) for me.

B 다음 문장에서 틀린 부분을 올바르게 고치세요. 없으면 '없음'이라고 쓰세요.

1 It goes without to say that the mother is the strongest of all in the world.
   _____ → _____

2 It is useless to cry for help since you haven't done your best.
   _____ → _____

3 By to post up a notice on the board, everyone can see the latest news.
   _____ → _____

4 She wanted him to stop to drink alcohol for the sake of his health.
   _____ → _____

5 They continued to work on the secret project which the government had given.
   _____ → _____

6 Tell him not to forget asking the answer when the class ends.
   _____ → _____

7 I look forward taking the driver's license test next month.
   _____ → _____

A 동명사를 사용하여 다음 빈칸에 우리말에 알맞은 영어 표현을 쓰세요.

1 그와 함께 유럽을 여행하는 것은 참으로 흥미진진한 여행이다.

→ _____ _____ _____ _____ with him _____ an exciting trip indeed.

2 대통령의 주요한 임무는 경기를 부양시키는 것이었다. (stimulate the economy)

→ The President's primary mission was _____ _____ _____.

3 학생들의 감정을 이해하는 것은 선생님이 갖추어야 할 능력이다. (understand one's feelings)

→ _____ _____ _____ _____ an ability which a teacher must have.

4 내가 해야 하는 업무는 매월 교육 진도를 점검하는 것이다. (teaching schedule)

→ The work which I have to do is _____ _____ _____ _____ every month.

5 그 죄수는 교도소에서 탈출하려고 시도했다.

→ The prisoner attempted _____ _____ _____.

B 다음 문장을 영어로 옮기세요.

1 약을 먹는 것을 잊지 마라.

→ _____

2 그는 딸이 영어 전공자가 된 것을 자랑스러워한다.

→ _____

3 그녀는 비록 슬펐지만 행복한 척 했다. (pretend)

→ _____

4 아버지는 나와 함께 놀이공원에 가겠다고 약속하셨다.

→ _____

5 나는 그녀에게 저녁식사를 대접할 수밖에 없었다. (can't help -ing)

→ _____

UNIT 10 동명사의 동사적 성질

A 동명사의 시제

동명사의 시제는 단순형과 완료형이 있다. 술어동사의 시제를 기준으로 동명사의 시제를 알아낼 수 있다.

 1 **단순형: ~ing** (문장의 동사 시제와 같거나 그 후를 나타냄)

- My parents <u>finished</u> packing their luggage.
  packing의 시제는 finished와 같은 과거

- She <u>is</u> ashamed of failing to cook a simple food. failing의 시제는 is와 같은 현재

- I <u>insisted</u> on telling him the shocking news.
  telling의 시제는 insisted보다 후인 미래

 2 **완료형: having p.p.** (문장의 동사 시제보다 이전을 나타냄)

- The company <u>denied</u> having accused its customer. having accused의 시제는 대과거

- My mom <u>was</u> proud of having received an award from the mayor.
  having received의 시제는 대과거

- He <u>is</u> ashamed of having been scolded.
  having been의 시제는 과거

> **Writing에 적용하기**
>
> remember, forget, deny, regret 뒤에 단순형(~ing)을 쓰면 동사의 시제보다 이전의 시제를 나타낸다.
> - She <u>remembers</u> purchasing the book at the department store.
>   (그녀는 백화점에서 그 책을 구입했던 것을 기억한다.)

> **독해에 적용하기**
>
> being p.p.: 시제가 같거나 그 이후를 나타내면서 수동의 의미가 포함된 표현이다.
>
> having been p.p.: 시제가 이전을 나타내면서 수동의 의미가 포함된 표현이다.
> - I complained of being treated like an unwelcome visitor. (나는 불청객으로 대접받는 것에 대해 불평했다.)
> - She denied having been insulted by her friend. (그녀는 친구한테서 모욕을 당했다는 것을 부인했다.)

> **Writing에 적용하기**
>
> need, deserve 뒤에 동명사를 쓰면 수동의 의미가 나타난다.
> - She <u>needs</u> washing.
>   = She <u>needs</u> to be washed.
>   (그녀는 씻겨져야 한다.)
> - They <u>deserve</u> punishing for what they did.
>   = They <u>deserve</u> to be punished...
>   (그들은 그들이 한 짓에 대해 벌을 받을 만하다.)

Pattern Practice

다음 괄호 안의 동사를 알맞게 쓰세요.

❶ She's angry about not _____ (invite). (그녀는 초대받지 않았던 것에 대해 화가 났다.)

❷ My friend was sorry for _____ (make) a big mistake during the performance.
(내 친구는 공연 동안에 큰 실수를 했던 것에 대해 미안해했다.)

❸ He's finished _____ (mend) the car. (그는 차 수리를 끝냈다.)

B 동명사의 의미상의 주어

동명사도 동작을 나타내므로 주어를 가질 수 있다. 이를 '의미상의 주어'라고 한다. 동명사의 의미상의 주어가 될 수 있는 것은 문장의 주어, 목적어, 일반인, 소유격(목적격)이다.

 의미상의 주어가 문장의 주어, 목적어, 또는 일반인인 경우

- The team had to give up climbing the mountain because of the storm.

  주어가 climbing의 의미상의 주어

- Thank you for driving me home. 목적어가 driving의 의미상의 주어

- Trespassing over the border is forbidden. 일반인이 Trespassing의 의미상의 주어

 의미상의 주어가 문장의 주어, 목적어, 일반인이 아닌 경우: 소유격 또는 목적격을 동명사 앞에 쓴다.

(1) 의미상의 주어는 소유격이 원칙이다.

- Do you mind my asking you a favor? my가 asking의 의미상의 주어

- His dad insisted on his studying biology in college. his가 studying의 의미상의 주어

(2) 목적격을 쓰는 경우: 무생물, 추상명사, 수식어를 수반하는 명사, all, both, this 등

- She complained of the airplane departing late. 무생물

- Everyone was surprised at her love being so strong. 추상명사

- The members of the research center were in a shock at this being a fake.

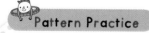 Pattern Practice

다음 문장에서 동명사의 의미상의 주어에 밑줄을 긋고 문장을 해석하세요.

❶ She is pleased with both arriving simultaneously.
  → _____

❷ I'm disappointed with your being late again.
  → _____

❸ He enjoys going to the amusement park with his family.
  → _____

C 동명사 관련 단문·복문 전환

앞에서 배운 동명사의 시제와 의미상의 주어를 활용하여 단·복문 전환이 가능하다. 단·복문 전환의 목적은 표현방식은 다르지만 내용은 같다는 것과 표현방식의 다양함을 익히는 것이다.

 S + V + (전치사) + 동명사 ⇌ S + V + that S' + V'
동명사의 의미상의 주어

- His fans remember his singing the most popular song in the concert.
  (⇌ His fans remember that he sang the most popular song in the concert.)

- She insisted on my participating in the concert.
  (⇌ She insisted that I (should) participate in the concert.)

 on + ~ing ⇌ as soon as + S + V
동명사의 의미상의 주어

- On hearing the news about her son, she couldn't help crying.
  (⇌ As soon as she heard the news about her son, she couldn't help crying.)

- As soon as she saw the accident, she called the police immediately.
  (⇌ On seeing the accident, she called the police immediately.)

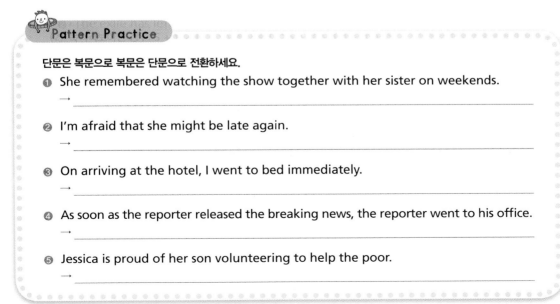

Pattern Practice

단문은 복문으로 복문은 단문으로 전환하세요.

❶ She remembered watching the show together with her sister on weekends.
→ _____

❷ I'm afraid that she might be late again.
→ _____

❸ On arriving at the hotel, I went to bed immediately.
→ _____

❹ As soon as the reporter released the breaking news, the reporter went to his office.
→ _____

❺ Jessica is proud of her son volunteering to help the poor.
→ _____

A 괄호 안의 표현 중 알맞은 것을 고르세요.

1 The passengers complained of (the train's / the train) arriving late.

2 She is ashamed of (being scolded / having been scolded) at that time.

3 People were surprised at (both's / both) jumping from the airplane without hesitation.

4 As soon as (he heard / hearing) the news, he gave her a call.

B 두 문장의 의미가 같도록 빈칸에 알맞은 표현을 쓰세요.

1 My mom was proud of my volunteering as a PKF member. (PKF: Peace Keeping Force)
= My mom was proud that _____ _____ as a PKF member.

2 Italians are proud of the Romans having ruled most of Europe two thousand years ago.
= Italians are proud that _____ _____ _____ most of Europe two thousand years ago.

3 I am ashamed that Steve doesn't behave appropriately.
= I am ashamed of _____ _____ _____ appropriately.

4 She complained that she had been punished in front of her friends.
= She complained of _____ _____ _____ in front of her friends.

5 On stepping out of the bus, the governor was assassinated.
= _____ _____ _____ the governor _____ _____ of the bus, he was assassinated.

C 다음 문장에서 틀린 부분이 있으면 올바르게 고치세요.

1 She recalls his driving the car. _____ → _____

2 I was surprised at he showing up at the market. _____ → _____

3 Don't working is regarded as a sin in this region. _____ → _____

4 The girl complained of having been teased by her friends.

_____ → _____

5 The boy was nervous about catching by somebody.

_____ → _____

A 동명사를 사용하여 다음 빈칸에 우리말에 알맞은 영어 표현을 쓰세요.

1 그는 혼자만 남겨졌던 일에 대해 불평했다.

→ _____ complained of _____ _____ left alone.

2 나는 반역자처럼 취급받는 것이 싫다.

→ I hate _____ _____ like a betrayer.

3 나는 두 시간 후에 학생을 만날 것을 기억하고 있었다.

→ I remembered _____ _____ the student _____ _____ _____ .

4 내 약속을 지키지 못했던 것에 대해 미안하구나.

→ I'm sorry for _____ _____ _____ _____ _____ .

5 그는 초대받지 못했던 것에 대해 실망하고 있다.

→ He is disappointed with _____ _____ _____ _____ .

B 동명사를 사용하여 다음 문장을 영어로 옮기세요.

1 그들은 그녀가 이상한 행동을 하는 것에 대해 놀랐다. (be surprised at)

→ _____

2 나는 그 동물을 공격했던 것에 대해 비난 받았다. (be blamed for)

→ _____

3 그녀는 기차를 놓친 것에 대해 걱정했다. (be worried about)

→ _____

4 그는 내가 돈이 없다는 것을 모르고 있다. (be unaware of)

→ _____

5 나는 그가 내일 도착할 것이라는 것을 확신한다. (be sure of)

→ _____

A 다음 괄호 안에서 알맞은 표현을 고르세요.

1 Do you mind (to smoke / smoking) outside the room? Smoking is prohibited here.

2 You need (to exercise / exercising) more in order to stay in shape.

3 On (listen / listening) to the briefing, she began to take notes.

4 She was very lucky to survive in the crash without (following / being followed) the safety rules?

5 (Learning / Being learned) how to ski is difficult if you're bad at skating.

6 The orphan was getting tired of (teasing / being teased) by the boys.

7 I'm seriously thinking of (migrating / having migrated) next year.

8 I hope to avoid (hurt / being hurt) by her words.

9 He failed (to keep / keeping) the promise he made during the election.

10 The doctor wants me to stop (smoking / to smoke) as soon as possible.

B 다음 문장에서 틀린 부분을 올바르게 고치세요. 없으면 '없음'이라고 쓰세요.

1 She objects to be treated like a prisoner.

_____ → _____

2 Forgive me for not to tell the truth to you.

_____ → _____

3 They put off to open the department store because of the strike.

_____ → _____

4 He always looks forward to climb that mountain.

_____ → _____

5 It's no good looking for the missing person.

_____ → _____

6 There is not telling what will happen in the future.

_____ → _____

7 Your shirt needs washing right now.

_____ → _____

8　She doesn't care about your to be hurt.

　　_____ → _____

9　I promise keeping time from now on.

　　_____ → _____

10　My wife and I plan traveling around the world when we both retire from work.

　　_____ → _____

두 문장의 의미가 같도록 빈칸에 알맞은 표현을 쓰세요.

1　I'm sure of his graduating this time.

　　= I'm sure that _____ _____ _____ _____ _____.

2　We are very proud that Tae-hwan Park won a gold medal in swimming.

　　= We are very proud of _____ _____ _____ _____ _____

　　　_____ _____ _____ _____.

3　There is no reason for you to be ashamed of being poor.

　　= There is no reason for you to be ashamed that _____ _____ _____.

4　I complained that the plane had not taken off.

　　= I complained of _____ _____ _____ _____ _____.

5　It is no use typing all those scraps.

　　= It is of no use _____ _____ _____ _____ _____.

동명사를 사용하여 다음 문장을 영어로 옮기세요.

1　그는 그 무거운 것들을 옮기는 것을 포기했다.

　　→ _____

2　나를 보자마자 그녀는 울기 시작했다.

　　→ _____

3　그녀는 아들에게 소리를 지를 수밖에 없었다.

　　→ _____

4　아무것도 먹지 않는 것은 건강에 좋지 않다.

　　→ _____

5　그는 뇌물을 받았던 것에 대해 고소당했다. (be accused of)

　　→ _____

Essay Topic

Businesses should hire employees for their entire working lives. Do you agree or disagree? Use specific reasons and examples to support your answer.

본론 아이디어 정리

| Body 1 |

ⓘ **Topic Sentence:** 평생 고용을 보장하는 것은 글로벌 시장에서의 구조 변화를 무시한 것이다. (global marketplace)

Supporting Detail 1: 1980년대에 미국 자동차 회사는 일본 자동차와의 경쟁이 어려워짐. (compete with)

Supporting Detail 2: 미국 자동차 회사는 경쟁력 유지를 위해 해외로 공장을 이전하고, 그로 인해 평생 직장을 생각했던 많은 미국의 근로자들이 일자리를 잃게 됨. (remain competitive)

| Body 2 |

ⓘ **Topic Sentence:** 평생 고용은 근로자의 야망을 고무시키지 않는다. (encourage one's ambitions)

Supporting Detail 1: 해고되지 않는 일자리에서는 자기만족 하는 경향이 있음. (complacent, terminated)

Supporting Detail 2: 자발적으로 책임감을 갖고 교육을 추구하는 근로자는 승진이나 급여 인상으로 보상받음. (reward, increased salaries)

● 정리된 아이디어를 영어로 옮기세요.

| Body 1 |

① 먼저, 평생 고용을 보장하는 것은 글로벌 시장 구조에서의 현재의 변화와 예상되는 변화를 무시한 것이다.

→ First, guaranteeing life-long employment _____ present and anticipated

_____.

1 예를 들어, 20세기 초에 대부분의 미국 자동차는 실제로 자국에서 제조되었다. 하지만 1980년대에 많은 미국의 자동차 제조업체들은 더 이상 일본 업체와 경쟁할 수 없었다. 일본 자동차들이 일반적으로 더 싸고 품질이 좋다고 인식되었다.

→ For example, in the early 20th century, most American cars were actually manufactured in the United States. However, during the 1980's, many American car manufacturers

_____.

Japanese cars were generally considered to be cheaper and of better quality.

2 경쟁력을 유지하기 위해 많은 미국 제조업체들은 생산을 해외로 이전해야만 했고, 그 결과 많은 미국의 근로자들이 대체되었는데 이들은 평생 동안 그 회사에서 일할 것을 기대했었다.

→ _____, many American

manufacturers had to move production overseas, resulting in the displacement of

many American workers who _____

for their entire lives.

| Body 2 |

① 둘째, 평생 고용 보장은 근로자의 야망이나 자기 분야에서의 계속적인 교육을 고무시키지 않는다.

→ Second, guaranteed life-long employment _____

_____ or continued education in their fields.

1 많은 근로자들은 자신들이 해고되지 않는다는 것을 아는 일자리에서는 자기만족을 하는 경향이 있다.

→ Many workers tend to _____ in jobs from which they know

_____.

2 일반적으로 자발적으로 더 많은 책임과 교육을 추구하는 근로자는 승진 또는 급여인상을 통해 보상받을 것이다.

→ Generally, workers who voluntarily seek out more responsibility and education _____

_____.

CHAPTER 06

분사와 준동사

UNIT 11 분사의 개념과 분사구문

A 분사의 종류와 기능

분사는 현재분사와 과거분사가 있으며, 명사 수식과 보어의 기능을 한다.

 분사의 종류

(1) 현재분사(~ing): 능동과 진행의 의미(~하는 / ~하는 중)

- She has been attending the meeting for several hours now.
- North Korea is threatening South Korea with nuclear weapons.
- That boy is trespassing in this area!

(2) 과거분사(~ed): 수동과 완료의 의미(~된)

- Though she tried to persuade them to accept, her offer was rejected.
- The West Bank and the Gaza strip are occupied by Israel.
- The community center program was canceled due to heavy rain.

> **동사에 적용하기**
> 현재분사와 동명사 구분하기
> - **sleeping baby:** baby의 상태를 나타내는 현재분사
> - **sleeping bag:** bag의 용도를 나타내는 동명사
> - **smoking person:** person의 상태를 나타내는 현재분사
> - **smoking room:** room의 용도를 나타내는 동명사

 분사의 기능

(1) 명사 수식 (한정적 용법)

- North Korea's threats are behind the growing <u>tension</u> on the Korean Peninsula.
- Can you tell what that flying <u>object</u> is?
- <u>The students</u> talking loudly in the back seats have no sense of etiquette.

> **Writing에 적용하기**
> 분사가 단독으로 명사를 수식할 때는 명사 앞에 쓰지만, 수식어(구)가 붙었을 때는 명사 뒤에서 수식한다.

(2) 보어 (서술적 용법)

- A boy came crying loudly.   주격보어
- I had my car mended yesterday.   목적격보어
- The enemy soldier kept the POW running until the sun set.   목적격보어

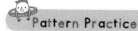
Pattern Practice

1 괄호 안의 단어를 알맞게 변형시키세요.

❶ It is a _____(surprise) report to me.

❷ Look at the _____(fall) leaves on the ground.

❸ She looks pretty _____(satisfy) with the result.

❹ Eugine was _____(excite) about the news he had heard.

❺ The first edition of this book was _____(publish) in 2006.

2 다음 표현들을 우리말에 맞게 배열하세요. 필요하다면 단어의 형태를 바꾸세요.

❶ 나는 이 지루한 영화를 다시는 안 볼 것이다.
(will, I, again, this, movie, see, bore, never) _____

❷ 길모퉁이에 서 있는 남자는 내 남자친구이다.
(boyfriend, the, at, stand, man, the, is, my, corner) _____

❸ 나는 그녀가 우는 것을 내 눈으로 볼 수가 없다.
(see, cannot, I, cry, her, own, with, eyes, my) _____

❹ 스마트폰은 스티브 잡스의 회사에 의해 발명되었다.
(the, invent, Steve Jobs's, smartphone, was, by, company) _____

❺ 국립공원에서 취사는 금지되어 있다.
(National Parks, prohibit, is, cooking, in) _____

B 분사구문

부사절을 분사구문으로 전환할 수 있다. 분사구문은 문맥에 따라 시간, 이유, 조건, 양보, 동시상황 등을 나타낸다. 우선 분사구문을 만드는 규칙부터 익혀두자.

 분사구문을 만드는 법

- 접속사 생략(명확한 의미 전달을 위해서는 남길 수도 있다.)
- 〈부사절의 주어 = 주절의 주어〉이면 부사절의 주어를 생략한다.
  〈부사절의 주어 ≠ 주절의 주어〉이면 부사절의 주어를 그대로 둔다.
- 부사절의 시제와 주절의 시제 같으면 부사절의 동사를 현재분사로 쓴다.
  부사절의 시제가 주절보다 이전이면 부사절의 동사를 **having p.p.**로 쓴다.

- Although she came with her boyfriend, she didn't tell anybody.
  - → (Although) she came with her boyfriend, ...　　　접속사 생략
  - → (she) came with her boyfriend, ...　　　주어 생략
  - → Coming with her boyfriend, she didn't tell anybody
  - ≫ 부사절과 주절의 시제가 일치하므로 동사를 현재분사로　　　분사구문 완성

- After we had finished the project, we had a nice party.
  - → (After) we had finished the project, ...　　　접속사 생략
  - → (we) had finished the project, ...　　　주어 생략
  - → Having finished the project, we had a nice party.
  - ≫ 부사절의 시제가 주절보다 이전이므로 동사를 having p.p.로　　　분사구문 완성

Writing에 적용하기

분사구문의 부정: 분사구문 앞에 not을 쓴다.
- **Not** knowing what else to do, she asked for help. (그밖에 무엇을 해야 할지 몰라서 그녀는 도움을 요청했다.)

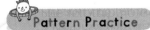

Pattern Practice

다음 문장에서 부사절은 분사구문으로, 분사구문은 부사절로 바꾸세요.

❶ As the soccer player was tired of being interviewed, he refused to answer any more questions.

　→ _____

❷ Although she didn't submit the report, she was forgiven by her teacher.

　→ _____

❸ Not knowing her phone number, I had to deliver the book to her directly.

　→ _____

❹ As I had typed for several hours, I had to take a rest for a while.

　→ _____

❺ Having drunk too much coffee, I couldn't sleep very well that night.

　→ _____

 주의해야 할 분사구문

(1) 부사절이 수동태인 경우

- As she was attracted by the scenery, she took some pictures with her phone.
  - → (As) she was attracted by the scenery, ...　　　접속사 생략
  - → (she) was attracted by the scenery, ...　　　주어 생략
  - → (Being) attracted by the scenery, she took some pictures with her phone.
  - ≫ Being과 Having been은 생략 가능　　　분사구문 완성

(2) 부사절에 'there + be동사' 표현이 있는 경우

- As there was nobody around, she hurried home.
  - → (As) there was nobody around, ...   접속사 생략
  - → there was nobody around, ...   주어 생략 불가능 / nobody≠she
  - → There being nobody around, she hurried home.   분사구문 완성

 비인칭 독립분사구문: 주어가 다르더라도 생략된 분사구문이며 관용 표현으로 쓰인다.

- If we generally speak, smartphones have revolutionized our lives.
  - → (If) weg generally speak , ...   접속사 생략
  - → (we) generally speak, ...   주어가 다르지만 일반인이라서 생략
  - → Generally speaking, smartphones have revolutionized our lives.
    (일반적으로 말하자면)

- Frankly speaking, it is difficult to predict North Korea's next move. (솔직히 말하자면)

- Strictly speaking, it has nothing to do with you. (엄밀히 말하자면)

- Considering his appearance, he looks like he's had a hard life. (〜을 고려하면)

- Judging from his statement, he is not telling the truth. (〜로 판단하건대)

- Granted that you cannot remember it, you are still responsible for the accident.
  (〜일지라도)

 with+명사+분사 (〜한 채로 / 〜하면서)

- It's not good for your vertebra to sit on a chair with your legs crossed.

- She must be crazy to drive with her eyes closed.

- He was in first place with his rival following right behind him.

 Pattern Practice

다음 문장들을 해석하세요.

❶ The film recorded in Spanish, the story was difficult to understand.
  → _____

❷ Strictly speaking from what I've heard, our sales figures are drastically declining.
  → _____

❸ The detective arrived at the crime site with his assistant following him.
  → _____

A 괄호 안의 표현 중 알맞은 것을 고르세요.

1 The PyeongChang Winter Olympics will be (holding / held) in 2018.

2 The important documents were (carrying / carried) out of the building.

3 Not (knowing / known) what to do, I asked a stranger for help.

4 (It / That) being a fine afternoon, we went on a picnic.

5 (Driving / Having driven) for several hours, my dad became extremely tired.

6 (Earning / Earned) fame as a world star, the pop star is spending the busiest days in his life.

7 We can see many foreigners (living / lived) in Song-do International City.

B 다음 문장에서 부사절은 분사구문으로, 분사구문은 부사절로 바꾸세요.

1 When she woke up in her room, she found that she was locked in.

→ _____

2 Entering the room, you will encounter lots of people.

→ _____

3 As he was satisfied with her presence, he couldn't help being happy.

→ _____

4 Not being informed of the matter, the leader was very annoyed.

→ _____

C 다음 문장에서 틀린 부분을 올바르게 고치세요.

1 It having been fine tomorrow, we will go to the beach.

_____ → _____

2 Considered the easy situation, their work hasn't reached my satisfactory.

_____ → _____

3 Frankly spoken, the ball didn't pass the line.

_____ → _____

4 The vehicle painting in red is proof against all weathers.

_____ → _____

A 분사를 사용하여 다음 빈칸에 우리말에 알맞은 영어 표현을 쓰세요.

1 그 회담 결과는 매우 실망스러웠다.

→ The result of the conference _____ _____ _____.

2 그녀의 모습으로 판단하건대, 그녀는 매우 피곤해 보인다.

→ _____ _____ her appearance, she _____ _____ _____.

3 그는 눈을 뜬 채로 잠을 잔다.

→ He sleeps _____ _____ _____ _____.

4 나는 무엇인가가 타는 냄새를 맡았다.

→ I smelled _____ _____.

5 그들은 그가 범인을 체포하는 것을 봤다.

→ They saw _____ _____ _____ _____.

B 다음 문장을 영어로 옮기세요.

1 그는 너무 실망해서 아무 말도 하지 못했다.

→ _____

2 나는 타이어를 교체되도록 했다.

→ _____

3 눈으로 덮인 차가 내 것이다.

→ _____

4 아내가 미소를 지으며 왔다. (분사를 보어로 사용)

→ _____

5 대부분의 오염은 개발도상국에 의해 발생한다. (developing countries)

→ _____

6 볶은 커피는 향이 좋다. (roast)

→ _____

UNIT 12 준동사 총정리

성질		부정사	동명사	분사	비고
명사적 성질		O	O	X	주어, 목적어, 보어로 쓰인다.
형용사적 성질		O	X	O	명사 수식 또는 보어로 쓰인다.
부사적 성질		O	X	X	분사구문은 부사의 성질을 가지고 있다.
동사적 성질	시제의 형태	to 동사원형 / to have p.p.	동사ing / having p.p.	(분사구문에서) 동사ing / having p.p.	목적어, 보어, 수식어(구)를 동반할 수 있다.
	의미상 주어의 형태	for 목적격 / of 목적격	소유격 (목적격)	명사	
	수동형	to be p.p. / to have been p.p.	being p.p. / having been p.p.	(분사구문에서) being p.p. / having been p.p.	

A 준동사의 공통점인 동사적 성질

 목적어, 보어, 수식어(구)를 취할 수 있다.

- It's easy to persuade her. her는 부정사 to persuade의 목적어

- Avoiding meetings all the time won't help your current situation.
  meetings는 동명사 avoiding의 목적어

- I'm proud of being a teacher. a teacher는 동명사 being의 보어

- She doesn't mind his becoming angry with her. angry는 동명사 becoming의 보어

- The woman standing by the door is my girlfriend. by the door는 standing의 수식어구

준동사는 시제를 가진다.

- She seems to have lost weight. to have lost의 시제: 과거

- He was arrested for having stolen the money. having stolen의 시제: 대과거

- Not knowing the address, I had to ask somebody. knowing의 시제: 과거

 준동사의 주어가 있다.

- It's quite annoying <u>for me</u> to meet that man again. to meet의 주어: for me

- He wants <u>her</u> to give a presentation on that product. to give의 주어: her

- Do you mind <u>his</u> coming to the party? coming의 주어: his

- Breaking the window, <u>you</u> will be punished. Breaking의 주어: you

- <u>It</u> being fine tomorrow, we will go on a picnic. being의 주어: It

 수동형이 있다.

- My car seems to have been stolen last night. 부정사의 완료수동형

- Being prepared for anything all times is very important. 동명사의 수동형

- Having been raised in the countryside, he doesn't know much about city life.
  분사구문의 완료수동형

Pattern Practice

다음 밑줄 친 준동사의 주어, 시제를 밝히세요.

❶ <u>Walking</u> along the sidewalk, I saw her across the street.

　＿＿＿＿＿＿＿＿＿ / ＿＿＿＿＿＿＿＿＿

❷ She is ashamed of her son <u>having been</u> lazy when he was younger.

　＿＿＿＿＿＿＿＿＿ / ＿＿＿＿＿＿＿＿＿

❸ He appeared <u>to have been hit</u> by someone.

　＿＿＿＿＿＿＿＿＿ / ＿＿＿＿＿＿＿＿＿

❹ Your son <u>having broken</u> the window, you are responsible for it.

　＿＿＿＿＿＿＿＿＿ / ＿＿＿＿＿＿＿＿＿

❺ It is rude of her <u>to put</u> so much pressure on him.

　＿＿＿＿＿＿＿＿＿ / ＿＿＿＿＿＿＿＿＿

B 준동사의 차이점

 부정사와 동명사는 명사적 성질이 있지만 분사는 없다.

- It's important to have a healthy body. 부정사의 주어 역할
- Teaching is learning. 동명사의 주어와 보어 역할
- Antonio doesn't mind examining his past records. 동명사의 목적어 역할
- The man driving the white car is my dad. 주어를 수식하는 분사: 명사적 성질이 없음
- The general of the Roman army kept his soldiers marching towards the barbarians. 목적격보어의 역할: 명사적 성질이 없음

 부정사와 분사는 형용사적 성질이 있지만 동명사는 없다.

- My plan is to start my own business next year. 보어 역할
- She got him to make the final decision. 목적격보어 역할
- The drunken man was arrested by the police. 명사 수식
- The nurse didn't have any patient to take care of. 명사 수식
- Did he bring the sleeping bag? bag의 용도를 나타내는 동명사: 형용사적 성질이 없음

 부정사와 분사구문의 분사는 부사적 성질이 있지만 동명사는 없다.

- She must be sad to do the work alone.
- Frankly speaking, I hope to have a four-day vacation.
- Having observed the monkey's behavior, it is possible to predict, to a certain level, how the monkey will respond.
- I hope you enjoy staying at our house. enjoy의 목적어: 부사적 성질이 없음

Pattern Practice

다음 밑줄 친 준동사의 성질을 밝히세요. (명사/형용사/부사)

❶ Winning against that team won't be easy. _____

❷ Holding on to the rope, the survivor yelled for help. _____

❸ He's looking for a nice house to live in. _____

❹ She must be crazy to have said so. _____

❺ I saw her running away from him. _____

A 괄호 안의 표현 중 알맞은 것을 모두 고르세요.

1 (To drive / Driving / Driven) a car means that you should be always careful.

2 (To see / Seeing / Seen) from the sky, our town looks very small.

3 She seems (to enjoy / enjoying / enjoyed) the hard work.

4 Tell (for me / me / my) what to do next.

5 They are satisfied with (of him / his / him) finishing first in the match.

B 다음 복문을 알맞은 준동사를 사용하여 단문으로 고치세요.

1 Although she lost the game, she felt happy to participate.

= _____, she felt happy to participate.

2 I complained that the waitress didn't bring my meal.

= I complained about _____.

3 It seems that he was there at that moment.

= He seems _____.

4 We expect that he will subscribe to the service soon.

= We expect _____.

5 She insisted that he should be punished at once.

= She insisted on _____.

C 다음 문장에서 틀린 부분을 올바르게 고치세요. 없으면 '없음'이라고 쓰세요.

1 Don't knowing where she lives, he called her relatives.

_____ → _____

2 Seeing from the airplane, our house looks like a toy house.

_____ → _____

3 She promised to finish doing her work in 2 hours.

_____ → _____

4 My laptop computer seems to have stolen.

_____ → _____

5 Carrying the wounded soldier, he couldn't move quickly.

_____ → _____

A 적절한 준동사를 사용하여 빈칸에 우리말에 알맞은 영어 표현을 쓰세요.

1 적에게 공격을 받는 것은 항상 예상하기 힘든 것이다.

→ _____ _____ by the enemy is always difficult _____ _____.

2 그 영화의 액션은 매우 흥미진진했지만 이야기 때문에 나는 지루했다.

→ The action scenes in the movie _____ _____, but I _____ _____ because of the story.

3 그 문제의 답을 인터넷에서 찾으려고 해봤자 소용없다.

→ It is _____ _____ _____ the answer of the question on the Internet.

4 인간이 화성에서 생존하는 것은 힘들다.

→ _____ _____ difficult _____ _____ _____ _____ on Mars.

5 그녀는 그가 웅변대회에서 이길 것으로 예상하고 있다.

→ She is expecting _____ _____ _____ the speech contest.

B 다음 문장을 영어로 옮기세요.

1 나는 팔짱을 낀 채로 두 시간 동안 수업을 했다.

→ _____

2 그녀의 상황을 고려하면, 그녀는 여기에 있어서는 안 된다.

→ _____

3 그는 그 사건과 어떤 관계가 있다. (부정사 사용)

→ _____

4 내 취미는 재즈 하모니카를 부는 것이다.

→ _____

5 아빠는 내가 노는 것을 지켜보는 것을 즐기셨다.

→ _____

REVIEW TEST

A 다음 괄호 안에서 알맞은 표현을 고르세요.

1 There's a (printing / printed) report on his desk.

2 The person (waiting / waited) for the bus is actually the head of the company.

3 (It / That) being fine, our kids played outside all day.

4 (Strictly spoken / Judging from) his behavior, he's not telling the truth.

5 She is proud of (having participated / participating) as a volunteer in the 2002 World Cup.

B 다음 문장에서 틀린 부분을 올바르게 고치세요.

1 When taking several lessons simultaneously won't be efficient for you.

_____ → _____

2 It is disappointed that she didn't join our jazz club.

_____ → _____

3 Playing musical instruments are not an easy thing.

_____ → _____

4 The lecture was canceled because the teacher was sick.

_____ → _____

5 Being born in the rural area, she doesn't know much about city life.

_____ → _____

C 다음 문장을 영어로 옮기세요.

1 무대 위에서 포즈를 잡고 있는 저 여자는 유명한 모델이다.

→ _____

2 주위에 아무도 없어서 그녀는 집을 향해 달리기 시작했다. (분사구문 사용)

→ _____

3 솔직히 말하자면 나는 하모니카 대신에 기타를 치고 싶었다.

→ _____

4 그는 몸을 떨면서 집에 왔다. (with+명사+분사)

→ _____

Essay Topic

People work because they need money to live. What are some other reasons that people work? Discuss one or more of these reasons. Use specific examples and details to support your answer.

본론 아이디어 정리

| Body 1 |

① Topic Sentence: 사람들이 돈을 위해서가 아니라 즐기기 때문에 일하는 예가 많이 있다.
(examples, not for money)

Supporting Detail 1: 연구 과학자들은 월급이 적어도 열심히 일함. (humble salaries)

Supporting Detail 2: 자원봉사자들은 지역사회를 위해서 자신의 시간을 포기함. (serve the community)

| Body 2 |

① Topic Sentence: 다른 사람을 돕고 사회에 기여하는 데서 만족을 얻는 사람도 있다.
(satisfaction, contribute)

Supporting Detail 1: 자원봉사자들은 자신들이 도움이 된다는 것을 느끼기 위해 일함. (useful)

Supporting Detail 2: 사람들은 일에서 자긍심을 얻음. (self-esteem)

● 정리된 아이디어를 영어로 옮기세요.

| Body 1 |

① 사람들이 돈을 위해서 일하지 않고 순수하게 즐기기 때문에 일하는 것이 분명한 예가 많이 있다.

→ _____ where it is clear that people work
_____ but purely because they enjoy it.

1 월급은 적게 받지만 일주일 내내 지치지 않고 일하는 연구 과학자들이 있는데 그들은 분명히 자신들이 하는 일을 매우 즐기기 때문이다.

→ There are research scientists who _____
but work tirelessly often _____,
clearly because they enjoy what they do so much.

2 또한 돈을 전혀 받지 않고 지역사회에 봉사하기 위해 자신들의 자유 시간을 포기하는 사람들도 있다.

→ There are also those who work for no monetary benefits at all, but _____
_____.

| Body 2 |

① 일을 좋아하기 때문에 하는 사람도 있는가 하면, 다른 사람을 도와주고 사회에 기여하는 것에서 만족을 얻기 때문에 일하는 사람도 있다.

→ While there are some who work because they love it, there are those who do it because
_____ from helping others and
_____.

1 전세계의 자원봉사자들은 때때로 돈 한 푼도 받지 않고 쉼 없이 일하는데, 그 이유는 자신들이 일하는 사회의 일부로서 쓸모 있다는 것을 느끼기를 원하기 때문이다.

→ Volunteers around the world sometimes work tirelessly with no pay because _____
_____ as a part of a working society.

2 사람들은 일에서부터 자긍심을 얻는 것 같다. 좋은 정신건강을 유지하는 데도 일은 필수적이다.

→ People seem to _____ thus
making it integral to maintaining good mental health.

CHAPTER

07

수동태

UNIT 13 기본 규칙과 3·4·5형식의 수동태

A 수동태 만드는 규칙과 주의할 점

수동태로 전환하기 위한 전제조건은 반드시 능동태 문장에 목적어가 있어야 한다.

 수동태로 전환하는 방법

(1) 능동태의 목적어를 수동태의 주어 자리로 이동한다.

- He presented <u>a new smartphone</u> to the audience. a new smartphone: 목적어
  → A new smartphone...

(2) 수동태의 동사는 〈be동사 + p.p.〉로 쓰며 시제/인칭/수를 맞춰야 한다.

- He <u>presented</u> a new smartphone to the audience. 시제: 과거 / 수동태 주어: 단수
  → A new smartphone was presented...

(3) 능동태의 주어를 〈by + 목적격〉으로 수동태에 쓴다.

- <u>He</u> presented a new smartphone to the audience. 주어 He를 〈by + 목적격〉으로
  → A new smartphone was presented to the audience by him.

 주의해야 할 용법

(1) 수동태로 쓸 수 없는 동사들: belong, have(소유하다), become(어울리다), resemble...

- The documents in the meeting room belong to you. (O)
  → The documents in the meeting room are belonged to you. (×)

- She has a nice garden. (O)
  → The nice garden is had by her. (×)

- That shirt becomes you. (O)
  → You are become by that shirt. (×)

- Steve resembles his father in many aspects. (O)
  → His father is resembled by Steve in many aspects. (×)

(2) 〈by + 목적격〉을 생략하는 경우

- English is spoken in Australia (by people). 일반인

- The building was built in 1990 (by workers). 행위자가 누군지 다 알 수 있는 경우

- My car was stolen yesterday (by someone). 행위자가 불분명한 경우

(3) **by이외의 전치사를 쓰는 표현들**

- be surprised at: They were surprised at the shocking news. ~에 놀라다
- be known to: Celebrities are known to almost everybody. ~에게 알려지다
- be scared of: The boy is scared of not being able to find his way home.
  ~을 두려워하다
- be covered with: The old books are covered with lots of dust. ~로 덮여있다
- be interested in: He is interested in applying for the job. ~에 흥미있다
- be pleased with: She is pleased with her husband's income. ~에 기뻐하다
- be filled with: The building is filled with smoke. ~로 가득차다

B 3 · 4 · 5형식의 수동태

목적어가 있는 3 · 4 · 5형식의 문장은 수동태가 가능하다. 수동태로 전환하는 과정에서 앞에서 배운 기본규칙 외에 다른 변화를 주의해야 한다.

⭐ 3형식(S+V+O)의 수동태

(1) **목적어가 명사나 명사구인 경우**

- Tom barely submitted the assignment to the professor today.
  → The assignment was barely submitted to the professor today by Tom.
- The company manufactures lots of cars in this region.
  → Lots of cars are manufactured in this region by the company.

(2) **목적어가 명사절인 경우: 두 가지의 수동태가 가능하다.**

- People say that North Korea is aggressive in its dealing with other countries.
  → It is said that North Korea is aggressive in its dealing with other countries.
  → North Korea is said to be aggressive in its dealing with other countries.
- They believe that the company has strong financial stability.
  → It is believed that the company has strong financial stability.
  → The company is believed to have strong financial stability.

Pattern Practice

다음 문장들을 수동태 또는 능동태로 바꾸세요.

❶ She was covered with lots of snow. → _____

❷ The girl gave some old books to me. → _____

❸ The teacher dismissed the student. → _____

4형식(S+V+IO+DO)의 수동태

(1) 간접목적어를 주어로 쓰는 수동태

- Nancy showed him her business card.
  → He was shown her business card by Nancy.

- The owner of the company paid her $10,000.
  → She was paid $10,000 by the owner of the company.

(2) 직접목적어를 주어로 쓰는 수동태

- Nancy showed him her business card.
  → Her business card was shown to him by Nancy.

- The owner of the company paid her $10,000.
  → $10,000 was paid to her by the owner
  of the company.

> ━━ Writing에 적용하기 ━━
> 직접목적어를 주어로 쓰는 수동태에서
> 간접목적어 앞에 쓰는 전치사들
> 동사가 give, pay, show, offer일 때는
> to, 동사가 make, buy일 때는 for, ask,
> inquire일 때는 of를 쓴다. (단, 직접목적어가
> favor, question과 같은 명사인 경우)

(3) 한 가지의 수동태만 가능한 동사들

- A cake was made for me by my mother. make는 사물만 주어로 씀.

- A toy gun was bought for the boy by his father. buy는 사물만 주어로 씀.

- He was envied his car by them. envy는 사람만 주어로 씀.

Pattern Practice

1 다음 문장들을 수동태로 바꾸세요.

❶ She didn't wash her car this morning.
→ _____

❷ Everybody says that time is money.
→ It _____

❸ People think that the Earth is getting too warm nowadays.
→ The Earth _____ .

2 다음 문장들을 수동태로 바꾸세요.

❶ People envied him his fortune.
→ _____

❷ I bought her some ice cream.
→ _____

❸ He showed me the secret files.
→ _____

3 5형식(S+V+O+OC)의 수동태

(1) 목적격보어가 동사원형(원형부정사)이 아닌 경우: 수동태로 바뀌어도 목적격보어의 형태는 변화가 없다.

- Her parents made her a doctor.   명사인 경우
  → She was made a doctor by her parents.

- She always makes me happy.   형용사인 경우
  → I am always made happy by her.

- The teacher allowed him to go home.   to부정사인 경우
  → He was allowed to go home by the teacher.

- I saw her dancing like a mad person.   분사인 경우
  → She was seen dancing like a mad person by me.

(2) 목적격보어가 동사원형(원형부정사)인 경우: 수동태에선 원형부정사가 to부정사로 바뀐다.

- My wife made me buy some food.
  → I was made to buy some food by my wife.

- The enemy let the prisoner go.
  → The prisoner was allowed to go by the enemy.
  ≫ 수동태에서 let은 be allowed to로 변형

Pattern Practice

다음 문장들을 수동태로 바꾸세요.

❶ The police made the bus driver stop the bus.
  → _____

❷ The political pressure made him resign from his position.
  → _____

❸ She persuaded the man to look over the current situation again.
  → _____

Ⓐ 다음 문장들을 수동태 또는 능동태로 고치세요.

1 They awarded her the grand prize.

→ _____ (her를 주어로)

2 I let the bird fly away.

→ _____

3 He wasn't allowed to go back to his country by the enemy.

→ _____

4 Many people know the famous actress.

→ _____

5 People believe that he is innocent.

→ _____ (he를 주어로)

6 The authorities allowed the prisoner to return to his country.

→ _____

7 The enormous speed enables the spacecraft to escape from the earth's gravity.

→ _____

Ⓑ 다음 문장에서 틀린 부분이 있으면 올바르게 고치세요.

1 His car was envied him by them.

_____ → _____

2 They were bought for the food by the volunteers.

_____ → _____

3 She was seen enter the room by him.

_____ → _____

4 I'm pleased with your performance.

_____ → _____

5 My father is resembled by me.

_____ → _____

6 She is said be satisfied with her work.

_____ → _____

7 This nice sports car belongs to me.

_____ → _____

A 다음 우리말을 수동태 문장으로 영작하세요.

1 그들은 나의 결정에 실망했다.

→ They _____ _____ _____ my decision.

2 그녀는 남자친구에게 상처를 받았다. (상처를 주다: hurt one's feelings)

→ Her feelings _____ _____ _____ her boyfriend.

3 그는 주지사의 저녁 파티에 초대되었다.

→ He _____ _____ _____ _____ _____ _____ .

4 그 시체는 눈으로 덮여져 있었기 때문에 우리가 찾기가 어려웠다.

→ Since the body _____ _____ _____ _____ , it was hard

_____ _____ _____ _____ .

5 홍콩에서는 영어를 사용한다. (speak)

→ English _____ _____ in Hong Kong.

B 다음 우리말을 가능하면 수동태 문장으로 영작하세요.

1 그는 그들에게 부당하게 대우받았다. (부당하게: unfairly)

→ _____

2 저 새 셔츠는 네게 어울린다. (어울리다: become)

→ _____

3 당신이 필수과목들을 완전히 익히는 것이 학교에 의해 요구되어지고 있다. (필수과목: required course)

→ _____

4 그가 뇌물들을 받았다고들 한다. (뇌물: bribe)

→ _____

5 그는 그의 행운 때문에 사람들의 부러움을 받았다.

→ _____

UNIT 14 여러 종류의 수동태

A 수동태의 시제

수동태에 진행 또는 완료의 의미가 첨가되면서 수동태의 기본형태에 변화가 생긴다.

 진행형의 수동태: be동사+being+p.p.

- The new trucks are being manufactured in this factory.
- The building is being remodeled again.
- She is being punished by the teacher at the moment.

 완료형의 수동태: have[has / had]+been+p.p.

- The thief has been captured several times.
- The car has been repaired by my friend.
- Our house had been repainted before summer began that year.

> **─Writing에 적용하기**
> 조동사가 있는 문장을 수동태로 바꾸면
> 〈조동사+be+p.p.〉의 형태가 된다.
> · **We will elect him president.** (우리는
> 그를 대통령으로 뽑을 것이다.)
> → **He will be elected president by
> us.** (그는 우리에 의해 대통령으로 뽑힐 것이다.)

Pattern Practice

다음 문장들을 수동태로 바꾸세요.

❶ She is painting the wall now.
  → _____

❷ He has written some letters.
  → _____

❸ They had broken the vase before their mother arrived home.
  → _____

B 의문문 · 명령문 · 군동사의 수동태

 의문문의 수동태

(1) 의문사가 없는 경우

- Did the government purchase the stealth fighters?
  → Were the stealth fighters purchased by the government?

- Do they know the stranger over there?
  → Is the stranger over there known to them?

(2) 의문사가 있는 경우

- When did the government purchase the stealth fighters?
  → When were the stealth fighters purchased by the government?

- How do they know the stranger over there?
  → How is the stranger over there known to them?

> ┌ Writing에 적용하기 ┐
> 의문사가 있는 의문문의 수동태는 의문사가
> 없는 수동태의 규칙과 똑같은 방법으로 먼저
> 수동태로 바꾼 후에, 문장 앞에 의문사를
> 붙여주면 된다. 단, 의문사 자체가 주어로
> 쓰이는 경우는 다르다.
> - Who invented world's first
>   automobile? (누가 세계 최초의 자동차를
>   발명했니?)
>   → By whom was world's first
>   automobile invented?
>   → Who(m) was world's first
>   automobile invented by?
>   (누구에 의해서 세계 최초의 자동차가 발명되었니?)

Pattern Practice

다음 문장들을 수동태로 바꾸세요.

❶ Why did they shut down the server?
 → _____

❷ Who finished the race first?
 → _____

❸ Did he cook dinner for you?
 → _____

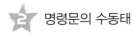 **명령문의 수동태**

(1) 긍정명령문의 수동태: Let + O + be + p.p.

- Take an umbrella with you.
  → Let an umbrella be taken with you.

- Give the boy some food.
  → Let the boy be given some food.

(2) 부정명령문의 수동태: Don't[Never] let + O + be + p.p. / Let + O + not + be + p.p.

- Don't close the store too early.
  → Don't let the store be closed too early.
  → Let the store not be closed too early.

- Don't treat your friend like a child.
  → Don't let your friend be treated like a child.
  → Let your friend not be treated like a child.

 군동사의 수동태: 군동사는 하나의 동사처럼 취급하여 수동태로 바뀌어도 떨어지지 않는다.

- My grandmother took care of the puppy.
  → The puppy was taken care of by my grandmother.

- She turned the volume down even though it was quiet.
  → The volume was turned down by her even though it was quiet.

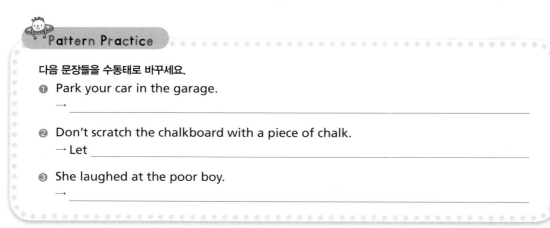

Pattern Practice

다음 문장들을 수동태로 바꾸세요.

❶ Park your car in the garage.
  → _____

❷ Don't scratch the chalkboard with a piece of chalk.
  → Let _____

❸ She laughed at the poor boy.
  → _____

A 다음 문장들을 수동태로 고치세요.

1 Punish the betrayer right now!

→ _____

2 Who brought that computer here?

→ _____

→ _____

3 Did he delete all the files on the computer?

→ _____

4 They have accomplished difficult missions several times.

→ _____

5 The White House has released some important information.

→ _____

6 I must submit the final report before Tuesday.

→ _____

7 Our company caught up with the leading company.

→ _____

B 다음 문장에서 틀린 부분이 있으면 올바르게 고치세요.

1 By who was the car driven yesterday?   _____ → _____

2 Let the boy don't be touched.   _____ → _____

3 Were the terrorists sent to prison last week?   _____ → _____

4 Not let anyone get hurt!   _____ → _____

5 How was that car removed from here?   _____ → _____

A 우리말에 맞는 수동태 문장이 되도록 빈칸에 알맞은 영어 표현을 쓰세요.

1 그녀는 내가 방에 들어갔을 때 엄마에게 벌을 받는 중이었다.
→ She _____ _____ _____ when I _____ the room.

2 그 어린 소년은 건물 안에서 납치당할지도 모른다. (납치하다: kidnap)
→ The little boy _____ _____ _____ in the building.

3 언제 이 모델이 그들에 의해 개발되었니?
→ _____ _____ this model _____ by them?

4 내 남동생은 여자친구에게 비웃음을 받았다.
→ My brother _____ _____ _____ by his girlfriend.

5 그 범인은 내일 체포될 것이다.
→ The criminal _____ _____ _____ tomorrow.

B 다음 문장들을 수동태 문장으로 영작하세요.

1 왜 당신의 오토바이가 여기에 주차되어 있죠?
→ _____

2 내가 거기에 도착했을 때 그녀는 끌려나오는 중이었다. (끌어내다: pull out)
→ _____

3 수백 명의 군인들이 포로로 붙잡힐 것이다. (포로: P.O.W.)
→ _____

4 그 집회는 해산되어야만 한다. (해산시키다: dismiss)
→ _____

5 우유가 오늘 배달되었나요?
→ _____

REVIEW TEST

A 다음 괄호 안에서 알맞은 표현을 고르세요.

1 The world's most luxurious hotel (is belonged / belongs) to the city.

2 Most European countries (were held / held) lots of major sports events.

3 He is pleased (in / with) the unbelievable results.

4 She was made (to carry / carry) the heavy luggage.

5 When (that car was bought / was that car bought) by them?

B 다음 문장들을 수동태 또는 능동태로 바꾸세요.

1 The staff made the homeless man leave the hotel lobby.

→ _____

2 Who made this silly decision?

→ _____

3 The orphan was taken care of by the charity group.

→ _____

4 People say that honesty is the best policy.

→ Honesty _____.

5 Don't trash the can here.

→ Let _____.

C 다음 우리말을 수동태 문장으로 영작하세요.

1 그녀는 위원회로부터 벌금을 부과 받았다.

→ _____

2 나의 소중한 노트북이 도난당했다.

→ _____

3 그녀는 나에게 부정행위하는 것을 들켰다.

→ _____

4 문법이 제일 어려운 과목이라고들 한다.

→ _____

Essay Topic

Do you agree or disagree with the following statement? One should never judge a person by external appearances alone. Use specific reasons and details to support your answer.

본론 아이디어 정리

| Body 1 |

① **Topic Sentence:** 어떤 사람들은 거짓 모습으로 속이고 이익을 얻기 위해 겉모습으로 판단한다. (deceive)

Supporting Detail 1: 자신이 잘 나가는 사람이라는 것을 과시하기 위해 외부 모습을 꾸밈. (set up surroundings)

Supporting Detail 2: 의사나 사업가처럼 겉모습을 꾸미지만 그렇다고 의사가 되지는 못함.

| Body 2 |

① **Topic Sentence:** 겉모습은 오해를 만든다. (misunderstanding)

Supporting Detail 1: 사람을 처음 만날 때, 상대방에 대한 정보가 없기 때문에 판단 실수를 함. (relevant information)

Supporting Detail 2: 겉으로 보기에 우울하고 친근감이 없어 보이는 사람은 어쩌면 방금 전에 나쁜 소식을 들었을 수도 있음. (moody, unfriendly)

● 정리된 아이디어를 영어로 옮기세요.

| Body 1 |

① 어떤 사람들은 의도적으로 속이고서 자신들이 만든 거짓 모습으로 이익을 얻기 위해 사람을 겉모습으로만 판단한다.

　　→ Some people judge a person by external appearances alone _____

　　_____ and to profit from the false impressions that they create.

1　남을 속이는 사람들은 적당한 주변 모습을 만들어서, 실제로는 아니면서 자신들이 성공한 사업가이고 의사같은 사람이라는 것을 다른 사람들이 믿게 만든다.

　　→ Confident conmen _____ to make _____

　　_____ businessmen, doctors, and other types of people that

　　they are not.

2　그들은 자신들의 주장을 뒷받침하기 위해 비싼 차를 운전하거나 인상적인 사무실을 갖지만 그런 것들이 그들을 진짜로 그렇게 만들지는 못한다.

　　→ _____

　　_____ to support their claims, but this does not mean they are legitimate.

| Body 2 |

① 다른 방식으로, 겉모습은 오해를 만들 수 있다.

　　→ In another way, _____ can make for _____.

1　다른 사람을 처음 만났을 때 우리는 가끔 그 사람에 대한 판단 실수를 하는데, 그 이유는 (상대방에 대해) 관련된 모든 정보가 부족하기 때문이다.

　　→ When meeting people for the first time, we often make errors about that person

　　because _____.

2　겉으로 보기에 우울하고 친근감이 없어 보이는 사람은 어쩌면 방금 전에 나쁜 소식을 들었을 수도 있고, 관심이 없어 보이는 것은 그 사람이 중요한 개인적인 일에 몰두해서 그럴 수도 있는 것이다.

　　→ Someone who appears _____ may have just received

　　_____ or what seems like a lack of interest may just be

　　preoccupation with an important personal problem.

가정법

UNIT 15 가정법의 용법

A 가정법 현재 (단순 조건문)

가정법 현재는 현재 또는 미래에 대한 가정이나 상상을 나타내는 데 사용된다. '만약 ~이라면 …일 것이다'라고 해석된다.

 1 가정법 현재 문장의 기본형

가정절 (만약 ~이라면),				귀결절 (…일 것이다)			
접속사 If	주어 (S)	현재 동사	목적어 / 보어 (O / C),	주어 (S)	조동사 will can may shall	동사원형	목적어/보어 (O / C)
If	you	**are**	sick,	you	**can**	**go**	home.
If	I	**find**	the book,	I	**will**	**tell**	you.

* 귀결절의 조동사는 문장의 내용에 맞게 선택해서 사용한다.

* 가정법 현재형 문장의 귀결절에는, 조동사의 현재형을 사용한다.

• If it <u>is</u> fine tomorrow, we will go on a picnic.

• If he <u>has</u> enough time, he will come to the party.

• If you <u>pass</u> your exams, I will buy you a bicycle.

• If the weather <u>is</u> not fine tomorrow, we will cancel the outdoor event.

Pattern Practice

다음 문장에서 괄호 안의 동사를 알맞은 형태로 쓰세요.

❶ If it _____ (be) fine tomorrow, we will go camping.

❷ If my father _____ (come) home early, we will go to a movie.

❸ If the temperature falls below 0℃ , water _____ _____ (freeze).

❹ If I don't call my mom, she _____ _____ _____ (worry).

❺ If I _____ (get) up late, I _____ to the meeting. (go)

124

B 가정법 과거

가정법 과거는 현재 사실의 반대를 가정하거나, 실현 불가능한 일을 가정할 때 사용되며 '만약 ~이라면 …할 텐데' 라고 해석된다.

 1 가정법 과거 문장의 기본형

가정절 (만약 ~이라면),				귀결절 (…일 텐데)			
접속사 If	주어 (S)	과거동사 (be동사: were)	목적어/보어 (O / C),	주어 (S)	조동사 should would could might	동사원형	목적어/보어 (O / C)
If	I	**were**	rich,	I	**could**	**buy**	the car.
If	I	**spoke**	English well,	I	**could**	**get**	the job.

* 가정절의 동사에 be동사가 올 경우에는 주어에 관계없이 were를 사용하는 것이 원칙이지만, 현대 영어에서는 편리함을 추구하는 경향이 있어서 was를 사용하기도 한다.

* 귀결절의 조동사는 문장의 내용에 맞게 선택해서 사용한다.

- If I <u>were</u> rich, I could buy a big house.　　　　　　가정법 과거
  → As I am not rich, I can't buy a big house.　　　　직설법
- If she <u>studied</u> harder, she could pass the bar exam.
- If I <u>were</u> smarter, I could get full marks in the math contest.
- If I <u>were</u> a cheetah, I could run faster.
- If she <u>knew</u> how to use Microsoft Excel better, she would be hired.
- If Steve <u>were</u> not sick, he would go to the birthday party.
- I wonder if you <u>could come</u> to my party.　　　　정중한 표현을 나타내는 가정법
- It would be nice if you <u>could come</u> to my party.　　정중한 표현을 나타내는 가정법

Pattern Practice

다음 문장의 빈칸을 채우세요.

❶ As he is not rich, he can't buy a yacht.
　→ If _____, he could buy a yacht.

❷ As _____, he doesn't have an airplane.
　→ If he were a millionaire, he would have an airplane.

❸ As I am sick, I can't play basketball with my friends.
　→ If I were not sick , I _____.

❹ As I don't have a lot of money, _____.
　→ If I had a lot of money, I could travel around the world.

C 가정법 과거완료

가정법 과거완료는 과거 사실의 반대를 가정할때 사용되며 '만약 ~이었다면 …했었을 텐데'라고
해석된다.

 가정법 과거완료 문장의 기본형

가정절 (만약 ~이었더라면),				귀결절 (…했었을 텐데)			
접속사 If	주어 (S)	**had + p.p** (과거완료)	목적어/보어 (O / C),	주어 (S)	조동사 should would could might	**have + p.p** (현재완료)	목적어/보어 (O / C)
If	I	**had been**	rich,	I	could	**have bought**	the house.
If	I	**had studied**	harder,	I	could	**have passed**	the exam.

* 귀결절의 조동사는 문장의 내용에 맞게 선택해서 사용한다.
* 귀결절의 시제 '조동사의 과거형 + have +p.p'는 과거에 대한 내용을 말한다. (chapter 3. 조동사 참조)

• If she <u>had studied</u> harder, she could have passed her exam.　　가정법 과거완료
　→ As she didn't study hard, she couldn't pass her exam.　　과거의 사실

• If I <u>had been</u> more careful, I could have gotten a full mark in English.

• If Steve <u>had finished</u> the project successfully, he would have been promoted.

• If Susan <u>had not been</u> sick, she could have attended the meeting.

• If it <u>had not rained</u> yesterday, we could have gone camping.

• What would have happened if I <u>hadn't checked</u> the room?

Pattern Practice

다음 문장의 빈칸을 채우세요.

❶ As I didn't know her address, I couldn't visit her.
　→ If _____ , I could have visited her.

❷ As _____ , he couldn't buy the expensive car.
　→ If he had been rich, he could have bought the expensive car.

❸ As the weather was not sunny yesterday, we didn't go camping.
　→ If the weather had been sunny yesterday , _____ .

❹ As I was not rich, I _____ .
　→ If I had been rich, I could have bought a big house.

❺ As she didn't know the truth, she didn't tell him.
　→ If _____ , she _____ .

D 혼합 가정법

가정법 과거와 가정법 과거완료가 함께 사용되는 가정법이 혼합 가정법이다.

 가정절은 가정법 과거완료, 귀결절은 가정법 과거인 경우의 혼합 가정법

가정절 (가정법 과거완료, 만약 ~이었더라면), → 과거 사실의 반대를 가정				귀결절 (가정법 과거, …일 텐데) → 현재 사실의 반대를 말함			
접속사 If	주어 (S)	**had + p.p** (과거완료)	목적어/보어 (O / C),	주어 (S)	조동사 **should would could might**	동사원형	목적어/보어 (O / C)
If	she	**had taken**	the doctor's advice,	she	**might**	**be**	alive now.

- If I <u>had slept</u> better last night, I would not be so tired now.
- If he <u>hadn't died</u> in the Vietnam War, he whould be 57 now.
- If I <u>had eaten</u> lunch at noon, I would not be hungry now.

 가정절은 가정법 과거, 귀결절은 가정법 과거완료인 경우의 혼합 가정법

가정절 (가정법 과거, 만약 ~이라면), → 현재 사실의 반대를 가정				귀결절 (가정법 과거완료, …이었을 텐데) → 과거 사실의 반대를 말함.			
접속사 If	주어 (S)	과거동사	목적어/보어 (O / C),	주어 (S)	조동사 **should would could might**	**have + p.p** (현재완료)	목적어/보어 (O / C)
If	I	**were**	poor,	he	**could not**	**have donated**	the money.

- If he <u>were</u> poor, he could not have donated 10 million dollars to the Salvation Army last month.
- If Steve <u>knew</u> me better, he wouldn't have talked like that.

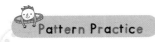

다음 문장을 해석하세요.

❶ If I <u>had taken</u> my father's advice, I <u>could be leading</u> an easy life now.
→ _____

❷ If the accident <u>hadn't occurred</u>, she <u>would still be</u> alive today.
→ _____

❸ If she <u>were</u> not lazy, she <u>would not have been</u> late for her class this morning.
→ _____

E 가정법 미래

가정법 미래는 미래에 실현 가능성이 낮은 일을 가정하거나 상상할 때 사용되며 '만약 (앞으로) ~이라면 …일 것이다'라고 해석된다.

 가정법 미래 문장의 기본형

가정절 (만약 (앞으로) ~ 이라면),				귀결절 (…일 것이다.)			
접속사 If	주어 (S)	should + 동사원형	목적어/보어 (O / C),	주어 (S)	조동사 shall [should] can [could] will [would] may [might]	동사원형	목적어/보어 (O / C)
If	I	**should make**	a fortune,	I	**will**	**give**	you half of it.

- If it <u>should rain</u>, we will[would] put off our picnic.   가정법 미래
  → If it rains, we will put off our picnic. (비슷한 의미)   가정법 현재
- If such a thing <u>should happen</u>, what shall[should] we do?

 미래에 실현 불가능한 것을 가정할 때는 조건절에 were to를 사용한다.

가정절 (만약 ~ 한다면),				귀결절 (…일 것이다.)			
접속사 If	주어 (S)	were to + 동사원형	목적어/보어 (O / C),	주어 (S)	조동사 shall [should] can [could] will [would] may [might]	동사원형	목적어/보어 (O / C)
If	I	**were to be**	young again,	I	**would**	**marry**	her.

- If I <u>were to</u> be born again, I would be a great pianist.
- If the sun <u>were to</u> rise in the west, I might change my mind.

다음 문장을 해석하세요.

❶ If that kind of thing should happen, what should you do?

→ _____

❷ If a war should break out on the Korean peninsula, what would we do?

→ _____

❸ If you should win Lotto, what would you do?

→ _____

❹ If I were to be born again, I would marry my wife.

→ _____

F 가정법 대용 표현

If를 사용하지 않고도 다양한 구문으로 가정법 문장을 표현할 수 있다.

⭐ Without[But for]~ / With ~/ otherwise 가정법

- Without water and air, we could not survive.
  But for water and air, we could not survive.
  If it were not for water and air, we could not survive.　　　가정법 과거

- Without his help, my business might have failed.
  But for his help, my business might have failed.
  If it had not been for his help, my business might have failed.　　　가정법 과거완료

- With your help, I could finish the project ahead of the schedule.
  If you helped me, I could finish the project ahead of the schedule.　　　가정법 과거

- With your help, I could have finished the work successfully.
  If you had helped me, I could have finished the work successfully.　　　가정법 과거완료

- He can't speak English very well, otherwise, I would hire him.
  If he spoke English better, I would hire him.　　　가정법 과거

- Susan was very busy, otherwise, she could have come to the party.
  If she had not been busy, she could have come to the party.　　　가정법 과거완료

to부정사 가정법

- <u>To hear</u> her speak English, you would think her a native speaker.
  <u>If</u> you <u>heard</u> her speak English, you would think her a native speaker. 가정법 과거

- <u>To see</u> him, you would have thought him a beggar.
  <u>If</u> you <u>had seen</u> him, you would have thought him a beggar. 가정법 과거완료

- It would be better for her <u>to refuse</u> the job.
  It would be better <u>if</u> she <u>refused</u> the job. 가정법 과거

- It would have been better for her <u>to have refused</u> the offer.
  It would have been better <u>if</u> she <u>had refused</u> the offer. 가정법 과거완료

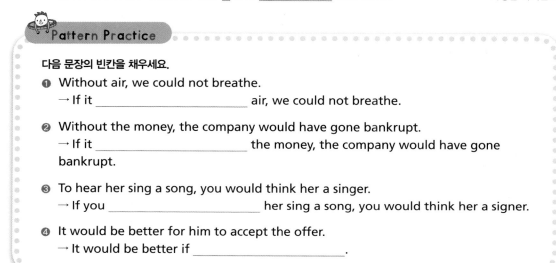

Pattern Practice

다음 문장의 빈칸을 채우세요.

❶ Without air, we could not breathe.
  → If it _____ air, we could not breathe.

❷ Without the money, the company would have gone bankrupt.
  → If it _____ the money, the company would have gone bankrupt.

❸ To hear her sing a song, you would think her a singer.
  → If you _____ her sing a song, you would think her a signer.

❹ It would be better for him to accept the offer.
  → It would be better if _____ .

 분사구문 가정법

- <u>Living</u> in a developed country, he would be a great scientist. 현재분사 구문
  <u>If</u> he <u>lived</u> in a developed country, he would be a great scientist. 가정법 과거

- <u>Having finished</u> the project in time, she could have been promoted.
  <u>If</u> she <u>had finished</u> the project in time, she could have been promoted. 가정법 과거완료

- <u>Left</u> alone, the baby would cry loudly. 과거분사 구문
  <u>If</u> the baby <u>were left</u> alone, it would cry loudly. 가정법 과거

- <u>Born</u> in a rich country, he might have become a successful businessman.
  <u>If</u> he <u>had been</u> born in a rich country, he might have become a successful businessman. 가정법 과거완료

4 명사구 가정법

- <u>A true friend</u> would not do such a thing.
  If he or she <u>were</u> a true friend, he or she would not do such a thing.   가정법 과거

- <u>A true friend</u> would have kept the promise.
  If he or she <u>had been</u> a true friend, he or she would have kept the promise.

  가정법 과거완료

- <u>An American</u> would not use that expression.
  If he or she <u>were</u> an American, he or she would not use that expression.

- <u>A wise person</u> would have acted differently.
  If he or she <u>had been</u> a wise person, he or she would have acted differently.

Pattern Practice

다음 문장의 빈칸을 채우세요.

❶ Living in a rural area, he could enjoy a peaceful life.
  → If he _____ , he could enjoy a peaceful life.

❷ Left alone in the amusement park, the kids would get lost.
  → If the kids _____ in the amusement park, they would get lost.

❸ A true friend would help in that situation.
  → If he _____ , he would help in that situation.

❹ A true gentleman would have kept his word.
  → If he _____ a true gentleman, he _____ his word.

G If 또는 If절의 생략

If로 시작되는 가정법 문장에서 If를 생략할 수가 있는데, 이때 도치가 일어나 주어와 동사의 위치가 바뀐다.

1 가정법 과거형 문장에서 If를 생략할 수 있는데, 이때 주어와 동사의 위치가 바뀐다.

- If I were you, I would forgive him.
  → Were I you, I would forgive him.

- If I had a lot of money, I would buy an up-to-date smartphone.
  → Had I a lot of money, I would buy an up-to-date smartphone.

가정법 과거완료형 문장에서 If를 생략할 수 있는데, 이때 주어와 동사의 위치가 바뀐다.

- If I had studied harder, I could have passed the exam.
  → Had I studied harder, I could have passed the exam.

 가정법 미래형 문장에서 If를 생략할 수 있는데, 이때 주어와 동사의 위치가 바뀐다.

- If a war should break out, we will fight to defend our country.
  → Should a war break out, we will fight to defend our country.

 If절(조건절) 전체를 생략하는 경우도 있는데, 이때는 문맥으로 생략된 조건절의 내용을 유추할 수 있다.

- I would say he is over thirty.   가정법 과거
  → If I thought about his age, I would say he is over thirty.
- Steve would have made a good artist.   가정법 과거완료
  → If Steve had studied art continuously, he would have made a good artist.

Pattern Practice

다음 가정법 문장에서 If를 생략한 문장의 빈칸을 채우세요.

❶ If I were you, I would accept the job offer.
  → _____ , I would accept the job offer.

❷ If I had many friends, I would not be alone.
  → _____ , I would not be alone.

❸ If I had had a problem with the new project, I would have called him for help.
  → _____ , I would have called him for help.

❹ If a terror attack should occur in a big city, what should the citizens do?
  → _____ , what should the citizens do?

A 다음의 직설법 문장을 가정법 문장으로 바꾸세요.

1 As you don't take the subway, you cannot save time.

→ _____

2 As it rained yesterday, we couldn't play soccer.

→ _____

3 As he didn't have the opportunity, he didn't go to college.

→ _____

4 As I am not a magician, I can't change him into a bird.

→ _____

5 As she didn't sleep well last night, she is tired now.

→ _____

6 As I don't know her address, I can't visit her.

→ _____

B 다음 문장의 빈칸에 알맞은 단어를 넣으세요.

1 Without your help, my business might have failed.

→ _____ _____ your help, my business might have failed.

→ _____ _____ _____ _____ _____ _____ your help, my business might have failed.

2 To see him, you would think him a real gentleman.

→ If _____ _____ _____, you would think him a real gentleman.

3 I would be happy to marry her.

→ I would be happy if _____ _____ her.

4 With your help, we could finish the project on time.

→ If _____ _____ me, we could finish the project on time.

5 A true friend would keep the promise.

→ If he _____ a true friend, he would keep his promise.

6 A true partner would have kept the promise.

→ If he _____ _____ a true partner, he would have kept the promise.

A 다음 빈칸에 우리말에 알맞은 영어 표현을 쓰세요.

1 만약 내가 너의 도움이 필요하면, 내가 너를 찾아 가겠다.

→ If I _____ _____ _____, I will visit you.

2 내가 만약 부자라면, 나는 전 세계를 여행할 텐데.

→ If I _____ _____, _____ _____ _____ around the world.

3 만약 어제 비가 오지 않았더라면, 우리는 축구를 할 수 있었을 텐데.

→ If it _____ _____ _____ _____, _____ _____ _____ _____ soccer.

4 만약 내가 너의 시계를 찾으면, 내가 너에게 말해 줄게.

→ If I _____ _____ _____, I will tell you.

5 만약 내가 다시 젊어진다면, 나는 그녀와 결혼할 텐데.

→ If I _____ _____ _____ _____ _____, _____ _____ _____ her.

B 다음 문장을 영어로 옮기세요.

1 물과 공기가 없다면, 우리는 살 수 없을 것이다. (Without)

→ _____

2 너의 도움이 있다면, 나는 그 과제를 더 일찍 끝낼 수 있을 텐데. (With)

→ _____

3 그가 영어 말하는 것을 들어보면, 너는 그를 원어민으로 생각할 것이다. (to부정사)

→ _____

4 만약 Susan이 아프지 않다면, 그녀는 내 생일 파티에 올 텐데.

→ _____

5 만약 Susan이 어제 아프지 않았더라면, 그녀는 내 생일 파티에 왔었을 텐데.

→ _____

6 만약 우리 아들이 이라크 전쟁에서 죽지 않았더라면, 아직도 살아 있을 텐데. (혼합 가정법)

→ _____

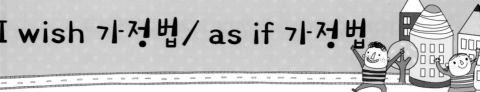

UNIT 16 I wish 가정법/ as if 가정법

A I wish + 가정법 과거 · 과거완료

I wish 다음에 가정법 과거(과거 동사)가 오면, 현재에 대한 내용을 말하는 것이고, I wish 다음에 가정법 과거완료(과거완료 동사)가 오면, 과거에 대한 내용을 말하는 것이다.

 가정법 과거는 현재사실의 반대를 가정하기 때문에, 〈I wish + 가정법 과거(과거 동사)〉는 '(현재)
~이면 좋겠다'라는 의미이다.

- I wish he were here with me.　　　　　　　그가 (현재) 여기 나와 함께 있으면 ~
  I'm sorry that he is not here with me.　　　그가 (현재) 여기 나와 함께 있지 않아서 유감

- I can't swim very well. I wish I could swim better.

- I don't have a girl friend. I wish I had a girl friend.

 가정법 과거완료는 과거사실의 반대를 가정하기 때문에, 〈I wish + 가정법 과거완료(had +
p.p)〉는 '(과거에) ~이었더라면 좋았을 걸'이라는 의미가 된다.

- I wish I had studied harder when I was a student.　　　공부를 더 열심히 했더라면 ~
  I'm sorry that I didn't study harder when I was a student.　　공부 더 열심히 안 한 것이 유감

- I told her a secret. I wish I hadn't told her a secret.

- I didn't buy the coat yesterday. I wish I had bought the coat.

 다음 문장의 의미 차이를 확인해 보자.

- I wish I were rich.　　　　　　　(현재) 부자이면 좋겠다.

- I wish I had been rich.　　　　　(과거에) 부자였더라면 좋았을 걸.

Pattern Practice

다음 빈칸을 채우세요.

❶ I wish _____.
= I am sorry that I don't have a girl friend.

❷ I wish _____.
= I am sorry that I didn't know yesterday was Jane's birthday.

❸ I wish I had more time. → (해석) _____

❹ I wish I had had more time. → (해석) _____

B as if[though] + 가정법 과거 · 과거완료

as if 다음에 가정법 과거(과거 동사)가 오면, 현재에 대한 내용을 말하는 것이고, as if 다음에 가정법 과거완료(과거완료 동사)가 오면, 과거에 대한 내용을 말하는 것이다.

 가정법 과거는 현재사실의 반대를 가정하기 때문에, 〈as if + 가정법 과거(과거 동사)〉는 '마치 (현재) ~인 것처럼'이라는 의미가 된다.

- She talks as if she were a famous actress. 그녀는 마치 (현재) 자기가 유명한 배우인 것처럼 말한다.
  In fact, she is not a famous actor. 사실 그녀는 (현재) 유명한 배우가 아니다.

- She talks as if she knew everything about the accident.
  In fact, she doesn't know everything about the accident.

- He speaks to others as if he were rich.

- She acts as if she were my mom.

 가정법 과거완료는 과거사실의 반대를 가정하기 때문에, 〈as if + 가정법 과거완료 (had + p.p)〉
'마치 (과거에) ~이었던 것처럼'이라는 의미가 된다.

- She talks as if she had been a famous actor. 그녀는 마치 (과거에) 유명한 배우이었던 것처럼 말한다.
  In fact, she was not a famous actor. [사실 그녀는 (과거에) 유명한 배우가 아니었다.]

- She talks as if she had known everything about the accident.
  In fact, she didn't know everything about the accident.

- He speaks to others as if he had been rich.

- He acts as if he had been my boss.

 다음 문장의 의미 차이를 확인해 보자.

- He talks as if he were a famous comedian.   (현재) 마치 ~인 것처럼
- He talks as if he had been a famous comedian.   (과거에) 마치 ~이었던 것처럼

Pattern Practice

다음 문장의 빈칸을 채우세요.

❶ She talks as if _____
  = In fact, she is not a promising pianist.

❷ She talks as if _____
  = In fact, she was not a promising pianist.

❸ He talks as if he were a singer → (해석) _____

❹ He talks as if he had been a singer. → (해석) _____

GRAMMAR PRACTICE

문법 사항 복습하기

A 다음 문장의 괄호 안에서 알맞은 표현을 고르세요.

1 I'm sorry that I am not young. → I wish I (am / were) young.

2 I'm sorry that I don't have a girl friend. → I wish I (had / have) a girl friend.

3 I'm sorry that I can't speak English well. → I wish I (could / can) speak English well.

4 I'm sorry that I didn't study harder when I was a student.
→ I wish I (studied / had studied) harder when I was a student.

5 I'm sorry that I told her the secret.
→ I wish I (hadn't told / didn't told) her the secret.

6 She talks as if she (is / were) a famous singer. In fact, she is not a famous singer.

7 She talks as if she (were / had been) a famous singer.
→ In fact, she was not a famous singer.

B 다음 문장을 해석하세요.

1 I wish I had a boy friend.
→ _____

2 I wish I had had a boy friend then.
→ _____

3 I wish I lived in a big house.
→ _____

4 I wish I had lived in a big house then.
→ _____

5 He talks as if he knew everything about the accident.
→ _____

6 He talks as if he had known everything about the accident.
→ _____

7 She speaks to others as if she were a teacher.
→ _____

8 She speaks to others as if she had been a teacher.
→ _____

Ⓐ 다음 빈칸에 우리말에 알맞은 영어 표현을 쓰세요.

1 나는 (지금) 키가 크면 좋겠다. (I wish)

→ I wish _____ _____ _____.

2 나는 (과거에) 키가 컸더라면 좋았을 걸. (I wish)

→ I wish _____ _____ _____ _____.

3 그는 마치 자기가 (현재) 유명한 사업가인 것처럼 말한다. (as if)

→ He talks as if _____ _____ _____ _____ _____.

4 그는 마치 자기가 (과거에) 유명한 사업가였던 것처럼 말한다. (as if)

→ He talks as if _____ _____ _____ _____ _____ _____.

5 그녀는 마치 자기가 (현재) 나의 엄마인 것처럼 행동한다. (as if)

→ _____ _____ as if _____ _____ _____ _____.

Ⓑ 다음 문장을 영어로 옮기세요.

1 나는 영어 말하기를 잘 하지 못한다. 나는 너처럼 영어 말하기를 잘하면 좋겠다. (I wish)

→ _____

2 Susan은 간호사이다. 나는 그녀가 의사이면 좋겠다. (I wish)

→ _____

3 그는 마치 자기가 (현재) 그 비밀을 알고 있는 것처럼 말한다. (as if)

→ _____

4 그는 마치 자기가 (과거에) 그 비밀을 알고 있었던 것처럼 말한다. (as if)

→ _____

5 나는 오래된 컴퓨터를 하나 가지고 있다. 새 것이 있으면 좋겠다. (I wish)

→ _____

6 내일 떠나나요? 가지 않으면 좋겠네요. (I wish)

→ _____

REVIEW TEST

A 괄호 안의 동사를 문장에 맞게 고치세요.

1 If the weather _____(be) fine tomorrow, we will go hiking.

2 If she _____(study) harder, she could pass the exam.

3 If he _____(work) harder, he could have been promoted.

4 If she had eaten lunch at noon, she _____(not, be) hungry now.

5 If a war _____(happen) on the Korean peninsula, what would we do?

6 I am very busy now. I wish I _____(have) more time.

7 Steve didn't study hard at school; now he is regretful.
He wishes he _____(study) hard at school.

8 He talks as if he _____(be) my father. In fact, he is not my father.

9 She speaks to others as if she _____(be) a doctor.
In fact, she was not a doctor.

B 다음 문장을 영어로 옮기세요.

1 만약 내가 너의 휴대폰을 발견하면, 내가 너에게 즉시 말해 줄게. (가정법 현재)
→ _____

2 만약 내가 아프지 않다면, 나는 그녀의 생일파티에 갈 텐데. (가정법 과거)
→ _____

3 만약 내가 아프지 않았다면, 나는 그녀의 생일파티에 갔을 텐데. (가정법 과거완료)
→ _____

4 만약 그녀가 지난밤에 잘 잤다면, 그녀는 지금 피곤하지 않을 텐데. (혼합 가정법)
→ _____

5 내가 학생이었을 때, 더 열심히 공부 했었더라면 좋았을 걸. (I wish + 가정법 과거완료)
→ _____

6 그는 마치 자기가 (과거에) 유명한 가수였던 것처럼 말한다. (as if + 가정법 과거완료)
→ _____

Essay Topic

Some universities require students to take classes in many subjects. Other universities require students to specialize in one subject. Which is better? Use specific reasons and examples to support your answer.

본론 아이디어 정리

| Body 1 |

ⓣ **Topic Sentence:** **학생들이 한 과목만 아는 것보다는 여러 분야를 잘 아는 것이 낫다.** (be knowledgeable)

Supporting Detail 1: 학생들은 대학 입학 시, 훗날 어떤 직업을 가질지 모름 (pursue as a career)

Supporting Detail 2: 학생들은 다양한 과목을 공부할 필요가 있음 (various subjects)

| Body 2 |

ⓣ **Topic Sentence:** **전공과목 선택을 강요받는다면 결국 원치 않는 과목을 선택하고 말 것임** (end up ~ing)

Supporting Detail 1: 이것은 학교를 다니는 동안뿐만 아니라 나중에도 학생들을 불행하게 만들 수 있음 (not only A but also B)

Supporting Detail 2: 어떤 학생이 전공과목이 맞지 않는 것을 깨달아도 그 학생은 한정된 기회를 가질 수밖에 없다. (discover, enjoy)

● 정리된 아이디어를 영어로 옮기세요.

| Body 1 |

① 먼저, 학생들이 한 과목만 아는 것보다는 여러 분야를 잘 아는 것이 좋다.

→ First, it is better for students to have a well-rounded education rather than _____

_____ .

1 대부분의 학생들은 대학에 들어갈 때 앞으로 어떤 직업을 추구하길 원하는지 잘 모른다.

→ Most students do not know _____

when they enter a university.

2 이런 학생들은 전공과목을 결정하기 전에 다양한 과목을 공부할 필요가 있다.

→ These students _____ before

deciding what is the right subject to specialize in.

| Body 2 |

① 둘째, 만약 학생들이 전공과목을 선택하도록 강요받는다면, 자신들이 즐기지 않는 과목을 선택하게 되고 말 것이다.

→ Second, if students are forced to choose a subject to specialize in, they may _____

_____ they do not enjoy.

1 이것은 학창시절 동안뿐만 아니라 나중에까지 학생을 불행하게 만들 수 있다.

→ This could not only _____ ,

but also later in life as well.

2 예를 들어, 어떤 학생이 수학을 전공과목으로 선택했다고 하자. 나중에 수학을 즐길 수 없다는 것을 알게 되어도 그 학생은 계속 수학을 전공해야만 하고, 수학분야의 직업에만 자격을 갖추게 된다. 만약 그 학생이 다른 과목도 공부한다면, 다른 선택안도 가질 수 있을 것이다.

→ For example, say a student chose mathematics as their specialty subject. _____

_____ ,

they would still be required to study just math and be qualified to work only in the field

of mathematics. If the student studied other subjects as well, that person would have

other options.

접속사

UNIT 17 등위접속사와 상관접속사

A 등위접속사와 상관접속사

 등위접속사 and, but, or, so: 문법적으로 대등한 관계로 연결

- Time and tide wait for no man.　　　　　　　　　　　동등
- I tried to persuade people but nobody paid attention to me.　대조
- We can practice our instruments or we can just go on a picnic.　선택
- It was raining cats and dogs, so I decided to stay home.　결과
  ≫ so는 절과 절만 연결한다.

2 상관접속사: 짝을 이루어 쓰이는 접속사

(1) not only A but (also) B: A뿐만 아니라 B도(= B as well as A)

(2) not A but B: A가 아니라 B

(3) either A or B: A와 B 둘 중의 하나

(4) neither A nor B: A와 B 둘 다 아닌(= not either A or B)

(5) both A and B: A와 B 둘 다

- Not only you but also I am able to carry on the work without her.
- He is not a scientist but a mechanic.
- Either black pen or pencil will do.
- Neither David nor Steve came to the party.
- Both the driver and his dog were badly injured in the car accident.

> **Writing에 적용하기**
> 주어 자리에서 상관접속사 both A and B는
> 항상 복수로 취급하지만 다른 상관접속사는
> B에 쓴 명사에 의해 단·복수가 결정된다.

Pattern Practice

빈칸에 우리말에 맞게 알맞은 접속사를 쓰세요.

❶ 나는 축구뿐만 아니라 야구도 한다.
　→ I play ＿＿＿＿＿＿ ＿＿＿＿＿＿ soccer ＿＿＿＿＿＿ baseball.

❷ 너와 나 둘다 책임이 없다.
　→ ＿＿＿＿＿＿ you ＿＿＿＿＿＿ I am responsible.

❸ 그는 기차가 아니라 비행기로 목적지에 도착했다.
　→ He arrived at the destination ＿＿＿＿＿＿ by train ＿＿＿＿＿＿ by airplane.

144

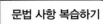

GRAMMAR PRACTICE

문법 사항 복습하기

A 괄호 안의 표현 중 알맞은 것을 고르세요.

1 She not only likes to study English but also (likes studying / likes to study) math.

2 Keep your eyes on the suspect, (and / or) he will run away.

3 Both soccer and baseball (is / are) very popular in Korea.

4 I neither take a shower nor (to take a break / take a break).

5 She went either (to the park / the park) or to the library.

B 우리말에 맞게 빈칸에 알맞은 표현을 쓰세요.

1 두 가지를 다 가질 수는 없다.
→ You can't have your cake _____ eat it too.

2 학생과 학부모 둘 다 힘든 시간을 보내고 있다.
→ _____ _____ _____ _____ _____ having a hard time.

3 학생들뿐만 아니라 선생님도 답을 모른다.
→ The teacher as well as the students _____ _____ the answer.

4 그 일은 우연히가 아니라 고의적으로 일어났다.
→ It happened _____ _____ _____ but on purpose.

5 택시타고 갈래, 아니면 버스 타고 갈래?
→ Will you go _____ _____ _____ _____ _____?

C 다음 문장에서 틀린 부분을 올바르게 고치세요. 없으면 '없음'이라고 쓰세요.

1 I am not an entertainer but announcer. _____ → _____

2 She is either happy or sadness person. _____ → _____

3 The work is honestly and skillfully done. _____ → _____

4 You can either write an essay or you can write a novel.
_____ → _____

5 By working on a project and to analyze it, we could improve efficiency.
_____ → _____

A 다음 빈칸에 우리말에 맞게 접속사를 사용하여 쓰세요.

1 그는 암이 아니라 충격으로 죽었다.

→ He died _____ of _____ _____ _____ .

2 너와 Jane 둘 중의 한 명은 그 사고의 책임이 있다.

→ _____ _____ _____ _____ _____ to blame for the accident.

3 나는 세수와 치아 칫솔질을 둘 다 하고 싶다.

→ I'd like to _____ _____ my face _____ _____ my teeth.

4 나는 아팠는데 그래서 일찍 잤다.

→ I was sick, _____ _____ _____ _____ _____ .

5 여름뿐만 아니라 겨울에도 캠핑을 즐길 수 있다.

→ You can enjoy camping _____ _____ _____ _____ but _____ _____ _____ .

B 다음 문장을 영어로 옮기세요.

1 그는 느리지만 정확하게 일한다. (accurately)

→ _____

2 당신은 그녀의 사랑이나 돈 둘다 얻을 수 없다.

→ _____

3 그녀는 명예뿐만 아니라 실력도 있다. (capability)

→ _____

4 우리는 중국어뿐만 아니라 영어도 배워야 한다. (as well as)

→ _____

5 중요한 것은 그들이 과학자가 아니라 산업스파이라는 것이다. (what matters is)

→ _____

UNIT 18 종속접속사

A 종속접속사의 종류

종속접속사는 크게 명사절을 이끄는 것과 부사절을 이끄는 것으로 분류된다.

 명사절을 이끄는 종속접속사: that, if/whether, 의문사 (문장에서 주어, 목적어, 보어 역할을 한다.)

- It is certain <u>that the company will recruit 100 new employees</u>. 주어 역할 / It는 가주어
- Antonia wonders <u>whether[if] she will finish the work</u>. 목적어 역할
- The secret of the Great Pyramid is <u>how the ancient Egyptians built it</u>. 보어 역할

Writing에 적용하기

명사절을 이끄는 if는 주어 역할이 불가능하고 or not이 바로 뒤에 오지도 못한다.
- If you come isn't important to me. (X)
- Whether you come or not isn't important to me. (O) (네가 오든 안 오든 내게는 중요하지 않다.)

 부사절을 이끄는 종속접속사: 시간, 이유, 양보, 조건, 부대상황을 나타내는 접속사

- <u>When they return</u>, the ceremony will begin as scheduled. 시간의 부사절
- <u>Since the event was put off</u>, we had nothing to do on the weekend. 이유의 부사절
- <u>Although the boy was young</u>, he had the courage to speak out. 양보의 부사절
- <u>If my mother comes</u>, please let me know. 조건의 부사절
- He listened to the radio <u>as he studied</u>. 부대상황의 부사절

Writing에 적용하기

시간과 조건의 부사절은 현재시제가 미래시제를 대신한다.
- When the sun rises, we will leave this place. (O) (해가 뜨면 우리는 이곳을 떠날 것이다.)
- When the sun will rise, we will leave this place. (X)

Pattern Practice

우리말에 맞는 표현을 빈칸에 넣으세요.

❶ 그녀는 내일 시험을 본다고 말했다.
→ She said _____ she will take the test tomorrow.

❷ 그가 오든 안오든 나는 관심 없다.
→ _____ he comes or not is not my interest.

❸ 그녀는 아픈데도 불구하고 출근했다.
→ _____ she was sick, she came to work.

 **기타 접속사**

(1) **so + 형 + that + S + V**: 매우 ~해서 …하다

(2) **such + a/an + (형) + 명 + that + S + V**: 매우 ~해서 …하다 (= **so + 형 + a/an + 명 + that + S + V**)

(3) **so (that) S + (can/may) + 동사원형**: ~하도록

(4) **lest + S + should + 동사원형**: ~하지 않도록

(5) **형(명) + as + S + be동사**: 비록 ~일지라도 (주의: 명사 앞에 관사를 쓰지 않는다.)

- The damage was so great that it would take a long time for the town to recover.
- The suggestion was such a reasonable one that everybody agreed to follow it.
- It was such a nice lecture that the students were very satisfied with it.
- You'd better hurry up so that you may catch up with them.
- Birds fly south before winter so that they may avoid the cold.
- Do it without hesitation lest the enemy (should) notice we are here.
- Child as she was, she was also very brave.

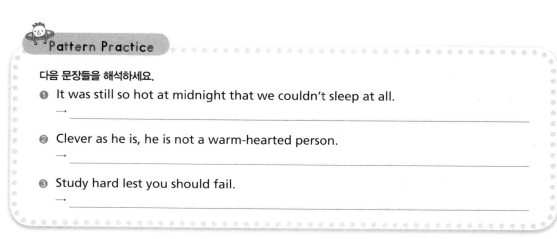

Pattern Practice

다음 문장들을 해석하세요.

❶ It was still so hot at midnight that we couldn't sleep at all.
→ _____

❷ Clever as he is, he is not a warm-hearted person.
→ _____

❸ Study hard lest you should fail.
→ _____

A 괄호 안의 표현 중 알맞은 것을 고르세요.

1 I don't want (neither / either) you or him coming to the meeting.

2 The fact (that / which) the escape mission was a failure was a surprise to me.

3 (Although / Despite) he was worried about his business, his business started to expand.

4 It is obvious (which / that) some hackers tried to hack our main server.

5 (If / Unless) the repairman arrives, we won't be able to turn the light on.

B 다음 빈칸에 알맞은 표현을 쓰세요.

1 그녀가 우리의 제안을 거절한다면 우리는 많은 문제들을 직면하게 될 것이다.

　→ _____ _____ _____ our offer, we _____ _____ many problems.

2 그들은 우리가 일을 끝낼 때까지 기다릴 것이다.

　→ They will wait for us _____ we _____ the work.

3 나는 샤워하는 도중에 바닥에 미끄러졌다.

　→ _____ I _____ _____ _____ _____, I slipped on the floor.

4 나중에 후회하지 않도록 항상 최선을 다해라.

　→ Always do your best _____ _____ _____ _____ later regrets.

5 비록 어릴지라도 그는 현명한 결정을 했다.

　→ _____ as _____ _____, he made a wise decision.

C 다음 문장에서 틀린 부분을 올바르게 고치세요. 없으면 '없음'이라고 쓰세요.

1 Finish your report lest you be punished.　_____ → _____

2 The movie was such good an one that we saw it again.

　_____ → _____

3 A girl as she is, she is stronger than a boy.　_____ → _____

4 I want to study abroad so that I may get a better job.

　_____ → _____

5 In spite of she is a woman, she overcame the difficult situation.

　_____ → _____

A 다음 표현들을 접속사를 사용하여 영작하세요.

1 비록 지쳤지만 그 교사는 학생들을 가르치려고 최선을 다했다.

   → _____ the teacher was tired, he _____ _____ _____ to teach
   the students.

2 그녀는 미국으로 출장을 가려고 했으나 비행편이 취소되어서 가지 못했다.

   → She tried to go to the U.S.A., _____ she _____ _____ _____
   her flight was cancelled.

3 그것이 사실이든 아니든 중요하지가 않다.

   → _____ it is true _____ _____ isn't important.

4 그녀는 너무나 아름다운 모델이라서 모두가 그녀의 사인을 받으려고 한다.

   → She is _____ _____ beautiful model _____ everybody tries to get

   _____ _____.

5 기차를 탈 수 있도록 서두르는 것이 좋을 것이다.

   → You'd better _____ _____ _____ that you _____ catch the
   train.

B 다음 문장을 접속사를 사용하여 영어로 옮기세요.

1 그 영화는 너무 무서워서 나는 눈을 뜰 수가 없었다.

   → _____

2 그가 예선을 통과하지 못한 것이 유감이다. (예선: preliminary)

   → _____

3 경찰은 언제 사고가 일어났는지를 조사하고 있었다. (조사하다: investigate)

   → _____

4 늦지 않도록 너는 서둘러야 한다.

   → _____

5 나는 운전을 하는 중에 음악을 들으면 졸음이 온다. (get sleepy)

   → _____

6 모퉁이에서 오른쪽으로 돌면 약국을 찾을 것이다.

   → _____

REVIEW TEST

A 다음 괄호 안에서 알맞은 표현을 고르세요.

1 I as well as they (are / am) scheduled to have a meeting this evening.

2 (If / Whether) he is guilty or not isn't important to me.

3 Both (to work / working) and resting are needed in our life.

4 She is not only a kind person (but also / also) a rich person.

5 Let your mom know (that / whether) you will study here or not.

6 (A child / Child) as she is, she is very confident in what she's doing.

7 I'm sure (what / that) she is innocent.

8 Neither he (or / nor) she is guilty in this case.

9 They kept on attacking the man (so / such) that he couldn't fight back.

10 She is so (nice a / a nice) person that everybody likes her.

B 다음 문장을 접속사를 사용하여 영어로 옮기세요.

1 그녀는 아이가 울지 않도록 아이에게 사탕을 줬다.

→ _____

2 비록 그녀는 아름답지만 그녀는 얼굴에 만족해하지 않는다. (형용사로 시작)

→ _____

3 나는 지칠 때까지 여기서 일할 것이다.

→ _____

4 마감일까지 보고서를 제출하지 않으면 그는 해고당할 것이다. (unless)

→ _____

5 엄마는 그것이 무엇이었는지 알아차리지 못하셨다.

→ _____

Essay Topic

Some people believe that a college or university education should be available to all students. Others believe that higher education should only be available to students with higher grades. Discuss these views. Which view do you agree with? Explain why.

본론 아이디어 정리

| Body 1 |

ⓘ **Topic Sentence:**   소수의 사람들만 교육을 계속할 기회를 주는 것이 공정한가? (fair, continue education)

Supporting Detail 1:   모든 학생이 대학에 가는 것은 비현실적임. (not practical, allow)

Supporting Detail 2:   공부에 소질이 없는 사람도 있음. (academically minded)

| Body 2 |

ⓘ **Topic Sentence:**   어떤 사람들은 학교를 떠나 직업교육을 받는 것을 좋아한다. (learn to do jobs)

Supporting Detail 1:   모든 사람들이 다 중요한 고위직 일자리를 원하지는 않음. (high powered jobs)

● 정리된 아이디어를 영어로 옮기세요.

| Body 1 |

① 소수의 사람들만 교육을 계속할 기회를 갖고, 구직 시 도움이 되는 학위의 혜택을 누리는 것이 공정한가?

→ _____ a small number of people should have

_____,

and to benefit from the advantages, which a degree brings in looking for a job?

1   현실적으로, 나는 모든이가 종합대학이나 단과대학에 가게 하는 것이 현실적이지 않을 거라고 생각한다.

→ Realistically, I think that it would not_____

_____.

2   어떤 사람들은 학교에서 공부하기가 힘들고, 공부에 소질이 없다.

→ Some people struggle at school, and are quite simply _____

_____.

| Body 2 |

① 어떤 사람들은 학교를 떠나서 도제를 받거나, 더 이상 공식적인 교육을 요구하지 않는 직업교육을 받는 것을 좋아한다.

→ Others are happy to leave school and go into apprenticeships, or _____

_____, which require _____.

1   모든 사람들이 다 중요한 고위직의 일자리를 원하지는 않는다.

→ _____

_____.

CHAPTER

10

관계사

	사람	사물	사람/사물	선행사 포함
주격	who	which	that	what
목적격	who(m)	which	that	what
소유격	whose	whose / of which	X	X

A 주격 관계대명사 who, which, that

선행사와 공통 요소인 표현이 문장에서 주어로 쓰일 때 주격 관계대명사가 쓰인다. (주격 관계대명사는 형용사절을 이끈다.)

 선행사가 사람인 경우 → who 또는 that

- The reporter is my cousin. + He is being held as a hostage by the terrorist.

  The reporter와 He가 공통요소 / He는 뒷문장의 주어임

  → The reporter who is being held as a hostage by the terrorist is my cousin.

- She is the woman who let the dog die.

- There was an article about those that saved the animals.

> **Writing에 적용하기**
>
> 선행사가 겉으로는 사람이더라도 실제로는 지위, 성격, 직업 따위를 가리키고 관계대명사가 관계절의 보어인 경우에는 관계대명사 which 또는 that을 쓴다. 선행사가 사람이더라도 who를 쓰지 않는다.
> - He looked like a judge, which he was. (그는 판사답게 보였으며 실제로 판사였다.)
> - He is not the man that he was ten years ago. (그는 10년 전의 그가 아니다.)

 선행사가 사물인 경우 → which 또는 that

- The buildings will be torn down. + They were built illegally.

  The buildings와 They가 공통요소 / They는 뒷문장의 주어임

  → The buildings which were built illegally will be torn down.

- The smartphone which was found yesterday is a used one.

- This is the car that was used by the thief.

B 목적격 관계대명사 whom, which, that

선행사와 공통 요소인 표현이 문장에서 동사의 목적어나 전치사의 목적어로 쓰일 때 목적격 관계대명사가 쓰인다. 단, 관계대명사 that은 전치사 뒤에 쓰지 못한다. (목적격 관계대명사는 형용사절을 이끈다.)

 1 공통 요소가 동사의 목적어인 경우

(1) 선행사가 사람인 경우

- She is the author. + The prosecutor accused her of a crime.

  the author와 her가 공통요소 / her는 동사 accused의 목적어임

  → She is the author whom the prosecutor accused of a crime.

- I ate dinner with my old friend whom I hadn't seen for years.

(2) 선행사가 사물인 경우

- The hard drive doesn't have a warranty. + You bought it yesterday.

  The hard drive와 it가 공통요소 / it는 동사 bought의 목적어임

  → The hard drive which you bought yesterday doesn't have a warranty.

- She received a scholarship which the school had given to her.

Pattern Practice

다음 두 문장을 관계대명사를 사용하여 연결하고 해석하세요.

❶ This is the camera. + I was looking for it.

→ _____

❷ The game has been postponed because of the heavy rain. + It was scheduled for today.

→ _____

❸ If you cancel the project, she will be disappointed. + She worked on it.

→ _____

❹ Send the boy to his mother. + I met his mother in the City Hall.

→ _____

❺ The tape recorder can't be repaired. + You used it for 10 years.

→ _____

❻ The 23rd Winter Olympics will begin in 2018. + Pyeongchang will hold the 23rd Olympics.

→ _____

공통 요소가 전치사의 목적어인 경우 → that은 전치사 뒤에 쓸 수 없다.

(1) 선행사가 사람인 경우

- The person is the governor. + You were laughing at him.

  The person와 him이 공통요소 / him은 전치사 at의 목적어임

  → The person whom you were laughing at is the governor. (○)
  → The person at whom you were laughing is the governor. (○)
  → The person that you were laughing at is the governor. (○)
  → The person at that you were laughing is the governor. (×)

(2) 선행사가 사물인 경우

- This is the territory. + They are fighting for it.

  the territory와 it가 공통요소 / it는 전치사 for의 목적어임

  → This is the territory which they are fighting for. (○)
  → This is the territory for which they are fighting. (○)
  → This is the territory that they are fighting for. (○)
  → This is the territory for that they are fighting. (×)

> **Writing에 적용하기**
>
> 관계대명사 that만 써야 하는 경우도 있다.
>
> ① 선행사가 〈사람+사물(동물)〉인 경우
> - **The blind man and his dog that are standing across the street look like a special agent and his pet.**
>   (길 건너편에 서 있는 장님과 그의 개는 특수요원과 그의 애견인 것처럼 보인다.)
>
> ② 선행사 앞에 서수, 최상급, the very, the only, all, the same 등이 있는 경우
> - **She is the only woman that can lead us to freedom.** (오직 그녀만이 우리를 자유로 이끌 수 있다.)

C 소유격 관계대명사 whose, of which

선행사와 공통 요소인 표현이 소유격이면 소유격 관계대명사를 쓴다. 관계대명사 that은 소유격이 없다. (소유격 관계대명사는 형용사절을 이끈다.)

 선행사가 사람인 경우 → whose

- I met a P.O.W. + His father is the captain of a battleship.

  a P.O.W.와 His가 공통요소 / His 대신에 whose 투입

  → I met a P.O.W. whose father is the captain of a battleship.

- That family has a very smart son whose brother is the opposite.

- We salute the wife whose husband sacrificed himself for his country.

선행사가 사물인 경우 → whose, of which

(1) 선행사 + whose + 명사

- <u>The window</u> looks nice. + <u>Its</u> frame was painted white.

  The window와 Its가 공통요소 / Its 대신에 whose 투입

  → <u>The window</u> whose <u>frame</u> was painted white looks nice.

- She owns <u>a townhouse</u> in the suburbs whose <u>lighting fixtures</u> were designed by a famous architect.

(2) 선행사 + of which + the 명사

- <u>The window</u> of which <u>the frame</u> was painted white looks nice.

- She owns <u>a townhouse</u> in the suburbs of which <u>the lighting fixtures</u> were designed by a famous architect.

━Writing에 적용하기━

선행사가 사물인 경우의 소유격 중에는
〈선행사+of which+the 명사〉 외에 〈the
명사+of which〉도 있다. 쉼표와 함께 쓴다.

- **The window** of which <u>the frame</u>
  was painted white looks nice.
- = **The window, the frame** of which
  was painted white, looks nice.

Pattern Practice

다음 두 문장을 관계대명사를 사용하여 연결하고 해석하세요.

❶ I like this playground. + I used to play in this playground.
  → _____

❷ The mayor will attend the conference tonight. + We talked about him.
  → _____

❸ Who is the man? + We saw you walking with him in the park.
  → _____

❹ We drove down the muddy road. + Its direction is toward the city.
  → _____

❺ Light cannot pass by a black hole. + Its speed is unimaginably fast.
  → _____

❻ The letter was written by Abraham Lincoln. + Its envelope was sealed with gold.
  → _____

D 관계대명사 what

관계대명사 what은 선행사 the thing(s)을 포함하고 있으며, 명사절을 이끌기 때문에 주어, 목적어, 보어의 역할이 가능하다.

 1 what은 명사절을 이끌며 '~인 것'으로 해석한다.

- <u>What he did to you last time</u> was not on purpose.   주어 역할
- You have <u>what I don't have</u>.   목적어 역할
- Riding bicycles together with his granddaughter is <u>what my dad always wanted to do</u>.   보어 역할

 2 관용적인 표현들은 암기해 두자.

(1) what is called (= what we call): 소위, 이른바
- The veteran is, what is called, a hero.

(2) what he has: 그의 재산 / what he is: 그의 인격
- Man must be judged not by what he has, but by what he is.

(3) what is better: 금상첨화인 것은 / what is worse: 설상가상으로
- The team won, and what is better, the team also attained the first place in team rankings.
- The election was a failure, and what is worse, was corrupted.

(4) A is to B what C is to D: A와 B의 관계는 C와 D의 관계와 같다
- Reading is to the mind what food is to the body.
- Fuel is to a car what food is to a man.

Pattern Practice

1 다음 두 문장을 관계대명사를 사용하여 연결하고 해석하세요.

① That is the thing. + They said that.

→ _____

② Do you believe the thing? + He said that last month.

→ _____

2 다음 문장들을 우리말로 해석하세요.

① He won the game, and what is better, he was elected Man of the Match.

→ _____

② Please do not judge people by what they have.

→ _____

E that *vs* what

that과 what의 용법을 혼동하는 경우가 많은데, 그 이유는 비슷하게 행동하는 면이 많기 때문이다.
확실하게 둘을 구분하도록 하자.

구분	선행사 필요 여부	문장의 완전성	해석	성질
what	X	불완전	~인 것	명사절
that(관계대명사)	O	불완전	–	형용사절
that(접속사)	X	완전	~인 것	명사절

ex. (What / That) he had done to me hurt my feelings.

 that이 답이 될 수 없는 이유

(1) 관계대명사 that으로 본 경우

→ he had done to me는 목적어가 없는 불완전한 문장이라서 관계대명사 that이 올 수 있을 것 같지만, 앞에 선행사
가 없기 때문에 올 수 없다.

(2) 접속사 that으로 본 경우

→ 접속사 that은 앞에 선행사가 필요 없기 때문에 올 수 있지만 he had done to me가 목적어가 없는 불완전한 문장
이기 때문에 접속사가 올 수 없다. 접속사 that 뒤에는 완전한 문장이 와야 한다.

 what이 답인 이유

→ 관계대명사 what은 앞에 선행사가 필요 없고 절이 불완전한데,
이 모든 조건이 윗 문장에서 충족되고 있다.

> **독해에 적용하기**
>
> 관계대명사의 계속적 용법과 제한적 용법
> 계속적 용법: 문장의 처음부터 해석해야 자연스
> 럽다. 〈접속사+대명사〉로 전환이 가능하다.
> 관계대명사 that은 계속적 용법으로 쓰지 않는다.
> · I have three daughters, who(=and
>   they) became musicians. (딸이 세 명
>   있는데, 그들은 음악가가 되었다.)
>   → 딸이 세 명만 있음.
>
> 제한적 용법: 관계대명사 뒤부터 해석해야
> 자연스럽다.
> · I have three daughters who became
>   musicians. (음악가가 된 딸이 세 명 있다.)
>   → 딸이 더 있을 수 있음.

괄호 안의 표현 중 알맞은 것을 고르세요.

❶ (That / What) he was undoubtedly honest proved to be false.

❷ I believe (that / what) our company will achieve better results next year.

❸ This is (that / what) I have always wanted for my whole life.

F 유사관계대명사

원래 관계대명사가 아닌 as, but, than이 관계대명사와 유사하게 주격, 목적격이 있으므로 유사관계대명사라고 부른다.

 선행사가 as, such, the same 등을 포함할 때 유사관계대명사 as를 쓴다.

(1) as ~ as... : …만큼 ~한

- Antonio is <u>as</u> great a scientist <u>as</u> has ever lived.
- The mercury dips <u>as</u> low <u>as</u> 5 degrees below zero.
- India doesn't have <u>as</u> many people <u>as</u> China does.

(2) such ~ as... : …하는 그러한 ~

- Don't study <u>such</u> grammar books <u>as</u> you can't understand.
- My mom is <u>such</u> a wife <u>as</u> most men would love to marry.

(3) the same ~ as... : …와 같은 ~

- She studies <u>the same</u> subject <u>as</u> you study.
- The spokesman has given <u>the same</u> answer <u>as</u> he gave last time.
- Mary teaches <u>the same</u> courses <u>as</u> I taught last semester.

 선행사 앞에 부정어가 있을 때 유사관계대명사 but(= that ~ not)을 쓴다.

- There is <u>no</u> rule <u>but has some exceptions</u>.
  = that doesn't have exceptions
- There is <u>no</u> one <u>but knows it</u>.
  = that doesn't know it

 선행사가 비교급을 포함하고 있을 때 유사관계대명사 than을 쓴다.

- There is <u>more</u> in this than appears on the surface.
- There is <u>more</u> food than is needed.

Pattern Practice

빈칸에 알맞은 표현을 쓰세요.

❶ The vice president was late for the meeting, _____ is often the case.

❷ She is as great an astronomer _____ has ever lived.

❸ People usually eat more food _____ is needed.

162

G 복합관계대명사 -ever

관계대명사 뒤에 −ever를 쓰는 표현이다. 단, 관계대명사 that은 'thatever'로 쓸 수 없다. 복합관계대명사는 부정과 양보의 두 가지 용법이 있으며, 모두 선행사를 포함한다.

 ## whoever

(1) 부정: 누구든지(= anyone who) → 명사절을 이끈다.

- Whoever makes the queen laugh will be awarded.
  = Anyone who makes the queen laugh

- Steve will invest his money to whomever he likes.

(2) 양보: 누가 ∼하더라도(= no matter who) → 부사절을 이끈다.

- I will help you to meet that person, whoever he is.
  = no matter who he is

- Whoever comes to the office, don't bother our important meeting.

 ## whichever

(1) 부정: ∼하는 어느 것이든지(= any one that) → 명사절을 이끈다.

- Let her choose whichever she wants.
  = any one that she wants

(2) 양보: 어느 것을 ∼하든지(= no matter which) → 부사절을 이끈다.

- Whichever they choose, they are responsible for their choice.
  = No matter which they choose

 ## whatever

(1) 부정: 무엇이든지(= anything that) → 명사절을 이끈다.

- Don't let your boy buy whatever he likes.
  = anything that he likes

- Whatever she does doesn't look good to me.

(2) 양보: 무엇을 ∼하든지(= no matter what) → 부사절을 이끈다.

- Whatever the motive may be, the party will advocate the candidate.
  = No matter what the motive may be

Pattern Practice

다음 문장들을 우리말로 해석하세요.

❶ You are able to draw whatever you like. → _____

❷ Whichever you choose, you are never to return to your home. → _____

❸ Whoever comes will be welcome. → _____

H 관계대명사의 생략

생략 가능한 관계대명사는 〈관계대명사+be동사〉와 목적격 관계대명사이다. 단, 〈관계대명사 + be동사〉는 뒤에 분사나 전치사구가 있어야 하며, 전치사의 목적격 관계대명사는 전치사가 앞에 있으면 생략할 수 없다.

 〈관계대명사 + be동사〉 + 현재분사/과거분사/전치사구

- The people (who were) <u>looking</u> for something precious seemed pitiable.
- The movie (which was) scheduled to be released today has been delayed.
- A member of the committee (who was) at the corner seemed pretty tired.

독해에 적용하기

〈주격 관계대명사+be동사〉가 생략되었을 때, 앞의 선행사를 주어로, 과거분사를 동사의 과거 형태로 착각하지 않도록 주의해야 한다. 다음과 같은 분석은 잘못된 것이다.

- Cars parked in the non-parking
    S   V
  zone will be removed. (X)
       V

→ 만약 이렇게 분석한다면 접속사도 없이 주어가 두 개의 동사를 갖게 되므로 잘못된 것이다. 다음과 같이 분석해야 한다.

- Cars [parked in the non-parking
             S
  zone] will be removed. (O)
       V   C

 목적격 관계대명사의 생략: 동사 또는 전치사의 목적어가 있다.

(1) 동사의 목적어인 경우: 항상 생략 가능

- The smartphone (which) he bought at the store was stolen.
- It was Mr. Schneider (whom) I met at the parking lot yesterday.
- This is the most beautiful park (that) I've ever seen!

(2) 전치사의 목적어인 경우: 관계대명사 뒤에 전치사가 올 때는 생략 가능. 단, 〈전치사 + 관계대명사〉는 생략 불가능

- The ambassador (whom) we talked of went to another country.
  = The ambassador of <u>whom</u> we talked went to another country.
          생략 불가능

- The Blue House is the residende (which) the President of South Korea lives in.
  = The Blue House is the residence in <u>which</u> the President of South Korea lives.
          생략 불가능

다음 문장에서 생략되어 있는 관계대명사가 있으면 밝히고, 없으면 '없음'이라고 쓰세요.

❶ I like the picture sent to me by my sister from L.A.

❷ Is this the house she lives in?

❸ People are waiting at the corner for the light to turn green.

A 괄호 안의 표현 중 알맞은 것을 고르세요.

1　This is the tallest building (who / that) I've ever been to.

2　(That / What) the nuclear plant construction plan was cancelled is a pity.

3　It was a laptop computer (which / of which) the owner threw away.

4　There was nothing (which / that) I could do to stop her singing.

5　The police surrounded the building in (that / which) the escaped prisoner was hiding.

6　The English Premier League (whose / which) has twenty teams begins its season in fall.

7　The millionaire owns three cars, (which / that) are very unique.

8　The workers are going to brighten the reading room (whose / which) brightness is too dark.

9　Our teacher asked us to tell her the title of the book (whose / which) she had written.

10　There were much more people (than / whom) we had expected.

11　He is no longer the timid fellow (who / which) he used to be.

12　(Whatever / Whoever) orders he gives are obeyed.

13　This is the worst TV program (which / that) I've ever seen in my life!

B 다음 문장에서 틀린 부분을 올바르게 고치세요.

1　That she is matters little to me.

2　Hand in the paper whose the writer wrote about the retired politician.

3　The current situation of which we are facing is not promising.

4　Even some of the banks which supported by the government smashed due to the panic.

5　She doesn't seem to be in love with the man whose she told me about.

6　The spokesman whom, I think, lacks the ability to answer all the difficult questions will retire from the political world.

A 다음 빈칸에 관계대명사를 사용하여 우리말에 알맞게 영작하세요.

1 우리 학교에서 과학을 가르치고 있는 선생님들 중의 한 명은 과학 잡지에 기사를 쓰고 있다.

→ _____ is writing an article for a science journal.

2 경찰은 매일 같은 시간에 은행을 방문하는 사람을 의심했다.

→ The police _____ at the same time every day.

3 그녀는 그녀가 암기하는 것을 잊어버리는 경향이 있다.

→ She tends to forget _____.

4 빨간 티셔츠를 입고 있는 선수가 지금 선두로 달리고 있다.

→ _____ is running first.

5 그녀가 창설한 회사가 지금 세계의 철강 산업을 이끌고 있다. (establish)

→ The company _____ is leading _____

_____.

B 다음 문장을 관계대명사를 이용하여 영어로 옮기세요.

1 선진국에 의해 도입된 보호무역주의가 전 세계로 확산되고 있다. (protectionism)

→ _____

2 정당이 제안하는 법이 항상 시민들에게 좋은 것은 아니다. (political party)

→ _____

3 국가안보를 위협하는 행위는 확실히 처벌되어야 한다. (national security)

→ _____

4 식민지에서 독립한 몇몇 나라들은 가난에 허덕이고 있다. (suffer dire poverty)

→ _____

5 어제 네가 나에게 준 CD를 잊어버렸다.

→ _____

UNIT 20 관계부사

A 관계부사 where, when, why, how

선행사(장소, 시간, 이유, 방법)에 따라 관계부사 where, when, why, how 등이 문장을 하나로 연결한다. 관계부사는 격을 따지지 않으며, 형용사절을 이끈다.

선행사의 종류	관계부사	전치사+관계대명사 (=관계부사)
장소(the place, the house, …)	where	at [on, in] + which
시간(the time, the year, …)	when	at [on, in] + which
이유(the reason)	why	for + which
방법(the way)	how	in + which

 관계부사 where와 when

(1) where: 선행사가 장소인 경우, 또는 상황이나 경우가 선행사일 때도 쓴다.

- This is <u>the hotel</u>. + The CEO of the company stayed <u>at this hotel</u>.

  선행사가 장소(the hotel)이고 공통요소가 부사구(at this hotel)이므로 where 투입

  → This is <u>the hotel</u> where the CEO of the company stayed.

- Is this <u>the secret base</u> for the rebels where they hid their weapons?

- In <u>the situation</u> where the team lost their map, they relied on navigating by stars.

(2) when: 선행사가 시간을 나타낼 때 쓴다.

- Yesterday was <u>the day</u>. + The president made an announcement <u>on that day</u>.

  선행사가 시간(the day)이고 공통요소가 부사구(on that day)이므로 when 투입

  → Yesterday was <u>the day</u> when the president made an announcement.

- Can you guess <u>the year</u> when I will succeed in my business?

- Did you check <u>the exact time</u> when he crossed the finish line?

관계부사 why와 how

(1) why: 선행사가 이유를 나타낼 때 쓴다.

- Did he inform you of <u>the reason</u>? + The meeting was cancelled <u>for the reason</u>.

　　　선행사가 이유(reason)이고 공통요소가 부사구(for the reason)이므로 why 투입

→ Did he inform you of <u>the reason</u> why the meeting was cancelled?

- The man was asked to provide <u>the reason</u> why he had violated the regulation.

- Tell me <u>three reasons</u> why you should escape here.

(2) how: 선행사가 방법을 나타낼 때 쓴다. (단, 선행사와 같이 쓸 수 없음)

- The video shows <u>the way</u>. + We could cook the food in <u>a certain way</u>.

　　　선행사가 방법(the way)이고 공통요소가 부사구(in a certain way)이므로 how 투입

→ The video shows how we could cook the food. (선행사 the way 생략)

- We don't know how North Korea acquired the technology.

- The instructor will teach how you could survive in the jungle.

─Writing에 적용하기─

관계부사의 대용으로 that을 쓸 수 있는데, 이때 방법을 나타내는 선행사 the way는 that과 함께 쓸 수 있다.

- **The video shows the way that we could cook the food.** (그 영상은 우리에게 그 요리를 하는 방법을 보여준다.)

─Writing에 적용하기─

관계부사는 공통된 요소 중에서 부사(구)를 대신하여 들어가기 때문에 문장의 구조에는 영향을 끼치지 않지만 관계대명사는 주어 또는 목적어를 대신하여 들어가기 때문에 문장의 구조에 영향을 끼친다. 즉, 관계부사가 이끄는 절은 완전한 문장, 관계대명사가 이끄는 절은 불완전한 문장이 된다.

- **This is the building where I live.**
  → 완전한 문장
- **This is the building which I live in.**
  → 전치사 in의 목적어가 없는 불완전한 문장
  (이 건물이 내가 사는 곳이다.)

Pattern Practice

빈칸에 알맞은 관계부사를 쓰세요.

❶ The hospital _____ I was born was torn down few months ago.

❷ In the case _____ the criminal crossed the border, the law cannot be applied.

❸ Please, I have got to know the way _____ he solved the problem.

B 관계부사 또는 선행사의 생략

선행사가 일반적인 장소, 시간, 이유, 방법 등을 나타낼 때는 생략이 가능하고 관계부사도 생략이 가능하다. 하지만 둘 다 동시에 생략할 수는 없다.

 선행사의 생략: the place, the time, the reason, the way와 같은 일반적인 선행사인 경우

- This is (the place) where the accident occurred last night.
- Do you know (the time) when the students are going to come?
- The investigator kept on asking me (the reason) why I had participated in the demonstration.

 관계부사의 생략: 선행사가 일반적인 것을 나타낼 경우에 가능하다.

- Let me know the time (when) you are able to finish your work.
- They know the reason (why) she quit the job.
- They prevented me from telling you the way (how) you should come here.

Writing에 적용하기

관계부사 또는 선행사가 생략이 되지 않는 경우는 선행사가 일반적인 것을 나타내지 않을 때이다.

- **There are cases where honesty does not pay.** (정직이 도움이 되지 않는 경우들도 있다.)

다음 밑줄 친 선행사 또는 관계부사가 생략 가능한지 밝히세요.

① The reason why she left me is unknown.

② She was fine the last time when I saw her.

③ The building where he lives is near here.

C 복합관계부사(-ever)

관계부사에 −ever를 붙인 형태로, 선행사를 포함하고 있다. 단, whyever는 없다. 복합관계부사에는 부정과 양보의 두 가지 용법이 있으며, 모두 선행사를 포함하고 있다.

1 wherever

(1) 부정: 어디든지 (= at any place (where)) → 부사절을 이끈다.

- Her parents allowed her to go <u>wherever</u> she liked.
  (= at any place (where) she liked)

- Mother Teresa was welcomed <u>wherever</u> she went.

(2) 양보: 어디서 ～하여도 (= no matter where) → 양보의 부사절을 이끈다.

- <u>Wherever</u> they are, FBI will undoubtedly find their hiding place.
  (= No matter where they are)

- <u>Wherever</u> the clouds float, I will chase them as far as I can.

2 whenever

(1) 부정: ～일 때는 언제든지 (= at any time (when)) → 부사절을 이끈다.

- You may start your speech <u>whenever</u> you like.
  (= at any time (when) you like)

- <u>Whenever</u> I see him, he reminds me of his father.

(2) 양보: 언제 ～한다 할지라도 (= no matter when) → 양보의 부사절을 이끈다.

- <u>Whenever</u> you come here, you will be welcome.
  (= No matter when you come here)

- <u>Whenever</u> she leaves, my heart is always with her.

3 however + 형용사/부사(= no matter how +형용사/부사): 아무리 ～하더라도

- <u>However</u> far you may be, we will always be connected to each other.
  (= No matter how far you may be)

- <u>However</u> difficult running the business may be, I will succeed.

 Pattern Practice

다음 문장들을 우리말로 해석하세요.

❶ Wherever she goes, he will find her.
  → _____

❷ However hard the negotiation may be, they will try to find a mutual agreement.
  → _____

A 괄호 안의 표현 중 알맞은 것을 고르세요.

1 I can't remember the date (when / where) I lost my credit card.

2 Why don't you tell us the way (how / that) you managed to do the work?

3 There are a few cases (which / where) this rule does not apply.

4 In 1945, (which / when) World War II ended, my father was born.

5 In a situation (which / where) the man escapes the prison, he will face many problems.

6 Do you know the location of the house in (where / which) the singer lives?

7 The warehouse (where / which) you have to find the missing ball is quite big.

8 You are to give a specific reason (how / why) you applied to this program.

9 If he is a man of generosity, he will be welcome (whenever / wherever) he goes.

10 (However / Wherever) large the pizza may be, it can't be larger than mine.

B 다음 문장에서 틀린 부분을 올바르게 고치세요. 없으면 '없음'이라고 쓰세요.

1 Why he suddenly retired from his field is left as a mystery.

_____ → _____

2 I have no idea of the reason at which the experiment turned out to be a failure.

_____ → _____

3 In most of the cases where the rainbow shows up, there is plenty of moisture.

_____ → _____

4 In areas which large quantities of fresh water are supplied by melting ice, the percentage of salt is lower.

_____ → _____

5 That is the way that he always writes his poems.

_____ → _____

6 1979 is the year in which the former President Park Jeong Hee was assassinated.

_____ → _____

A 다음 빈칸에 관계부사를 사용하여 우리말에 알맞게 영작하세요.

1 이곳이 내가 일하곤 했던 회사이다.
  → This is _____ _____ _____ I used to work.

2 이것이 그 천문학자(astronomer)가 운석의 궤도(orbit)를 알아낸 방법이다.
  → This is _____ _____ _____ found the orbit of the meteorite.

3 그가 여기에 와야 할 이유가 없다.
  → There is _____ _____ _____ he must be here.

4 1991년은 걸프전(the Gulf War)이 발발한 해이다.
  → 1991 is _____ _____ _____ the Gulf War broke out.

5 지금이 모두가 하나로 합심(be united)할 때이다.
  → Now is the time _____ _____ _____ _____ _____.

B 다음 문장을 관계부사를 사용하여 영어로 옮기세요.

1 겨울은 우리가 수영하기가 힘든 계절이다.
  → _____

2 이것이 그가 여기에 오는 것을 거절한 이유이다.
  → _____

3 한때 야생동물들이 살았던 땅에 고속도로가 가로지른다. (go across)
  → _____

4 아무리 밖이 춥더라도 그녀는 운동하기 위해 밖에 나간다.
  → _____

5 비가 올 때마다 나는 항상 으스스 춥다. (have a chill)
  → _____

6 싱가포르는 그녀가 신혼여행으로 갔던 도시이다.
  → _____

7 아이에게 뭔가를 주문하는 방법을 가르쳐야 한다.
  → _____

REVIEW TEST

 A 괄호 안의 표현 중 알맞은 것을 고르세요.

1 Investigate the wilderness (which / where) they might be.

2 Those (which / who) want a driver's license must first pass a test.

3 The old lady and her dog (which / that) were walking in the park suddenly disappeared.

4 (Whoever / Whichever) trespasses in this area will be fined $500.

5 She lives in a town (which / where) there are no pharmacies.

B 다음 빈칸에 알맞은 표현을 쓰세요.

1 위험에 처한 한 여자가 나에게 도움을 요청했다.
→ A woman _____ _____ _____ _____ asked me for help.

2 이곳은 석기 시대의 유물들이 발굴된 곳이다.
→ This is _____ _____ _____ the Stone Age remains were excavated.

3 설상가상으로 그가 내게 거짓말을 했다.
→ _____ _____ _____, he lied to me.

4 가난한 사람을 도왔던 테레사 수녀는 1997년에 사망했다.
→ Mother Teresa, _____ _____ _____ _____, died in 1997.

5 그는 마감일을 지키지 않는 사람을 제일 싫어한다.
→ He hates people _____ _____ _____ _____.

C 다음 문장에서 틀린 부분을 올바르게 고치세요.

1 This is the key which open the office.   _____ → _____

2 All what she wants is your love.   _____ → _____

3 She's got a new boyfriend who he works in a garage.   _____ → _____

4 I've found the book which you were looking for it.   _____ → _____

5 The Bermuda Triangle is the place which ships disappeared in the ocean.
_____ → _____

Essay Topic

Do you agree or disagree with the following statement? Television has destroyed normal communications among people. Use specific reasons and examples to support your opinion.

본론 아이디어 정리

| Body 1 |

ⓣ **Topic Sentence:** 함께 TV를 보면서 자유롭게 의견 교환을 할 수 있다. (discuss)

Supporting Detail 1: TV가 발명되기 전에, 사람들은 조용히 있어야 하는 행사에 참가했음. (invent)

Supporting Detail 2: 오늘날에는, 가족이 함께 TV를 보면서 TV프로그램에 대한 의견 교환이 가능. (entire family)

| Body 2 |

ⓣ **Topic Sentence:** 사람들이 TV를 통해 뉴스, 스포츠 및 오락 프로그램을 접할 수 있다. (allow, access)

Supporting Detail 1: TV 덕분에 전세계가 미국 대통령 선거를 둘러싼 법적 조치를 볼 수 있었음. (entire world, legal action)

Supporting Detail 2: TV에서 본 것은 친구들 간의 대화 주제가 될 수 있음. (topic of talking)

● 정리된 아이디어를 영어로 옮기세요.

| Body 1 |

① 첫째, TV는 가족과 친구들이 오락 프로그램을 함께 보면서 자유롭게 공개적으로 의견 교환을 할 수 있게했다.

→ First, television allows friends and family to view entertainment in a setting in which
they _____.

1 TV가 발명되기 전에, 사람들은 보통 오락 프로그램이 진행되는 동안 조용히 있어야 하는 그룹 행사에 참여했다.

→ _____, people usually
attended group events that required that they keep silent during the entertainment.

2 오늘날에는, 전체 가족이 TV를 함께 볼 수 있고, TV 프로그램이나 뉴스에 대해서 의견을 교환할 수도 있다.

→ Today, _____ and can even
discuss their opinions of television shows or news events as they are occurring.

| Body 2 |

① 둘째, TV를 통해 모든 사람들이 뉴스, 스포츠 및 다른 오락 프로그램을 접할 수 있게 해준다.

→ Second, television _____ and
other entertainment events.

1 예를 들어, TV는 전세계가 미국 대통령 선거를 둘러싼 법적 조치를 볼 수 있게 해주었다.

→ For example, television _____
_____ surrounding the U.S. presidential election.

2 TV를 통해 전세계의 스포츠를 쉽게 볼 수 있는데, 이것은 친구들 간의 대화 주제가 될 수 있다.

→ People could watch world-wide sports events easily, which _____
_____ among friends.

CHAPTER 11

명사와 관사

A 보통명사, 집합명사 용법

보통명사와 집합명사는 셀 수 있는(C) 명사로서 a/an을 붙일 수 있고, 복수형을 만들 수 있으며 many, a few와 같은 셀 수 있는 개념의 수량형용사(한정사)와 함께 쓰인다.

 보통명사의 용법

(1) 기본용법

보통명사 앞에는 반드시 관사(a/an/the), 소유격(my, your, his, her, their...), 지시대명사(this, that, these, those...), 부정대명사(one, some, any, each...)와 같은 한정어가 붙으며, 복수형 -(e)s를 만들 수 있다.

- <u>A</u> boy is playing basketball with <u>his</u> friends. 보통명사 단수형
- <u>Many</u> boys are playing basketball with <u>their</u> friends. 보통명사 복수형
- <u>A few</u> students passed the graduation exam. a few + 복수명사

(2) 주의할 용법

⟨the+단수보통명사⟩는 추상명사가 되며, ⟨보통명사(A)+of+a+보통명사(B)⟩는 'A와 같은 B'로 해석된다.

- The pen is mightier than the sword. 문, 무
- She felt the mother rise in her heart. 모성애
- She is an angel of a wife. 천사 같은 아내
  → She is a wife like an angel.
- The rich man lives in a palace of a house. 궁궐 같은 집
  → The rich man lives in a house like a palace.

Pattern Practice

다음 문장에서 어법상 어색한 부분을 찾아 바르게 고치세요.

❶ He is very clever boy. _____ → _____

❷ A few boy is playing soccer on the playground. _____ → _____

❸ Those boys is my favorite friends. _____ → _____

❹ The pen are mightier than the sword. _____ → _____

❺ Many student are playing basketball outside. _____ → _____

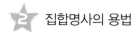 집합명사의 용법

집합명사는 여러 개가 모여서 하나의 집합을 이루는 명사로서, 셀 수 있는 명사에 속하고 단수/복수의 형태가
모두 가능하다.

(1) 단수/복수 형태로 사용되는 집합명사

> family, class, team, club, crowd, audience, committee, council, crew, government,
> jury, staff, army, etc.

- My family <u>is</u> living in this house.   집합명사, 단수형
- Two families <u>are</u> living in this house.   집합명사, 복수형
   cf. My family <u>are</u> all early risers.   군집명사, 단수형, 복수동사
   ≫ 집합 속에 있는 구성원에 중점을 두어 말할 때는 군집명사가 되어 형태는 단수이지만 복수 동사로 받는다.
- The committee on human rights <u>meets</u> once a month.   집합명사, 단수형
- There are many committees in the government.   집합명사, 복수형
   cf. The committee are divided in opinion.   군집명사, 단수형, 복수동사
- A class has about 35 students.   집합명사, 단수형
- There are 50 classes in our school.   집합명사, 복수형

(2) 복수 형태로 사용되는 집합명사

> the police, the clergy, the nobility, people, cattle, poultry

- The police <u>are investigating</u> the murder case.
   ≫ police 앞에는 the가 오고, 부정관사 a는 오지 않는다.
   cf. A policeman is chasing the thief.
- The clergy <u>were</u> present at the meeting.
   ≫ clergy 앞에도 the가 오고, 부정관사 a는 오지 않는다.
   cf. A clergyman was present at the meeting.
- Cattle <u>are grazing</u> in the field.
   ≫ Cattle은 복수형 s를 붙이지 않고, 앞에 a가 오지 않으며, 복수동사로 받는다.
- People over 18 <u>have</u> a right to vote in this country. (people : 사람들)
   ≫ people은 복수 형태이며, 복수동사로 받는다.
   cf1. This country consists of a people. (a people: 하나의 민족)
   cf2. This country consists of two peoples. (two peoples: 두 개의 민족)

(3) 단수 형태로 사용되는 집합명사

> – fruit: 과일 전체를 총칭하는 집합명사(단수취급), 개별과일은 보통명사(apples, grapes…)
> – furniture: 가구 전체를 총칭하는 집합명사(단수취급), 개별가구는 보통명사(tables, sofas…)
> – jewelry: 보석류 전체를 총칭하는 집합명사(단수취급), 개별보석은 보통명사(rings, necklaces..)
> – clothing: 의류 전체를 총칭하는 집합명사(단수취급), 개별 옷은 보통명사(pants, shirts…)

Pattern Practice

다음 문장을 해석하세요.

❶ His family is living in Busan. → _____

❷ His family are all early risers. → _____

❸ The police are investigating the car accident. → _____

❹ The police officer is chasing the suspect. → _____

❺ The country consists of two peoples. → _____

B 고유명사, 물질명사, 추상명사의 용법

고유명사, 물질명사, 추상명사는 모두 셀 수 없는(UC) 명사에 속한다.

⭐1 고유명사의 용법

(1) 기본 용법 : 고유명사는 지명, 인명 등을 나타내는 명사로서, 첫 글자를 항상 대문자로 사용해야 하며, 원칙적으로 앞에 관사가 오지 않고 복수형이 없으며 단수로 취급한다.

- Beethoven <u>was</u> a great musician.　　　　　　　인명, 고유명사, 단수취급
- Seoul <u>is</u> the capital of South Korea.　　　　　　지명, 고유명사, 단수취급
- China <u>is</u> the biggest country in Asia.　　　　　나라이름, 고유명사, 단수취급

(2) 고유명사의 보통명사화 : 원칙적으로는 고유명사 앞에는 관사가 올 수 없지만, 고유명사 앞에 관사가 오면 그 의미가 바뀌고 보통명사로 변한다.

- A Mr. Johnson came to see you while you were out.　　~라는 사람
- He wants to become an Edison in the future.　　~와 같은 사람
- The Browns are coming to the party.　　~씨 가족
- Steve will buy a new Mercedes-Benz next week.　　~의 제품
- This is a Picasso painted 100 years ago.　　~의 작품

(3) the가 붙는 고유명사: 다음과 같은 경우에는 고유명사 앞에 the가 붙는다.

- **신문, 잡지, 호텔, 극장, 미술관 등:** the Washington Post, the New York Times, the British museum, the museum of modern art
- **여러 개가 모여서 하나의 의미를 이루는 경우 :** the Great Lakes, the Rocky mountains, the United States, the United Kingdom
- **바다, 강, 사막이름 앞 :** the Pacific Ocean, the Atlantic Ocean, the Indian Ocean, the Red Sea, the Han River, the Sahara
- **일반명사가 고유명사로 사용되는 경우 :** the Pentagon (미 국방부)

☆ 2 물질명사의 용법

(1) 기본용법: 물질명사는 셀 수 없는(UC) 명사로서 a/an을 붙일 수 없고 복수형이 없으며 단수 취급한다.

- Bread <u>is</u> a common breakfast food. 물질명사, 관사가 안 붙음

- The bread <u>he bought</u> <u>was</u> delicious. 물질명사, 수식어구의 한정을 받는 경우는 the가 붙음

- Rice <u>is</u> Korean people's staple food.

- <u>A lot of</u> salt <u>is</u> need to preserve fish. 물질명사는 양이 많아도 단수취급

Pattern Practice

다음 문장을 해석하세요.

❶ A Mr. Brown came to see you.　　　→ _____

❷ You can become an Edison in the future.　→ _____

❸ This is a Picasso painted 100 years ago.　→ _____

❹ China is the biggest country in Asia.　→ _____

❺ The Browns came to the party.　　→ _____

(2) 물질명사의 보통명사화: 원칙적으로는 물질명사 앞에는 a/an이 올 수 없지만, 물질명사 앞에 a/an이 오면, 그 의미가 바뀌고 보통명사로 변한다.

- fire: 불 (물질명사)　　　　a fire: 화재 사건 하나 (보통명사)

- glass: 유리 (물질명사)　　　a glass: 유리잔 하나 (보통명사)

- paper: 종이 (물질명사)　　　a paper: 신문 (보통명사)

- light: 빛 (물질명사)　　　　a light: 전등 (보통명사)

- iron: 철 (물질명사)　　　　an iron: 다리미 (보통명사)

- cheese: 치즈 (물질명사)　　a cheese: (한 종류의) 치즈 (보통명사)

(3) 물질명사의 수량표시: 셀 수 없는 물질명사를 셀 필요가 있을 때는 단위명사를 사용하여 수량 표시를 한다.

- a piece (two pieces) of: cake, bread, paper, chalk

- a loaf (two loaves) of: bread, meat

- a slice (two slices) of: cheese, bread

- a cup (two cups) of: coffee, tea

- a glass (two glasses) of: water, milk, juice, wine, beer

- a bottle (two bottles) of: beer, ink, coke

- a tube (two tubes) of: toothpaste, ointment

- a bar (two bars) of: chocolate, soap

- a pound (two pounds) of: sugar, salt, butter

추상명사의 용법

(1) 기본 용법: 추상명사는 눈으로 볼 수도 없고 셀 수도 없기 때문에 a/an을 붙일 수 없고 복수형이 없으며 단수 취급한다.

- Knowledge is power. 추상명사, 단수취급, 관사가 붙지 않음

- You should know the difficulty of managing a company.
  ≫ 추상명사, 단수취급, 수식어구의 한정을 받는 경우는 the가 붙음

- Penicillin was a great discovery.
  ≫ 추상명사, 단수취급, 추상명사가 형용사의 수식을 받으면 형용사 앞에 a/an을 붙인다.

- This is important information.
  cf. This is an important information. (✕)
  ≫ 추상명사가 형용사의 수식을 받아도 형용사 앞에 a/an을 붙지 않는 경우도 있다: news, advice, damage, homework, luck...

Pattern Practice

다음 빈칸에 알맞은 영어표현을 쓰세요.

❶ 분필 두 개   → _____   ❹ 설탕 3파운드   → _____

❷ 커피 세 잔   → _____   ❺ 치약 두 개   → _____

❸ 콜라 두 병   → _____

---

(2) 추상명사의 보통명사화: 원칙적으로는 추상명사 앞에는 a/an이 올 수 없지만, 추상명사 앞에 a/an 또는 수량한정사가 오면, 그 의미가 바뀌고 보통명사로 변한다.

- She is a success as a painter. 성공한 사람

- He was a failure as a poet. 실패한 사람

- He is an ambitious youth. 야심 있는 청년

- She was once a beauty. 미인

- They had done me many kindnesses. 구체적인 친절한 행위

(3) 추상명사의 수량 표시: 셀 수 없는 추상명사를 셀 필요가 있을 때는 단위명사를 사용하여 수량 표시를 한다.

- a piece (two pieces) of: information, advice, news, folly 정보 하나

- a bit of (two bits) of: nonsense 한 마디의 허튼소리

- a stroke (two strokes) of: luck 한 차례의 행운

> **stop 이건 알아둬~**
> 추상명사는 셀 수 없는(UC) 명사지만, 일부 추상명사는 셀 수 있는(C) 명사로 사용된다.
> - I have a good idea. (아이디어 하나)
> - I have two ideas to solve the problem. (아이디어 두개)
> - I have a plan to achieve the goal. (계획 하나)
> - I have two plans for finishing the project on time. (계획 두 개)

(4) 전치사 + 추상명사 = 형용사/부사: 전치사와 추상명사가 함께 사용되면 문맥에 따라 형용사 또는 부사 역할을 한다.

- The teacher is a man of wisdom.   a man of wisdom = a wise man

- He is a man of ability.   a man of ability = an able man

- That book is of no use to him.   of no use = useless

- The player is of importance to the team.　　of importance = important
- She solved the difficult math problem with ease.　　with ease = easily
- He speaks English with fluency.　　with fluency = fluently
- The doctor treats the patients with kindness.　　with kindness = kindly
- I met her at the theater by accident.　　by accident = accidently
- He made the mistake on purpose.　　on purpose = purposely

Pattern Practice

다음 문장을 해석하세요.

❶ He is a success as a businessman. → _____

❷ She has done me many kindnesses. → _____

❸ She met her ex-boyfriend at the cafe by accident. → _____

❹ He is a man of ability. → _____

❺ The player is of importance to the team. → _____

C 명사의 수, 격, 성

명사를 사용할 때는 수(단수/복수), 격(주격/목적격/소유격), 성(남성/여성) 구분을 해야 한다.

⭐ 명사의 수 (단수/복수)

(1) 셀 수 있는(C) 명사는 단수와 복수 형태로 사용된다.
- Every person has his or her name.　　every, each 다음에는 단수명사가 온다.
- A few people are walking in the park.　　A few + 복수명사, 몇몇의, 긍정
  cf. Few people are walking in the park.　　few + 복수명사, 거의 없는, 부정
- A number of people are gathering in front of city hall.
  ≫ both, many, a lot of, several, a number of 다음에는 셀 수 있는(C) 명사의 복수형이 온다.

(2) 셀 수 없는(UC) 명사는 단수 형태로만 사용된다.
- We had a little snow yesterday.　　a little + 단수명사, 약간의, 긍정
  cf. We had little snow yesterday.　　little + 단수명사, 거의 없는, 부정
- We had a great deal of snow last winter.
  ≫ much, a lot of, a great deal of 다음에는 셀 수 없는(UC)의 명사가 온다.

(3) 항상 복수 형태로 사용되는 명사가 있다.

> gloves, socks, trousers, pants, jeans, shorts, scissors, glasses, contents, arms, etc.

- She bought two pairs of <u>shoes</u> yesterday.
- I shook <u>hands</u> with the movie star yesterday.　　악수하다, hands 항상 복수형
- He wants to make <u>friends</u> with Susan.　　친구를 사귀다, friends 항상 복수형

(4) 형태는 복수이지만 항상 단수 취급하는 명사들이 있다.

> mathematics, physics, economics, politics, ethics, statistics, the United States, the Philippines, news, analysis, means

- Statistics <u>is</u> an interesting subject.　　학과목, 항상 단수취급
- The news <u>was</u> shocking to the public.　　news는 셀 수 없는 명사

(5) 복합명사의 복수형은 의미의 중심이 되는 단어에 **s**를 표시한다.

English class → English classes　　woman writer → women writers

boyfriend → boyfriends　　girlfriend → girlfriends

son-in-law → sons-in-law　　sister-in-law → sisters-in-law

passer-by → passers-by　　by-stander → by-standers

grown-up → grown-ups

Pattern Practice

다음 문장에서 어법상 어색한 부분을 찾아서 바르게 고치세요.
1. Every people has his or her own talent.　　_____ → _____
2. He shook hand with the famous singer.　　_____ → _____
3. The news were very shocking to me.　　_____ → _____
4. Statistics are an interesting subject.　　_____ → _____
5. A number of students is gathering on the ground.　　_____ → _____

명사의 격(주격/목적격/소유격)
명사의 주격과 소유격은 기본적으로 형태가 같으며 소유격 명사에 따라 표현 방법이 달라진다.

(1) 명사가 생물인 경우의 소유격: 명사 + 's

father's car　　the dog's legs

David's house　　Mr. John's books

a girls' high school　　≫ 복수형 s로 끝나는 명사의 소유격은 apostrophe만 붙인다(-s').

my parents' house	ladies' clothe
women's hats	men's gloves ≫ -s로 끝나지 않는 소유격은 ('s)를 붙인다.
my sister-in-law's mother	≫ 복합명사의 소유격은 마지막 단어에 ('s)를 붙인다.

(2) 명사가 무생물인 경우의 소유격: of를 이용하여 표현

the legs of the desk	the top of the box
the title of the movie	the cover of the book

(3) 무생물이지만 ('s)로 소유격을 나타내는 경우: 지명, 시간, 거리, 중량, 금액 등

Korea's future	the earth's surface
today's newspaper	ten minutes' walk
ten pounds' flour	ten thousand dollars' worth of gold

(4) 이중 소유격: 한정사(a, some, any..) + 명사 + of + 명사의 소유격

a friend of <u>mine</u>	some books of <u>hers</u>
a cousin of <u>my father's</u>	some toys of <u>John's</u>

3 명사의 성

명사에 따라서 남성 명사와 여성 명사가 구분되어 있는 경우가 있다.

- nephew 남자 조카   niece 여자 조카
- waiter 남자 종업원   waitress 여자 종업원
- actor 남자 배우   actress 여자 배우
- hero 남자 영웅   heroine 여자 영웅
- widower 홀아비   widow 미망인

    ≫ 무생물 명사 중에서 강렬하고 웅장한 이미지를 주는 sun, war, ocean 등은
       남성명사로 취급하고, 온화하고 우아한 이미지를 주는 moon, peace, nature
       등은 여성명사로 취급한다.

> **stop**
> **이건 알아둬~**
>
> 현대 사회의 남녀평등을 위한 노력은
> 영어 단어에서도 나타나고 있다.
> 최근에는 남녀 구분을 없앤 새로운
> 단어들이 만들어지고 있다.
> - 대변인 : spokesman →
>   spokesman/spokeswoman
>   → spokesperson
> - 앵커 : anchorman →
>   anchorman/anchorwoman
>   → anchorperson
> - 사업가 : businessman
>   → businessman/
>   businesswoman →
>   businessperson
> - 회장 : chairman → chairman/
>   chairwoman → chairperson

Pattern Practice

다음 남성 명사에 해당하는 여성 명사를 쓰세요.

❶ hero   → _____   ❹ waiter   → _____

❷ nephew   → _____   ❺ widower   → _____

❸ actor   → _____

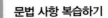

GRAMMAR PRACTICE

문법 사항 복습하기

A 다음 괄호 안에서 알맞은 표현을 고르세요.

1 A number of students (is/ are) singing together at the concert.

2 I want to make (friend/ friends) with him.

3 Economics (are/ is) my favorite subject.

4 The news (were/ was) very shocking to the students.

5 I met (one of my friend / a friend of mine) yesterday.

6 (Bread/ The bread) you made tastes good.

B 다음 문장을 해석하세요.

1 This is a Piccaso, which is very valuable. → _____

2 She lives in a palace of a house. → _____

3 I want to be an Edison in the future. → _____

4 He is a success as a businessman. → _____

5 She bought three glasses for the party. → _____

6 He is a man of ability. → _____

C 다음 문장에서 어법상 어색한 부분을 찾아서 바르게 고치세요.

1 Cattles are grazing in the field. _____ → _____

2 A police is investigating the robbery case. _____ → _____

3 You should realize difficulty of managing a store. _____ → _____

4 She has a few son-in-law's. _____ → _____

5 He is a man of wise. _____ → _____

6 Every people has a right to live a decent life. _____ → _____

7 His family is all early risers. _____ → _____

8 When she saw the poor baby, she felt mother rise in her heart.

_____ → _____

A 다음 빈칸에 우리말에 알맞은 영어 표현을 쓰세요.

1 아는 것(지식)이 힘 이다.

→ _____ _____ power.

2 이 집에 세 가족이 살고 있다.

→ _____ _____ _____ _____ in this house.

3 전화는 위대한 발명품이다.

→ Telephone _____ _____ _____ _____.

4 그는 능력 있는 사람이다. (of +추상명사)

→ He is _____ _____ _____ _____.

5 나는 그 유명한 가수와 악수를 했다.

→ I _____ _____ _____ _____ _____ _____.

B 다음 문장을 영어로 옮기세요.

1 경찰이 그 살인사건을 수사하고 있다. (The police)

→ _____

2 내가 너에게 그 사고에 대한 정보를 하나 주겠다. (information)

→ _____

3 그녀는 가슴 속에서 모성애가 일어나는 것을 느꼈다. (the mother)

→ _____

4 우리 엄마는 젊었을 때 미인이었다. (a beauty)

→ _____

5 네가 나가 있는 동안에 데이비드 씨라는 사람이 너를 만나러 왔었다. (A+고유명사)

→ _____

6 한국의 미래에 대해서 함께 이야기 해 봅시다.

→ _____

7 그는 그 어려운 수학문제를 쉽게 풀었다. (with + 추상명사)

→ _____

UNIT 22 관사

A 부정관사(a/an)의 용법

 부정관사(a/an)는 기본적으로 불특정한 것을 가리키며, '하나'라는 의미로서 단수를 나타낸다.

(1) 셀 수 있는(C) 명사의 단수형 앞에 사용한다.
- She has a computer, but I don't have one.
- He is a teacher and I am a student.

(2) '하나'라는 뜻으로 사용한다. (a/an = one)
- You can't do many things at a time.   a time = one time
- He ordered a cup of coffee.

(3) '같은'의 의미로 사용한다. (a/an = same)
- They are all of a mind.   a mind = the same mind
- Birds of a feather flock together.   a feather = the same feather

(4) '어떤'의 의미로 사용한다. (a/an = a certain)
- In a sense, life is like a dream.
- He came back to Korea on a rainy day.

(5) 종족대표를 나타낼 때 사용한다.
- A cat is an independent animal.   고양이 한 마리가 아니라 모든 고양이
  cf1. The cat is an independent animal.   그 고양이가 아니라 모든 고양이
  cf2. Cats are an independent animal.   고양이들이 아니라 모든 고양이
- A child needs parents' love.   a child = all children

(6) '~마다'의 의미로 사용한다. (a/an = per)
- I play tennis three times a week.   a week = per week
- She takes a piano lesson once a week.

(7) '약간의, 얼마간'의 의미로 사용한다. (a/an = some)
- I will stay here for a while.   for a while = for some time
- He saw a horse at a distance.   at a distance = at some distance

다음 문장을 해석하세요.

❶ We cannot do many things at a time.　→ _____

❷ Birds of a feather flock together.　→ _____

❸ In a sense, life is like a dream.　→ _____

❹ He goes swimming three times a week.　→ _____

❺ He will stay here for a while.　→ _____

② a와 an의 구분

부정관사 뒤에 오는 단어의 발음이 모음일 때는 **an**을, 자음일 때는 **a**를 사용한다.

a bus	a house	a country
a university*	a highway	a cat
an apple	an airplane	an airport
an agent	an aisle	an easy word
an engine	an old man	an exit
an hour**	an honest man	an umbrella***

* university의 첫 글자 u는 스펠링은 모음이지만, 발음이 반자음이므로 a가 온다.
** hour의 첫 글자 h는 스펠링이 모음이 아니지만, 발음이 모음이므로 an이 온다.
*** umbrella의 첫 글자 u는 스펠링도 모음이고, 발음도 모음이므로 an이 온다.

B 정관사(the)의 용법

정관사(the)는 기본적으로 특정한 것을, 한정을 받는 것을 가리킬 때 사용한다.

(1) 앞에서 한 번 나온 말을 받을 때 the를 사용한다.
- She keeps a cat. The cat is very cute.
- Have you seen my cell phone? Yes, I saw the cell phone on the table.

(2) 뒤에 있는 수식어에 의해 한정을 받을 때 the를 사용한다.
- The topic of the debate was very controversial.
- The girl I met in the park yesterday was an American.

(3) 서로가 알고 있는 것을 가리킬 때 the를 사용한다.
- It's hot. Please, open the window.
- Pass me the salt please.

(4) 서수 앞에는 **the**를 사용한다.

- My teacher lives on the <u>fourth</u> floor of this building.
- Neil Armstrong was the <u>first</u> man that landed on the moon.

(5) 최상급 앞에는 **the**를 사용한다.

- Which is the <u>highest</u> building in Korea?
- The cheetah can run the <u>fastest</u> of all land animals.

Pattern Practice

다음 문장의 빈칸에 알맞은 관사를 넣으세요.

❶ He keeps _____ dog. The dog is very big.

❷ _____ topic of the debate was about global warming.

❸ She lives on _____ fifth floor of this apartment.

❹ This is _____ highest building in Korea.

❺ He was _____ first man to land on the moon.

---

(6) 자연계의 유일무이한 것을 가리킬 때 **the**를 사용한다.

- The <u>earth</u> moves around the <u>sun</u>.
- The <u>moon</u> moves around the <u>earth</u>.

(7) 우리 주위의 친숙한 자연환경을 가리킬 때 **the**를 사용한다.

- Steam goes up in the <u>air</u>.
- There are many kinds of living things in the <u>sea</u>.

(8) 악기 이름 앞에는 **the**를 사용한다.

- He could play the <u>piano</u> when he was 7.
- They are playing the <u>violins</u> in the concert hall.

(9) 신체의 일부를 말 할 때는 소유격을 쓰지 않고 〈전치사 + **the** + 신체부위〉로 표현한다.

- The brick hit David <u>on the head</u>.
- She kissed him <u>on the cheek</u>. (O)
  - cf. She kissed on <u>his cheek</u>. (X)

(10) '~을 단위로'를 영어로 옮길 때, 〈**by** + **the** + 도량형 단위〉로 표현한다.

- They are paid <u>by the day</u>.　　　　일당으로
- Salt is sold <u>by the gram</u>.　　　　그램 단위로

  ≫ by the liter: 리터 단위로　　by the meter: 미터 단위로

(11) ⟨**the + 형용사**⟩는 복수보통 명사가 된다.

- The young should respect the old.
- The government should make more efforts to narrow the gap between the poor and the wealthy.

  ≫ the unemployed : 실업자들,   the blind : 시각장애우들,   the wounded : 부상자들

C 관사의 생략

다음과 같은 경우에는 관사를 사용하지 않는다.

(1) 가족관계를 나타내는 말 앞에는 관사가 사용되지 않는다.

- Mother wants to see you right away.

(2) 부르는 말 (호격어) 앞에는 관사가 사용되지 않는다.

- Officer, can you help me find this location?
- I'm feeling much better, doctor.

(3) 관직, 신분을 나타내는 말 앞에는 관사를 사용하지 않는다.

- They elected him governor.
- Professor James is going to retire next month.

Pattern Practice

다음 문장의 빈칸에 알맞은 관사를 넣으세요. [the / × (무관사)]

❶ _____ earth moves around the sun.

❷ She can play _____ guitar very well.

❸ He kissed her on _____ cheek.

❹ Salt is sold by _____ gram.

❺ People elected him _____ governor.

---

(4) 식사 이름 앞에는 관사를 사용하지 않는다.

- We will go out for dinner.
- He had lunch 30 minutes ago.

  cf. He had a good lunch 30 minutes ago.
  ≫ 식사 이름 앞에 형용사가 오면 그 앞에 부정관사를 사용한다.

(5) 학과목 이름 앞에는 관사를 사용하지 않는다.

- He likes <u>physics</u> very much.
- Learning <u>English</u> is very important these days.

(6) 스포츠 이름 앞에는 관사를 사용하지 않는다.

- Let's play <u>soccer</u> together after school.
- They have played <u>basketball</u> for 2 hours now.

(7) 〈**by** + 교통수단/ 통신수단〉의 표현에는 관사를 사용하지 않는다.

- They came here <u>by train</u>.
- I will send you a copy of the contract <u>by fax</u>.

(8) 두 개 의 명사가 대구를 이루고 있는 경우에는 관사를 사용하지 않는다.

husband and wife   body and soul

day after day   hand in hand

D 관사의 유무에 따른 의미 변화

관사가 있을 때와 없을 때의 의미 차이를 확인해 보세요.

• There is <u>a church</u> on the hill.	특정 교회 건물
• He went to <u>the church</u> to paint the roof.	교회에 볼일이 있어서 가다
• He goes to <u>church</u> on Sundays.	교회에 예배를 보러 가다
• She went to <u>the school</u> to deliver food.	학교에 볼일이 있어서 가다
• She goes to <u>school</u> from Monday to Friday.	공부하러 학교에 가다
• <u>Thechildren</u> on the playground are playing soccer.	특정한 아이들
• <u>Children</u> like to play computer games.	일반적 아이들
• Can you pass me <u>the sugar</u>?	특정한 설탕
• <u>Sugar</u> is not very good for your teeth.	일반적인 설탕

> **Stop 이건 알아둬~**
>
> 관사의 위치
> 관사는 기본적으로 명사 앞에
> 위치하고, 명사를 수식하는 어구가
> 있는 경우에는 수식어구 앞에 관사를
> 붙인다.
> - She is a student. (관사+명사)
> - She is a smart student.
>   (관사+형용사+명사)
> - She is a very smart student.
>   (관사+부사+형용사+명사)

Pattern Practice

다음 문장을 해석하세요.

① We went there by car. → _____

② You have to send us the document by fax. → _____

③ He went to the school to deliver milk. → _____

④ The children on the playground are playing baseball. → _____

⑤ Sugar is not very good for your teeth. → _____

A 다음 괄호 안의 표현 중 알맞은 것을 고르세요.

1 He and I are of (a / an / the / ×) age.

2 She lives on (a / an / the / ×) sixth floor of this apartment.

3 I know a good teacher. (A / An / The / ×) teacher is very kind to students.

4 He has (a / an / the / ×) notebook computer, but I don't have one.

5 She could play (a / an / the / ×) flute when she was 10.

6 They went out for (a / an / the / ×) dinner.

7 In (a / an / the / ×) sense, life is only a dream.

8 (A / An / The / ×) girl with curly hair is his girlfriend.

9 They are paid by (a / an / the / ×) week.

10 He plays tennis twice (a / an / the / ×) week.

11 A lot of birds are flying in (a / an / the / ×) sky.

12 We will play (a / an / the / ×) basketball this afternoon.

13 My grandmother will stay in my home for (a / an / the / ×) while.

B 다음 문장을 해석하세요.

1 He goes to school from Monday to Friday. → _____

2 He went to the school to repair the roof. → _____

3 Children need their parents' love. → _____

4 The children under 10 should be accompanied by their parents.

→ _____

C 다음 문장에서 어법상 어색한 부분을 찾아서 바르게 고치세요.

1 I will send the document by the e-mail. _____ → _____

2 They played the baseball together yesterday. _____ → _____

3 Which is highest building in the world? _____ → _____

4 They had the lunch at the cafeteria. _____ → _____

Ⓐ 다음 빈 칸에 우리말에 알맞은 표현을 쓰세요.

1   우리는 일주일에 3번 축구를 한다.

→ We play soccer _____ _____ _____ _____.

2   개는 영리한 동물이다.

→ _____ _____ _____ _____ _____ animal.

3   태양은 지구보다 훨씬 더 크다.

→ _____ _____ _____ _____ bigger than _____ _____.

4   나는 기타를 연주 할 수 있다.

→ I can _____ _____ _____.

5   로프는 미터 단위로 판매된다.

→ Rope _____ _____ _____ _____ _____.

Ⓑ 다음 문장을 영어로 옮기세요.

1   부자와 가난한 사람들의 격차가 더 커지고 있다. (the + 형용사)

→ _____

2   그녀는 개 한 마리를 가지고 있는데, 그 개는 매우 영리하다.

→ _____

3   그녀는 내 이마에 키스를 했다.

→ _____

4   그들은 토요일마다 운동장에서 야구를 한다.

→ _____

5   건설 근로자들은 보통 일당으로 돈을 받는다. (by + the + 단위)

→ _____

6   우리 모두는 한 마음이다. (부정관사: a)

→ _____

7   젊은이들은 어르신들을 공경해야 한다. (the + 형용사)

→ _____

REVIEW TEST

A 다음 괄호 안의 표현 중 알맞은 것을 고르세요.

1 I read a few (book / books) on architecture over the weekend.

2 The committee (is / are) divided in opinion on the issue.

3 He was (a failure / the failure) as a musician.

4 Every (children / child) was given a pencil and a notebook.

5 She has many (sister-in-laws / sisters-in-law).

B 다음 문장에서 어법상 어색한 부분을 찾아서 바르게 고치세요.

1 She bought two furnitures yesterday.   _____ → _____

2 Many woman writers publish books on family.   _____ → _____

3 The woman has many son-in-laws.   _____ → _____

4 I met one friend of my father.   _____ → _____

C 다음 빈칸에 알맞은 영어표현을 넣으세요.

1 그는 야심 있는 청년이다.

→ He is _____ _____ _____.

2 그 선수는 그 팀에 아주 중요하다.

→ The player is _____ _____ to the team.

3 우유가 리터 단위로 판매된다.

→ Milk is sold _____ _____ _____.

D 다음 문장을 영어로 옮기세요.

1 이것은 100년 전에 그려진 피카소의 작품이다. (Picasso)

→ _____

2 내가 너에게 돈 버는 것에 대한 조언을 하나 해 주겠다. (advice)

→ _____

3 미국은 50개의 주를 가지고 있다.

→ _____

Essay Topic

Some people believe that the Earth is being harmed by human activity. Others feel that human activity makes the Earth a better place to live in. What is your opinion? Use specific reasons and examples to support your answer.

본론 아이디어 정리

| Body 1 |

ⓣ **Topic Sentence:** 인간 활동이 세상을 살기에 더 안전한 장소로 만들었다. (safer place)

Supporting Detail 1: 사람들이 동굴에 살았을 때는, 천적에게 잡아먹히는 두려움 속에 살았음. (constant fear, predators)

Supporting Detail 2: 오늘날처럼 야생동물을 통제 하지도 못했음 (wild animals)

| Body 2 |

ⓣ **Topic Sentence:** 인간 활동은 세계의 자원을 최대한 이용하는 것을 추구해 왔다. (the best use of)

Supporting Detail 1: 지구는 다양한 자원으로 가득 차 있음 (be filled with)

Supporting Detail 2: 지구의 모든 자원은 책임 있는 방식으로 사용되도록 되어 있음. (responsible ways)

● 정리된 아이디어를 영어로 옮기세요.

| Body 1 |

① 먼저, 인간 활동은 세상을 살기에 더 안전한 장소로 만들었다.

→ First, human activity has made _____

_____ .

1 사람들이 동굴에 살았을 때는 천적에게 잡아먹히는 지속적인 두려움 속에서 살았다. 집이나 자물쇠 달린 문의 보호도 받지 못했다.

→ When cave people roamed the Earth, they were in _____

_____ . They didn't have the protection of houses or even doors with locks.

2 또한 그들은 오늘날처럼 마취총이나 철창과 같은 것을 사용해서 야생동물을 통제하지도 못했다.

→ They also _____ as we can

today through the use of tranquilizer darts and cages.

| Body 2 |

① 둘째, 인간 활동은 세계의 자원을 최대한 이용하는 것을 추구해 왔다.

→ Second, human activity has sought _____

_____ .

1 지구는 오일, 천연가스, 식물, 동물, 공기와 같은 자원으로 가득 차 있다.

→ _____ , such as crude oil,

natural gas, plants, animals and air.

2 일부 사람들은 이런 자원의 사용이 지구를 해친다고 주장한다. 하지만, 사실 지구의 모든 자원은 책임 있는 방식으로 사용될 수 있다.

→ _____ the use of these resources harm the

Earth. But, in fact, all the Earth's resources can _____

_____ .

CHAPTER 12

대명사

UNIT 23 대명사의 종류

A 인칭대명사

인칭대명사는 사람을 가리키는 대명사로서 특정한 사람을 가리키거나 막연한 일반인을 가리킨다.

 주의해야 할 인칭대명사의 격

- Who is it? - It's me. » 원래는 주격이지만 구어체에서는 목적격도 사용함

- It was she that got a perfect score on the test.
  » It-that 강조구문에서 강조되는 표현은 원래 문장에서의 역할에 따라 격이 결정됨

 막연한 일반인을 가리킬 경우: we, one, you (보통 해석을 하지 않음)

- We cannot be too careful when emphasizing safety.
- One should know how to respect others.
- You should not tease your friend.

 재귀대명사: 문장의 주어 또는 강조하는 표현에 맞추어 써야 한다.

(1) 재귀용법: 주어가 한 행동이 주어에게 되돌아간다. (주어에 맞추어 씀)

- Do I make myself clear?
- She is getting photos of herself taken at the studio.

(2) 강조용법: 강조하고자 하는 표현 뒤에 쓰거나 문장 끝에 쓴다. (강조받는 것에 맞추어 씀)

- She herself wrote an article about political corruption.　　주어 She 강조
- He enjoys going fishing himself.　　주어 He 강조

(3) 관용 용법

> by oneself (스스로), for oneself (혼자 힘으로), between ourselves (우리끼리 얘기지만),
> beside oneself (제 정신이 아닌), enjoy oneself (즐기다), make oneself at home (편히 하다),
> behave oneself (점잖게 굴다), blame oneself (자신을 탓하다)

- She managed to finish her assignment by herself.
- Heavily drunk people often behave as if they are beside themselves.

B 지시대명사 this, that, so, such

 this와 that의 여러 가지 용법

(1) 가까운 것은 **this**, 먼 것은 **that**으로 가리킨다.

(2) **this** 또는 **that**으로 물어본 경우: **it**으로 대답한다. (**these**와 **those**는 **they**로 대답)

(3) 앞이나 뒷 문장을 받아서 쓸 때: **this** 사용 (**that**은 앞문장만 받을 수 있음)

(4) **this**는 '후자(the latter)', **that**은 '전자(the former)'를 가리킨다.

(5) 앞의 명사의 반복을 피하기 위해 사용된다.

- Is this your report or is that your report?

- Is this[that] your book? - Yes, it is.
  Are these[those] your books? - Yes, they are.

- <u>They cancelled the project without giving any warning.</u> This made him extremely angry.

- <u>Health</u> is more important than <u>wealth</u>. <u>This</u> is less important than <u>that</u>.
            wealth   health

- <u>The climate</u> of Korea is similar to that of Japan. (that = climate)

 so와 such의 용법

(1) **so**는 앞 문장을 대신하여 **think, believe, be afraid, hope, do, tell, suppose**의 목적어로 쓸 수 있다.

(2) **such**는 대명사로도 쓰인다.

- <u>Is he coming tomorrow?</u> - I think so. (= I think that he is coming tomorrow.)

- <u>Did he commit the crime?</u> - I'm afraid so. (= I'm afraid that he committed the crime.)

- She is <u>a noble person</u>, so she must be treated as such. (= a noble person)

Pattern Practice

1 밑줄 친 재귀대명사가 재귀용법인지 강조용법인지 밝히세요.

❶ I <u>myself</u> told her that I love her.

❷ She looked at <u>herself</u> in the mirror.

❸ She lifted the heavy box <u>herself</u>.

2 틀린 부분을 고치세요.

❶ My mom said that: "Always be kind to others." → _____

❷ He is only a child, so we must treat him as so. → _____

❸ The population of Korea is smaller than those of Japan. → _____

A 다음 괄호 안에서 알맞은 표현을 고르세요.

1 May I introduce (me / myself) to you?

2 He is (for himself / beside himself) after he won the lottery.

3 Galilei said (that / this); "The Earth moves around the sun."

4 Sit down and make (you / yourself) at home.

5 She is my favorite teacher. - I don't know anyone as (so / such).

6 The climate of North Korea is colder than (this / that) of South Korea.

7 Are those dead or alive? - I think (it is / they are) alive.

8 I told my father that I won't disappoint him (me / myself).

9 It was (he / him) that got the first prize in the contest.

10 Tom, I think that I made (me / myself) clear at the time.

11 If you act like a child, you will be treated as (so / such).

12 (So / Such) was my response.

B 다음 문장에서 틀린 부분을 올바르게 고치세요. 없으면 '없음'이라고 쓰세요.

1 The ears of a rabbit are longer than that of a fox. _____ → _____

2 Feel free to make myself at home. _____ → _____

3 I won't approach a person who is besides himself. _____ → _____

4 Being kind is more important than being smart. In other words, this is less
important than that. _____ → _____

5 Such are the results of his idleness. _____ → _____

6 You're a grown up now, so I expect you to behave yourselves.

_____ → _____

A 다음 우리말을 대명사를 사용하여 영작하세요.

1 내 논문의 결론과 너의 것의 결론이 비슷하다.

→ The conclusion of my thesis _____ _____ _____ _____ _____ yours.

2 나는 성공한 사업가이지만 그렇게 대우를 받고 싶지는 않다.

→ I am a successful businessman but I don't want to _____ _____ _____ _____.

3 내 경우는 그러했다.

→ _____ was _____ _____.

4 그녀는 그 실수를 자신의 탓으로 돌렸다.

→ She _____ _____ for the mistake.

5 당신이 남자라면 남자처럼 행동해야 한다.

→ If _____ _____ _____ _____, you must behave _____ _____.

B 다음 우리말을 대명사를 사용하여 영작하세요.

1 죽느냐 사느냐 그것이 문제로다. (To be or not to be)

→ _____

2 그녀는 숙제를 하고 있니? – 그러길 바란다. (so 사용)

→ _____

3 내 숙제는 너의 숙제보다 더 중요하다. 전자가 후자보다 우선이다. (prior to)

→ _____

4 내가 받은 벌은 이런 것이었다. (receive)

→ _____

5 그의 행동은 단순함 그 자체였다. (simplicity)

→ _____

A 부정대명사 one, another, other

부정대명사 one과 another는 단수 취급하고 other는 단수, others는 복수 취급한다.

 1 one: 막연한 명사(a/an + 명사) 또는 일반인을 대신하여 쓴다.

- If you can't afford to buy a sports car, then rent one.
- One should respect the old.   일반인

 2 another의 용법

- To attack the hill is <u>one thing</u>, to defend the hill is another.   별개의 것
- I like this pen. Please give me another.   하나 더

 3 other의 용법

(1) one ~ the other... : (둘 중에서) 하나는 ~, 다른 하나는 …이다

(2) one ~ the others... : 하나는 ~이고, 나머지 모두는 …이다

(3) one ~ others... : 하나는 ~이고, 다른 것들(사람들)은 …이다

(4) some ~ the others... : 일부는 ~이고, 나머지 모두는 …이다

(5) some ~ others... : 일부는 ~이고, 다른 것들(사람들)은 …이다

- Can you tell those twins one from the other?
- There are five cars in the street. One is yours and the others are theirs.
- He has twelve pens in his backpack. One is mine, and others are his and yours.
- The club has thirty members. Some are old, and the others are young.
- Many people gathered here. Some came from Korea, others from Taiwan, and others from China.

Pattern Practice

빈칸에 알맞은 부정대명사를 쓰세요.

❶ One is mine, and _____ are my wife's and my daughter's.

❷ There are lots of students here. Some are tall, while _____ are small.

❸ They are twins. _____ is Mike, and _____ is Charles.

B 부정대명사 all, both, none, each와 부분부정

 all과 both

(1) all: 모든 사람들(복수 취급) / 모든 것들(단수 취급)

(2) both: 둘 다(복수 취급)

- All <u>were</u> satisfied with the result of the meeting.
- All <u>was</u> silent in the night.
- Both <u>are</u> attending the class.

 none과 each

(1) none: 단·복수 양쪽 다 가능하다. 셀 수 있는 명사를 가리킬 때는 주로 복수로 취급한다.

(2) each: 항상 단수로 취급하고 단독으로도 쓸 수 있다.

   cf. **every**는 형용사로만 쓰이고 단수명사가 붙는다.

- None <u>have</u> been to the place. (= no one)
- Each of my family members <u>sings</u> a song on the stage.
- Each <u>has</u> a mission to accomplish.
- Every <u>boy</u> has his own problem.

 부분부정: all, every, both가 부정어와 함께 쓰여서 부분부정의 의미를 나타내게 된다.

- Not all were able to attend the meeting.
- I don't like both of them.

전체부정: none, neither을 사용한다.

- None are happy with the result.
- Neither of them came to the party.
- Not either of them was happy.

Pattern Practice

다음 문장에서 어법상 틀린 부분을 고치세요.

❶ Each of the boy entered the classroom.   _____ → _____

❷ All was silent at the conference.   _____ → _____

❸ I looked for some water but there were none left.   _____ → _____

C 부정대명사 -thing, -body, -one

-body와 -one은 사람을 나타내고, -thing은 사물을 나타낸다. 모두 단수로 취급한다.

1 somebody / anybody / everybody / nobody

(1) somebody: 누군가, 어떤 사람

(2) anybody: 누군가(의문문과 조건문), 누구든지(긍정문)

(3) everybody: 모든 사람

(4) nobody: 아무도 ~않다

- Somebody broke into our house yesterday.

- Anybody who <u>crosses</u> the line will be regarded as being in violation of the law.

- Everybody <u>uses</u> electricity like water.

- Nobody <u>expects</u> him to win the match.

2 something / anything / everything / nothing

(1) something: 무엇인가

(2) anything: 무엇인가(의문문과 조건문), 무엇이든지(긍정문)

(3) everything: 모든 것들

(4) nothing: 아무것도 ~않다

- Something in this bag <u>smells</u> awful.

- <u>Is</u> there anything you need?

- Everything <u>changes</u> to green when that happens.

- Nothing <u>is</u> going to change my love for you.

Pattern Practice

다음 문장들을 해석하세요.

❶ He says that anybody can do the work. → _____

❷ If you see anybody coming in the door, shoot him. → _____

❸ Nobody wants to see the movie again. → _____

Ⓐ 다음 괄호 안에서 알맞은 표현을 고르세요.

1 Some are teaching students, (the others / others) are preparing for their class.

2 Does (somebody / anybody) know how to operate this machine?

3 I tried to find some jam. There (was / were) none left.

4 Every (girls have / girl has) her own candle.

5 All (was / were) in deep sadness during the funeral.

6 This isn't my style. Will you show me (other / another)?

7 Each of the men (has / have) his own car.

8 Neither of them (was / were) found at the crash site.

9 Nobody (has / have) seen them dancing like that before.

10 Is there (somebody / anybody) here?

Ⓑ 다음 빈칸에 알맞은 표현을 쓰세요.

1 무엇이든지 일어날 수 있으니 조심해라.

→ _____ can happen, so _____ _____.

2 아무도 그 사실을 모르고 있었다.

→ _____ _____ aware of the fact.

3 그들 둘 다 좋은 것은 아니다.

→ I _____ _____ _____ of them.

4 그들 둘 다 싫다.

→ I _____ _____ of them.

5 누구든지 그것을 가져오는 사람은 상을 받을 것이다.

→ _____ who brings it will _____ _____.

A 다음 우리말을 부정대명사를 사용하여 영작하세요.

1 음식 안에 있는 무엇인가가 악취를 낸다.

→ _____ in the food _____ awful.

2 둘다 그 방법만이 그 문제의 유일한 해결책이라고 생각했다.

→ _____ _____ that it was the only way to solve the problem.

3 방 안에 누구 있습니까?

→ _____ there _____ in the room?

4 일부는 축구를 좋아하고 다른 사람들은 야구를 좋아한다.

→ _____ like soccer, _____ like baseball.

5 알고 있는 것과 가르치는 것은 별개의 것이다.

→ To know something is _____ _____, and to teach something is

_____.

B 다음 문장들을 부정대명사를 사용하여 영작하세요.

1 아무도 그 사고에서 살아남지 못했다.

→ _____

2 그들 둘 다 시험을 통과하지 못할 것이다. (neither)

→ _____

3 나는 어두운 방에서 무엇인가 움직이는 것을 보았다.

→ _____

4 하나는 너의 것이고, 다른 것들은 아빠, 엄마, 그리고 나의 것이다.

→ _____

5 모든 사람들은 자신의 권리가 있다.

→ _____

REVIEW TEST

A 우리말에 맞게 괄호 안의 표현들을 고르세요.

1 내 말을 확실히 알아들었니?

→ Do I make (myself / for myself) clear?

2 그녀는 혼자 힘으로 그 어려운 상황을 극복했다.

→ She overcame the difficult situation (by herself / for herself).

3 그 상점의 계단은 시내에 있는 상점의 계단보다 위험하다.

→ The stairs of the store are more dangerous than (that / those) of the store in downtown.

4 그가 범인이니? – 그런 것 같아.

→ Is he the criminal? - I'm afraid (such / so).

5 모두가 특강에서 향상을 보이는 것은 아니다.

→ (Not all / None) are showing improvement in the intensive course.

6 독수리의 눈은 사람의 것보다 훨씬 시력이 좋다.

→ The eyes of an eagle are much better than (those / that) of a human.

B 다음 문장들을 대명사를 사용하여 영작하세요.

1 방안에 있는 모든 것들이 아름다워 보인다.

→ _____

2 편히 계세요.

→ _____

3 모든 사람들은 적어도 하나의 문제점이 있다. (every)

→ _____

4 그녀를 놀리는 누구든지 벌을 받게 될 것이다. (anybody)

→ _____

5 내 아내는 특별한 사람이고 그렇게 대접받아야 한다.

→ _____

Essay Topic

What is a very important skill a person should learn in order to be successful in the world today? Choose one skill and use specific reasons and examples to support your choice.

본론 아이디어 정리

| Body 1 |

ⓣ **Topic Sentence:** **사람은 타고난 지적 호기심이 없다면 교육이나 직업에서 성공하지 못한다.** (natural, intellectual curiosity)

Supporting Detail 1: 어린이는 당황스런 질문이나 기발한 제안을 함. (embarrassing, incredible theory)

Supporting Detail 2: 어른이 되면서 이 호기심을 발전시킴. (get older)

| Body 2 |

ⓣ **Topic Sentence:** **다른 사람에 대한 호기심이 없다면 사회적으로 성공할 수 없다.** (other people)

Supporting Detail 1: 경영 세미나에서는 사업 접촉을 원한다면, '사소한 이야기'가 필요하다고 강조함. (business contacts)

Supporting Detail 2: 그러한 '사소한 이야기'와 상호작용을 통해서 서로를 알고 도움을 얻을 수 있음. (interaction, have in common)

● 정리된 아이디어를 영어로 옮기세요.

| Body 1 |

① 먼저, 사람은 타고난 지적 호기심이 없다면 교육이나 직업에서 성공하지 못한다.

　　→ First, a person cannot succeed at either their education or a career _____

　　_____ .

1　어린이는 천성적으로 호기심이 있다. 어린이들은 세상을 이해하려 노력하면서 당황스런 질문을 하고 놀라운 이론을 제안하기도 한다.

　　→ Children are naturally curious. They ask _____

　　_____ as they

　　try to figure out how the world works.

2　나이를 먹으면서, 아이들은 교육과 사회적 상호작용을 통해서 이 호기심을 발전시킨다.

　　→ _____ , children develop this

　　curiosity through education and social interaction.

| Body 2 |

① 둘째, 다른 사람에 대한 호기심이 없다면 사회적으로 성공할 수 없다.

　　→ Second, a person cannot succeed socially _____

　　_____ .

1　많은 경영 세미나에서는, 만약 어떤 사람이 성공적인 사업을 위한 사업적 접촉을 만들고자 한다면 '사소한 이야기'가 필요하다고 강조한다.

　　→ Many management seminars stress that small talk is necessary _____

　　_____ one needs for a successful career.

2　그러한 '사소한 이야기'와 상호작용을 통해서, 우리는 서로에 대해서 알게 되고 서로의 공통점을 발견하고 어떻게 서로를 도울 수 있는지를 알게 된다.

　　→ _____ , we learn about each

　　other and discover _____ and

　　how we can help each other.

CHAPTER 13

형용사와 부사

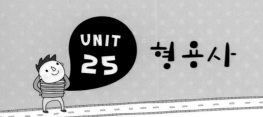

A 형용사의 용법

형용사는 명사를 수식하는 한정적 용법과 보어 역할을 하는 서술적 용법이 있다. 대부분의 형용사는 한정적 용법과 서술적 용법에 모두 사용되는데, 일부 형용사는 한정적 용법으로만 또는 서술적 용법으로만 사용되기도 한다.

 한정적 용법과 서술적 용법에 모두 사용되며, <u>의미상의 차이가 없는 경우</u>

- She has a pink hat.   한정적 용법
  Her hat is pink.   서술적 용법

- That was a difficult test.   한정적 용법
  That test was difficult.   서술적 용법

 한정적 용법과 서술적 용법에 모두 사용되며, <u>의미상의 차이가 있는 경우</u>

- What is his present <u>address</u>?   한정적 용법, 현재의
  All the students were present at the event.   서술적 용법, 참석한

- The late <u>Mr. James</u> was a great businessman. 한정적 용법, 고인이 된
  She is often late for the meeting.   서술적 용법, 늦은

- One should be over a certain <u>age</u> to enter this place. 한정적 용법, 어떤
  It is certain that he will come to the party.   서술적 용법, 확신하는

- His ill <u>manner</u> made us embarrassed.   한정적 용법, 나쁜
  He has been ill for two weeks.   서술적 용법, 아픈

Pattern Practice

밑줄 친 부분에 유의해서 다음 문장을 해석하세요.

① She loved her <u>late</u> husband.   → _____

② It is <u>certain</u> that she will pass the driving test. → _____

③ I was <u>present</u> at the general meeting of stockholders. → _____

④ Her <u>ill</u> manner made him angry.   → _____

⑤ A <u>certain</u> man called while you were out.   → _____

한정적 용법으로만 사용되는 형용사: 명사를 수식함

> main, chief, live, only, mere, sole, elder, former, upper, latter, inner, outer, entire, whole, drunken, golden, wooden ...

- These are live <u>fish</u>.　　　　　　　○
  These fish are live.　　　　　　　✕ live 뒤에는 명사가 와야 함
  These fish are alive.　　　　　　　○ alive 뒤에는 명사가 오지 않음 (서술적 용법)

- A drunken <u>man</u> was wandering in the parking lot.
  cf1. The man was drunken.　　　✕ drunken 뒤에는 명사가 와야 함
  cf2. The man was drunk.　　　　○ drunk 뒤에는 명사가 오지 않음 (서술적 용법)

- I want to live in a wooden <u>house</u>.

 서술적 용법으로만 사용되는 형용사: 보어로 사용됨

> afraid, alike, alive, alone, afloat, ashamed, asleep, awake, aware, alert, worth, content, upset, glad ...

- The techniques are being applied everywhere by big and small firms alike.

- His son must be alive somewhere.
  cf. He is a still alive man.　　　　✕ alive 뒤에는 명사가 오지 않음

- The children are afraid of the dark.

- A cute baby is asleep on the bed.
  cf1. Don't wake up the asleep baby.　　✕ asleep 뒤에는 명사가 오지 않음
  cf2. Don't wake up the sleeping baby.　○ sleeping은 한정적 용법으로 사용됨

Pattern Practice

다음 문장에서 어법상 어색한 부분을 고쳐서 올바르게 다시 쓰세요.

① These are alive ants. 　　　　　＿＿＿＿＿＿　→　＿＿＿＿＿＿

② The twins look like. 　　　　　　＿＿＿＿＿＿　→　＿＿＿＿＿＿

③ Don't wake up the asleep man. 　＿＿＿＿＿＿　→　＿＿＿＿＿＿

④ She must be live somewhere. 　　＿＿＿＿＿＿　→　＿＿＿＿＿＿

⑤ These fish are live. 　　　　　　＿＿＿＿＿＿　→　＿＿＿＿＿＿

B 수량 형용사

구 분	형용사				명 사
	많은	조금 있는 (긍정의 의미)	거의 없는 (부정의 의미)	없는	
수를 나타내는 형용사	many a number of not a few quite a few	a few	few	no	Countable Noun
양을 나타내는 형용사	much a great deal of a large amount of not a little quite a little	a little	little	no	Uncountable Noun
수·양 둘다 나타내는 형용사	a lot of lots of plenty of	-	-	-	Countable / Uncountable Noun

• Not a few(=Many) <u>people</u> attended the meeting.

• A few <u>people</u> attended the meeting.

• Few <u>people</u> attended the meeting.

• She drank quite a little(=much) <u>wine</u> at the party last night.

• She drank a little <u>wine</u> at the party last night.

• She drank little <u>wine</u> at the party last night.

• He has read a lot of <u>books</u> on history.

• He spent a lot of <u>money</u> traveling around the world.

Pattern Practice

다음 문장을 해석하세요.

❶ A few students attended the event. → _____

❷ Few students attended the event. → _____

❸ Not a few students attended the event. → _____

❹ He drank a little wine. → _____

❺ He drank little wine. → _____

C 주의해야 할 형용사 용법

 형용사의 위치: 일반적으로 명사 앞에 온다. (명사 뒤에 오는 경우도 있다)

- He has an expensive car.   명사 앞

- She always wants something special.   명사 뒤, -thing, -body, -one으로 끝나
                                                                   는 대명사를 수식하는 경우

- There is a cup full of water on the table.   명사 뒤, 형용사구가 수식하는 경우

- They used all means imaginable to solve the problem.   all, every, any 등이 붙은 명사 뒤에서
                                                                   강조적으로 사용될 때, 명사 앞에서 수식
                                                                   할 수도 있음

- You can get the latest information available.   최상급의 형용사가 붙은 명사 뒤에서 한
                                                                   정할 때, 명사 앞에서 수식할 수도 있음

 형용사가 여러 개 사용될 경우의 어순

관사 + 지시 + 수·량 + 대·소 + 성질·상태 + 연령·신구 + 색채 + 재료 + 명사 (실제로는 명사 앞에 형용사가 최대
2~3개 정도 사용되며, 절대적인 어순 규칙은 아니다)

- I bought a nice green table yesterday.

- There are two large old houses on the hill.

- The boy has a big red apple.

 분사형용사는 명사를 수식하며 진행형시제 및 수동태의 술어동사로도 사용된다.

> 현재분사: amazing, boring, exciting, following, interesting, outstanding, promising...
>
> 과거분사: ashamed, bored, complicated, confused, depressed, exhausted, pleased,
> broken...

- He has a promising job.   현재분사

- I am ashamed of being lazy.   과거분사

 다음 형용사는 '~가 …하다'로 해석되지만 사람을 주어로 할 수 없다. 이들 형용사는 〈It is ~
for + 목적격 + to부정사〉의 형태를 취한다.

> difficult, hard, easy, dangerous, convenient, possible, necessary, natural....

- It is difficult for students to read Time magazine.
  cf. Students are difficult to read Time magazine.   × 학생들이 어려운 것이 아님

- It is dangerous for children to play with matches.
  cf. Children are dangerous to play with maches.   × 어린이들이 위험스러운 것이 아님

다음과 같은 감정을 나타내는 형용사는 사람을 주어로 하여 that절 또는 to부정사를 수반하며, 이때 that절 또는 to부정사는 감정의 원인 · 이유를 나타낸다.

> glad, sad, happy, lucky, sorry, surprising....

- I'm glad <u>that he passed the bar exam</u>.
- I am happy <u>to work with him</u>.

 의미 차이에 주의해야 할 형용사

considerable 상당한	considerate 사려 깊은
economic 경제의	economical 경제적인, 절약하는
favorable 호의적인, 유리한	favorite 가장 좋아하는
healthy 건강한	healthful 건강에 좋은
historic 역사적으로 중요한	historical 역사상의
industrial 산업의	industrious 부지런한
imaginable 상상할 수 있는	imaginative 상상력이 풍부한
literal 문자 그대로의	literary 문학의

Pattern Practice

다음 문장을 해석하세요.

❶ We should be considerate of others.
→ _____

❷ Our father has told us to be more economical with the electricity.
→ _____

❸ The industrious man made great efforts for his success.
→ _____

❹ The literal meaning of democracy is 'government by the people.'
→ _____

❺ They are favorable to our plan.
→ _____

A 괄호 안에서 알맞은 표현을 고르세요.

1 John often eats (much / many / a few) meat.

2 A (drunk / drunken / drunked) man was arguing with a policeman.

3 These days, (a number of / a great deal of / much) people are traveling to Australia.

4 Can you wait (a few / few / a little) minutes, Susan?

5 She has a (promise / promising / promised) job.

B 다음 문장을 해석하세요.

1 I will buy an economical car.   → _____

2 He is the most considerate man I've ever known. → _____

3 The literal translation of foreign novels is not natural. → _____

4 The late president was loved by many people. → _____

5 A certain woman came to see you while you were out. → _____

C 다음 문장에서 어법상 어색한 부분을 바르게 고치세요.

1 These are alive fish. They are very fresh. _____ → _____

2 Tomato juice is a healthy drink. _____ → _____

3 My mom bought five red big apples at the store. _____ → _____

4 Children are dangerous to cross the street. _____ → _____

5 He drank a few wine at the birthday party last night.

_____ → _____

6 Most women want special something on their wedding anniversary.

_____ → _____

7 Don't make any noise not to wake up the asleep baby.

_____ → _____

8 Many historians say that the invention of steam engine was a historical event.

_____ → _____

A 다음 빈칸에 우리말에 알맞은 영어 표현을 쓰시오.

1 나는 네가 집에 안전하게 돌아와서 기쁘다.
→ _____ _____ _____ that you returned home safely. (that 절)

2 사람들은 항상 새로운 것은 원한다.
→ People always _____ _____ _____.

3 그녀의 현재 직업이 무엇입니까?
→ What is _____ _____ _____?

4 그녀의 나쁜 매너가 우리를 화나게 했다.
→ Her _____ _____ made _____ _____.

5 우리 엄마와 나는 여러 가지 면에서 서로 똑같다.
→ _____ _____ _____ _____ _____ in many ways.

B 다음 문장을 영어로 옮기시오.

1 고인이 된 Brown 씨는 훌륭한 예술가였다.
→ _____

2 많은 젊은 팬들이 그 콘서트 티켓을 샀다. (a number of~)
→ _____

3 나는 작고 둥근 테이블 하나가 필요하다.
→ _____

4 학생들이 그 수학 문제를 푸는 것은 쉽다. (It ~ for ~ to)
→ _____

5 나는 미래에 전망이 밝은 일자리를 가지고 싶다. (promising)
→ _____

6 그는 신체적으로 정신적으로 모두 건강하다. (healthy)
→ _____

7 그녀는 부지런하고 자발적으로 일하는 사람이다. (industrious and willing)
→ _____

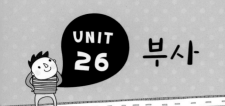

A 부사의 형태 및 역할

 일반적으로 부사는 형용사에 -ly를 붙여서 만든다.

slow 느린 → slowly 느리게

easy 쉬운 → easily 쉽게

simple 간단한 → simply 간단하게

noble 고귀한 → nobly 고귀하게

true 정말의 → truly 정말로

due 기한이 된 → duly 제시간에

full 충분한 → fully 충분히

dull 둔한 → dully 둔하게

quick 빠른 → quickly 빠르게

busy 바쁜 → busily 바쁘게

> **Stop** 이건 알아둬~
>
> -ly로 끝난다고 해서 모두 부사는 아니며, -ly로 끝나는 형용사도 있다.
> **friendly** (다정한), **lonely** (외로운), **lovely** (사랑스러운), **deadly** (치명적인), **daily** (매일의), **costly** (비싼), **manly** (남자다운), **motherly** (어머니다운)

 부사는 동사, 형용사, 다른 부사, 문장전체를 수식하며, 접속사 기능을 하기도 한다.

• She can <u>speak</u> English well.　　　　　　　　　　동사 수식

• It was a remarkably <u>fine</u> morning.　　　　　　　형용사 수식

• He studied really <u>hard</u> for the final exam.　　　　부사 수식

• Strangely enough, <u>he failed the exam</u>.　　　　　　문장전체 수식

• Steve is still young, yet he is a very able man.　　접속사 기능

• We were late for dinner, however, there were plenty of dishes left for us. 접속사 기능

🐼 Pattern Practice

다음 문장에서 부사를 찾고 그것이 수식하는 말에 밑줄을 치세요.

❶ He studied hard last night.

❷ Her dog is very cute.

❸ She can speak English well.

❹ Fortunately, he passed the exam.

B 부사의 위치 및 어순

 일반적으로 부사는 동사 앞, 동사 뒤, 문장 끝, 문장 앞, 수식을 받는 말 앞에 위치한다.

- I first <u>met</u> her 5 years ago. 동사 앞
- He <u>breathed</u> deeply after running. 동사 뒤
- I <u>earn</u> my living honestly. 문장 끝
- Obviously, <u>she is in the wrong</u>. 문장 앞
- He is working pretty <u>hard</u>. 수식하는 말 앞에
- The book is carefully <u>written</u>. 수식하는 말 앞에

 빈도부사는 be동사 뒤, 일반동사 앞, 조동사와 본동사 사이에 위치한다.

- He is always kind to children. be동사 뒤
- Susan sometimes <u>spends</u> a lot of money traveling other countries. 일반동사 앞
- She <u>would</u> never <u>follow</u> your advice. 조동사와 본동사 사이

 한 문장에 여러 개의 부사구가 있는 경우에 〈장소 + 방법 + 시간〉의 어순으로 사용한다.

- They arrived <u>here</u> <u>safely</u> <u>yesterday</u> after their journey.
- She sang <u>beautifully</u> <u>at the concert</u> <u>last night</u>. 방법의 부사는 상황에 따라 위치이동 가능

 한 문장에 시간이나 장소를 나타내는 부사가 여러 개 나올 경우에는 〈작은단위 + 큰 단위〉의 어순으로 사용한다.

- She was born <u>at 04:30</u> <u>on Monday</u> <u>September 11th</u>, <u>1995</u>.
- They stayed <u>at a hotel</u> <u>in Seoul</u>.

 〈타동사 +부사〉가 하나의 동사구를 이룰 때는 목적어에 따라서 어순이 달라진다.

> 타동사 + 부사 : pick up, take off, turn on, turn off, turn up, turn down...

- She put on <u>her shoes</u>. (O)   She put <u>her shoes</u> on. (O) 목적어가 명사
- She put on <u>them</u>. (X)   She put <u>them</u> on. (O) 목적어가 대명사

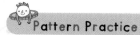
다음 문장에서 어법상 어색한 부분을 찾아서 바르게 고치세요.

❶ He eats sometimes junk food too much. _____ → _____

❷ I met her yesterday in the park. _____ → _____

❸ She picked up it on the floor. _____ → _____

❹ She always is kind to others. _____ → _____

❺ He never would follow your advice. _____ → _____

C 주의해야 할 부사의 용법

 형용사와 부사의 형태가 같은 경우

- He is in a hard situation.   형용사, 힘든

- He studied hard last night.   부사, 열심히

- I can hardly understand what he is saying.   부사, 거의 ~하지 않다

- I will be able to buy a house in the near future.   형용사, 가까운

- We walked near to the park while we were talking.   부사, 가까이

- I have nearly finished my homework.   부사, 거의 (= almost)

- There are many high buildings in Seoul.   형용사, 높은

- The athlete jumped very high.   부사, 높이, 높게

- I highly recommend that you take this opportunity.   부사, 매우 (= very)

- He was born in the late 1990s.   형용사, 늦은

- These days, my father comes home from work late.   부사, 늦게

- Have you seen Susan lately?   부사, 최근에 (= recently)

- He wrote a short story.   형용사, 짧은

- Her career was cut short by cancer.   부사, 짧게

- The trial will shortly begin.   부사, 곧 (= soon)

enough는 형용사로 사용되기도 하고 부사로 사용되기도 하는데, 어순에 주의해야 한다.

- He is <u>rich</u> enough to buy a big house.　　　　　　부사, 형용사 뒤에 위치함
- This room is <u>big</u> enough to accommodate 20 students.
- He has enough <u>time</u> to finish the project.　　　　형용사, 명사 앞에 위치함

 too, either는 둘다 '~도 역시'라는 의미의 부사인데, too는 긍정문에, either는 부정문에 사용된다.

- My brother <u>likes</u> comic books. I like them, too.
- She <u>doesn't like</u> comic books. I don't like them, either.

Pattern Practice

다음 문장을 해석하세요.

❶ I can hardly believe his words.
　→ _____

❷ It is highly likely to rain this afternoon.
　→ _____

❸ I'm nearly done with the work that I should finish today.
　→ _____

❹ His career was cut short by a car accident.
　→ _____

❺ He jumped high to catch the ball.
　→ _____

A 다음 괄호 안에서 알맞은 표현을 고르세요.

1 I'm sorry, but I (hardly / hard) know you.

2 She has (near / nearly) finished the assignment that her teacher gave her.

3 John is a (high / highly) successful businessman.

4 My father suffers from (high / highly) blood pressure.

5 David doesn't eat junk food. I don't (too / either).

6 A: I'd like some seafood spaghetti. B: Me (too / either).

7 How have you been doing (late / lately)?

8 It's getting (late / lately), so we have to leave now.

9 The movie will (shortly / short) begin.

B 다음 표시된 부사가 수식하는 부분에 밑줄을 그으세요.

1 I'm *awfully* hungry now.

2 *Happily*, she didn't leave me.

3 He spoke English *fluently* at the speech contest.

4 She can play the guitar *very* well.

C 다음 문장에서 어법상 어색한 부분을 찾아서 바르게 고치세요.

1 He spends usually a lot of time playing computer games. _____ → _____

2 She always is late for everything. _____ → _____

3 He met his girlfriend yesterday at the theater. _____ → _____

4 He never would follow his teacher's advice. _____ → _____

5 I am enough old to work and earn money. _____ → _____

6 She has cash enough for the concert ticket. _____ → _____

7 My father doesn't like rock music and I don't like it too. _____ → _____

8 Jane dropped her pencils on the floor and she picked up them.

_____ → _____

A 다음 빈칸에 우리말에 알맞은 영어 표현을 쓰세요.

1 그녀는 항상 나에게 친근한 미소를 짓는다. (give)

→ She always _____ _____ _____ _____ .

2 그것은 정말로 흥미진진한 경험이었다.

→ That was a _____ _____ _____ .

3 우리는 당신을 절대적으로 신뢰했다.

→ We _____ _____ _____ .

4 나는 그녀가 말하고 있는 것을 거의 믿을 수 없다. (hardly)

→ I can _____ _____ what _____ _____ _____ .

5 개막식이 곧 시작될 것이다. (shortly)

→ The opening ceremony _____ _____ _____ .

B 다음 문장을 영어로 옮기세요.

1 마지막으로, 오늘밤 저를 방문해 주신 여러분께 감사드리고자 합니다. (Finally)

→ _____

2 그들은 어제 서울에 안전하게 도착했다.

→ _____

3 라디오 때문에 당신과 이야기를 할 수 없습니다. 그것을 꺼 주세요.

→ _____

4 나는 선생님이 내 주신 숙제를 거의 끝냈다.(nearly)

→ _____

5 David는 매우 성공한 작가이다. (highly)

→ _____

6 당신은 최근에 John을 본 적 있나요? (lately)

→ _____

7 그녀는 투표를 할 만큼 충분히 나이가 많다. (enough)

→ _____

REVIEW TEST

A 다음 문장에서 형용사 또는 부사가 수식하는 단어에 밑줄을 그으세요.

1 He has a few friends to play with.

2 My son wants something special for his birthday.

3 The actress is extremely beautiful.

4 He earns his living honestly.

B 다음 문장에서 어법상 어색한 부분을 찾아서 바르게 고치세요

1 He has a little books on history. _____ → _____

2 They arrived last Friday in London. _____ → _____

3 She has to buy a square big table. _____ → _____

4 The music on the radio is too loud. Would you turn off it?

_____ → _____

C 다음 빈칸에 알맞은 말을 넣어서 영어문장을 완성하세요.

1 학생들이 영자신문을 읽는 것은 어렵다.

→ _____ _____ difficult _____ _____ _____ _____

an English newspaper.

2 그는 어제 밤 콘서트에서 아름답게 노래를 했다.

→ He sang _____ _____ _____ _____ _____ _____ .

D 다음 문장을 영어로 옮기세요.

1 그는 어제 마케팅 전략 회의에 참석했다. (present)

→ _____

2 다리를 하나 건설하는 데는 많은 양의 돈이 필요하다. (a great deal of ~)

→ _____

3 이 경기장은 5만 명을 수용할 정도로 충분히 크다.

→ _____

4 우리 엄마는 해물을 좋아하지 않는다. 나도 역시 안 좋아한다.

→ _____

Essay Topic

Do you agree or disagree with the following statement? Face-to-face communication is better than other types of communication, such as letters, email, or telephone calls. Use specific reasons and details to support your answer.

본론 아이디어 정리

| Body 1 |

ⓣ **Topic Sentence:** **사람들은 얼굴을 보고 이야기함으로써 상대방을 더 잘 평가할 수 있다.** (assess, face-to-face)

Supporting Detail 1: 고용주들은 여전히 직원 채용 시 면접을 함. (employer)

Supporting Detail 2: 고용주들은 지원자와 직접 이야기를 해보고 외모와 행동을 평가하기를 원함. (talk directly, evaluate)

| Body 2 |

ⓣ **Topic Sentence:** **사람들은 친구를 사귀거나 데이트를 할 때도 시각정보에 의존한다.** (rely upon)

Supporting Detail 1: 얼굴을 직접 보는 것이 더 많은 정보를 제공하며 상대방에 대한 호기심을 만족시킴. (face-to-face interaction)

Supporting Detail 2: 사람들은 신체적 상호작용과 외모를 직접 보고 타인을 알아가는 것에 더 편안함을 느낌 (physical interaction)

● 정리된 아이디어를 영어로 옮기세요.

| Body 1 |

① 많은 경우에, 사람들은 얼굴을 보고 이야기함으로써 상대방을 더 잘 평가할 수 있다.

→ In many situations people can better _____

_____ .

1   고용주들은 사전에 지원자에 대한 정보를 많이 접하고 서신이나 전화로 의사소통을 많이 하지만, 여전히 직원 채용 시 얼굴을 보고 하는 면접을 요구한다.

→ _____ with prospective

employees, even if they have a great deal of information about them and have

communicated with them through letters, e-mail or via the telephone.

2   그들은 지원자와 직접 이야기를 해보고 외모와 행동을 평가하기를 원하는 것이다.

→ They still want to _____ to them and

_____ .

| Body 2 |

① 친구를 사귀거나 데이트를 할 때, 사람들은 또한 시각정보에 의존한다.

→ When making friends or dating, people _____

_____ .

1   직접 대면할 때의 상호작용이 더 많은 정보를 제공하며, 사람들이 상대방의 외모에 대해 가지고 있는 타고난 호기심을 만족시켜 준다.

→ _____ and also satisfies the

natural curiosity people have about the person's appearance.

2   사람들은 신체적 상호작용을 통해서 누군가를 알아가는 것을 좋아하고 외모로 누군가를 알아가는 것에서 더 편안함을 느낀다.

→ People like to _____ and feel

more comfortable knowing someone by their appearance.

CHAPTER 14

비교

비교급의 형태 및 원급비교

A 비교급과 최상급의 형태

 규칙변화

원급	비교급	최상급
high [1]	higher	the highest
narrow	narrower	the narrowest
deep	deeper	the deepest
easy [2]	easier	the easiest
happy	happier	the happiest
gray	grayer	the grayest
true [3]	truer	the truest
brave	braver	the bravest
nice	nicer	the nicest
big [4]	bigger	the biggest
hot [4]	hotter	the hottest
thin	thinner	the thinnest
right [5]	more right	the most right
tired	more tired	the most tired
real	more real	the most real
famous [6]	more famous	the most famous
useful	more useful	the most useful
surprised	more surprised	the most surprised
beautiful [7]	more beautiful	the most beautiful
expensive	more expensive	the most expensive
important	more important	the most important
easily [8]	more easily	(the) most easily
quickly	more quickly	(the) most quickly

1) 대부분의 단음절어는 -er, -est를 붙인다.

2) -y로 끝나는 단어는 -y를 i로 고치고 -ier, -iest를 붙인다. 단, 〈모음 + y〉로 끝나면, -yer, -yest를 붙인다.

3) -e로 끝나는 단어는 -r, -st를 붙인다.

4) 〈단모음 + 단자음〉으로 끝나는 단어는 자음을 한 번 더 써주고 -er, -est를 붙인다. 그 이유는, 자음을 한 번 더 써 주지 않으면, 〈모음 + 자음 + 모음(e)〉의 형태가 되어서 모음 사이에 낀 자음의 음가가 매우 약해지기 때문이다.

5) 단음절 단어 중에서 right, wrong, real, tired, bored 등은 more ~, the most ~를 붙인다.

6) 2음절 이상의 단어 중에서, 특히 -ful, -less, -ous, -ive, -ing, -ish, -ed, -ly등으로 끝나는 단어는 more ~, the most ~를 붙인다.

7) 3음절 이상의 단어는 more ~, the most ~를 붙인다.

8) -ly로 끝나는 부사의 경우에는 more ~, the most ~를 붙인다.

Pattern Practice

다음 단어의 비교급과 최상급을 쓰세요.(최상급 앞에는 the를 쓰세요)

❶ true – _____ – _____   ❷ tired – _____ – _____

❸ brave – _____ – _____   ❹ easily – _____ – _____

❺ expensive – _____ – _____

2 불규칙변화 및 비교급/최상급이 2개인 경우

원급	비교급	최상급
good (좋은)	better (더 좋은)	the best (가장 좋은)
well (잘)	better (더 잘)	(the) best (가장 잘하는)
bad/ill (나쁜)	worse (더 나쁜)	the worst (가장 나쁜)
many (많은)	more (더 많은)	the most (가장 많은)
much (많은)	more (더 많은)	the most (가장 많은)
little (UC명사 앞, 적은)	less (더 적은)	the least (가장 적은)
few (C명사 앞, 적은)	fewer (더 적은)	the fewest (가장 적은)
old	older (나이 기준)	the oldest (가장 나이가 많은)
	elder (서열 기준)	the eldest (가장 손위의)
late	later (시간 기준)	the latest (최근의)
	latter (순서 기준)	the last (마지막의)
far	farther (거리 기준)	the farthest (거리가 가장 먼)
	further (정도 기준)	the furthest (정도가 가장 많이)

주의해야 할 비교급, 최상급의 형태

(1) absolute, complete, unique, perfect와 같이 '절대적인' 의미의 형용사는 비교급, 최상급을 만들 수가 없다.

(2) 부사의 최상급에서는 **the**를 생략할 수 있다.

(3) 2음절어 중에, **-er, the -est** 와 **more ~, the most ~** 중에서 어느 것을 붙여도 좋은 단어가 있다. 판단이 어려울 때는 **more ~, the most ~**를 붙이는 것이 무난하다.

clever - cleverer (more clever) - the cleverest (the most clever)

friendly - friendlier (more friendly) - the friendliest (the most friendly)

common - commoner (more common) - the commonest (the most common)

Pattern Practice

다음 단어의 비교급과 최상급을 쓰세요. (최상급 앞에는 **the**를 쓰세요)

❶ bad – _____ – _____

❷ few – _____ – _____

❸ late (순서) – _____ – _____

❹ far (정도) – _____ – _____

❺ much – _____ – _____

B 원급비교 용법

 원급비교 (동등비교)의 기본 구문

- She is as <u>tall</u> as I[me]. 서로 다른 대상 비교
  cf. She is not so[as] <u>tall</u> as I[me].
  = She is shorter than me.

- He is as <u>kind</u> as polite. 동일 대상의 성질 비교

- The singer isn't as <u>famous</u> as before. 다른 시기의 비교

- She earns as <u>much money</u> as her husband.
  as+형용사+명사+as

- I have as <u>many books</u> as he.

- He made 5 spelling mistakes in as many <u>lines</u>. as many ~, 같은 수의 ~

- He was greatly respected, while she was as much <u>despised</u>. as much ~, 같은 양의 ~

stop
이건 알아둬~

다음 두 가지 경우의 의미 차이를 비교해 보세요.

1. I love Jane as much as <u>you</u> (love Jane). → 주어인 I와 you를 비교, I에 강세를 둠.
(네가 제인을 사랑하는 만큼 나도 제인을 사랑한다.)

2. I love <u>Jane</u> as much as (I love) you. → 목적어인 Jane과 you를 비교, Jane에 강세를 둠.
(나는 너를 사랑하는 만큼 제인을 사랑한다.)

cf. I love Jane as much as you do. (의미상 혼동을 피하기 위해서 보통 이렇게 사용)

- I spoke to him as <u>slowly</u> as I could.
  = I spoke to him as <u>slowly</u> as possible.
- He is as <u>wise a man</u> as ever lived.
- This stone is three times as <u>heavy</u> as that one.
  = This stone is three times heavier than that one.

as~as one can: 가능한 한 ~한/하게

as~as possible: 가능한 한 ~한/하게

as~as ever + 과거동사: 세상에 드문

X times as~as... 배수 원급비교

 원급비교를 이용한 주요 구문

- He is not so much <u>a businessman</u> as <u>a politician</u>.

- You may as well exercise more.

  = You had better exercise more.
- You may as well <u>exercise more</u> as <u>watch TV</u>.

- <u>I</u> was right as well as <u>you</u>.
- He is as good as <u>a beggar</u>.
- She is as <u>kind</u> as can be.

not so much A as B

A라기 보다는 오히려 B이다

may as well: ~하는 편이 낫다

may as well A as B: B하느니 차라리 A하는 편이 낫다

A as well as B: B뿐만 아니라 A도 역시

as good as ~: ~와 다름없다

as~as can be: 더할 나위 없이 ~한

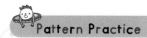 **Pattern Practice**

다음 문장을 해석하세요.

❶ She made three spelling mistakes in as many lines. → _____

❷ John loves Jane but he hates her as much. → _____

❸ He is not so much a politician as a businessman. → _____

❹ He is as good as a beggar. → _____

A 　다음 괄호 안에서 알맞은 표현을 고르세요.

1　This is my (older / elder) brother, John. He is two years (older / elder) than me.

2　The boss asked him to do the work (more quickly / quicklier)

3　His car is (more expensive / expensiver) than mine.

4　Yesterday was the (happiest / happyest) day of my life.

5　She is the (most famous / more famous) player in the band.

6　Indonesia's weather is (hoter / hotter) than that of Korea.

7　The red jacket is (cheaper / more cheap) than the blue one.

8　Bye! See you (later / latter).

9　This is (better / the best) picture that I've ever seen.

10　I want him to answer (more clearly / clearlier) than before.

11　I have nothing (farther / further) to say.

12　John is the (fatter / fattest) boy in his class.

B 　다음 문장에서 어법상 어색한 부분이 있다면, 찾아서 바르게 고치세요.

1　He earns as many money as his wife. 　　　　　　　　_____ → _____

2　She has as twice many books as I. 　　　　　　　　_____ → _____

3　Mary is commoner name than Susan. 　　　　　　　　_____ → _____

4　Please visit our web site for farther information. 　_____ → _____

5　You may as well read a novel than do nothing. 　　_____ → _____

6　Her skirt is as shorter as mine. 　　　　　　　　　_____ → _____

7　This box is five times as bigger as that one. 　　　_____ → _____

8　Her face looked as whiter as snow. 　　　　　　　_____ → _____

9　She isn't as famous as before. 　　　　　　　　　_____ → _____

10　The man is as better as a beggar. 　　　　　　　_____ → _____

11　She is not so much a scholar than a writer. 　　　_____ → _____

A 다음 빈칸에 우리말에 알맞은 영어 표현을 쓰세요.

1 그는 자기 아내만큼 똑똑하다.

→ He is _____ _____ _____ _____ _____ .

2 튤립은 장미만큼 아름답지 않다.

→ Tulips are _____ _____ _____ _____ _____ .

3 나는 우리 선생님만큼 많은 책을 가지고 있다.

→ I have _____ _____ _____ _____ my teacher.

4 그녀는 어린이들에게 가능한 천천히(느리게) 말했다.

→ She spoke to children _____ _____ _____ _____ .

5 이 상자는 저 상자보다 다섯 배는 크다. (as~as)

→ This box is _____ _____ _____ _____ that one.

B 다음 문장을 영어로 옮기세요.

1 나는 너만큼 많은 돈을 가지고 있다.

→ _____

2 나는 학교까지 가능한 빨리 달렸다.

→ _____

3 내 자동차는 너의 것보다 세 배는 크다.

→ _____

4 그 남자는 거지나 다름없다.

→ _____

5 그는 학자라기보다는 시인이다. (not so much A as B)

→ _____

6 그 배우는 이전만큼 유명하지 않다.

→ _____

7 그녀는 여동생보다 10배는 아름답다. (as ~ as)

→ _____

UNIT 28 비교급·최상급 용법

A 비교급의 용법

 1 비교급의 기본 구문

- This car is more expensive than that one.　　우등 비교
- That car is less expensive than this one.　　열등 비교
- My brother is taller than me[I am].
  ≫ than 다음에는 목적격 또는 〈S + V〉를 쓴다.
- He likes soccer more than I do.
- Today, youngsters see the world more clearly than do their elders.
  ≫ than 이하의 주어가 긴 경우에는 도치가 되어 〈V + S〉의 어순이 된다.
- I am two inches taller than her.　　차이를 나타낼 때는 '차이 + 비교급'
  = I am taller than her by two inches.
- Jane is ten times more beautiful than Susan.　　배수사 + 비교급
- The new airport is much bigger than the old one.
  ≫ 비교급을 강조할 때는 much, even, still, far, a lot등을 사용한다.
- He is the smarter of the two.　　'of the two' 앞의 비교급에는 the를 붙인다.
- Steve is more polite than shy.
  ≫ 동일인물/사물의 성질을 비교할 때는, 형용사의 음절수에 관계없이 'more -'형태를 사용한다.

Pattern Practice

다음 문장에서 어법상 어색한 부분을 찾아서 바르게 고치세요.

❶ He is wiser than clever.　　　　　＿＿＿＿＿ → ＿＿＿＿＿

❷ Your school is very larger than ours.　　　　＿＿＿＿＿ → ＿＿＿＿＿

❸ He is heavier 5 kilograms than me.　　　　＿＿＿＿＿ → ＿＿＿＿＿

❹ The new building is very bigger than the old one.　＿＿＿＿＿ → ＿＿＿＿＿

❺ She is smarter of the two.　　　　　＿＿＿＿＿ → ＿＿＿＿＿

비교급의 주요 구문

- IT devices are becoming smarter and smarter.
  〈비교급 + and + 비교급〉 점점 더 ~하다

- The more she eats, the fatter she gets.
  〈the + 비교급 + (S + V), the + 비교급 + (S + V)〉 ~하면 할수록 더욱 더 …하다.

- He is no longer a child.
  = He is not a child any longer.   더 이상 ~아니다

- She can speak English, much more Korean.   ~은 말할 것도 없고, 긍정

- She can't speak English, much less French.   ~은 말할 것도 없고, 부정

- Which is bigger, the sun or the earth?   A와 B 중에 어느 것이 더 ~한가?

- I know better than to make the same mistake twice.
  ~할 만큼 어리석지 않다

- I like Jane (all) the better for her faults.
  ~ 때문에 그만큼 더 …한

- She has no more than three friends.
  단지(=only), 수 · 양이 적다고 생각하는 표현

- The rope is not more than 10 feet long.
  기껏해야(=at most), 수 · 양이 적다고 생각하는 표현

- She gave me no less than 200 dollars.
  ~만큼이나(=as much/many as), 많다고 생각하는 표현

- He paid not less than 50 dollars.
  적어도(=at least), 수 · 양이 많다고 생각하는 표현

> **Stop 이건 알아둬~**
>
> 비교구문에서 비교 대상은 서로 같은 종류이어야 한다.
>
> - Our house is as big as you.
>   (✕ 우리 집과 너를 비교할 수 없다.)
> - Our house is as big as yours. (○ 우리 집과 너의 집을 비교할 수 있다.)
> - The size of Seoul is bigger than Busan. (✕ 서울의 크기와 부산을 비교할 수 없다.)
> - The size of Seoul is bigger than that of Busan. (○ 서울의 크기와 부산의 크기를 비교할 수 있다.)

 주의해야 할 비교급 구문

(1) 절대비교급 : 막연한 대상과 비교하는 경우이며, than이하가 생략된다.

- This is a higher class hotel.

- He is the younger generation.

- Most mammals are the higher animals.

(2) 라틴어에서 온 형용사의 비교급 문장에서는 than 대신에 to를 사용한다.

- He is senior to me.

- He is junior to me.

- He is superior to me.

- He is inferior to me.

- He prefers juice to milk.

다음 문장에서 어법상 어색한 부분을 찾아서 바르게 고치세요.

❶ The more he eats, the fattest he becomes. _____ → _____

❷ The weather is getting warmer and warm. _____ → _____

❸ She prefers tea than coffee. _____ → _____

❹ He is senior than me. _____ → _____

❺ She is superior than him in learning English. _____ → _____

B 최상급의 용법

 최상급의 기본 구문

- That is the highest building in Seoul.   최상급 + in + 장소/범위

- He is the tallest of his friends.   최상급 + of + 복수명사

- She is the smartest girl that I've ever met.   ~한 것 중에 가장 …한

- This is by far the most valuable painting in the collection.
  ≫ 최상급 강조는 much, by far 등을 사용하며, '단연코 ~하다'로 해석함

- The river is widest here.   동일한 강에서의 폭을 비교
  ≫ 동일인/동일물의 성질을 나타낼 때는 최상급 앞에 the를 붙이지 않음

- This is his most comfortable chair.
  ≫ 최상급 앞에 소유격이 있는 경우는 the를 붙이지 않음

- Of my family, my mom drives (the) most carefully.
  ≫ 부사의 최상급에는 the를 붙이지 않음. 구어체에서는 붙이기도 함.

 최상급의 주요 구문

- The wisest man cannot know everything.   최상급이 양보의 의미로 해석됨

- He is the last man to tell a lie.   가장 ~할 것 같지 않은
  = He is most unlikely to tell a lie.

- He was the last to arrive at the party.   마지막

- She is one of the smartest students in our class.   가장 ~한 것 중에 하나

- Korea is the tenth largest economy in the world.   the + 서수 + 최상급: ~번째로 가장 …한

- You should make the most[best] of your chance.   ~을 최대한 이용하다

at last: 마침내　　　　　　　　　at (the) most: 많아야

at best: 기껏해야　　　　　　　at (the) worst: 최악의 경우에도

at least: 적어도　　　　　　　at (the) latest: 늦어도

 다양한 최상급 구문

- Mt. Everest is the highest mountain in the world.　　　　　　　최상급
   = Mt. Everest is higher than <u>any other mountain</u> in the world.　비교급
   = <u>No other mountain</u> in the world is higher than Mt. Everest.　비교급
   = <u>No other mountain</u> in the world is as high as Mt. Everest.　원급

- Time is the most precious thing in life.
   = Time is more precious than <u>any other thing</u> in life.
   = <u>No other thing</u> in life is more precious than time.
   = <u>No other thing</u> in life is as precious as time.

Pattern Practice

다음 내용의 우리말을 영어 문장으로 옮기세요.

그는 세계에서 가장 부유한 사람이다.

❶ (최상급 영어 문장으로)　　→ _____

❷ (비교급1 영어 문장으로)　　→ _____

❸ (비교급2 영어 문장으로)　　→ _____

❹ (원급 영어 문장으로)　　　→ _____

A 다음 괄호 안에서 알맞은 표현을 고르세요.

1 He is (heavier ten pounds / ten pounds heavier) than me.

2 She is the tallest (in / of) her family.

3 The new stadium is (very / much) bigger than the old one.

4 Busan is (second the / the second) largest city in Korea.

5 My brother is superior (than / to) me in speaking English.

6 She is (the prettier / prettier) of the two.

7 I prefer playing soccer (than / to) watching it.

8 I know (good / better) than to do such a thing.

9 He can speak French, (much more / much less) English.

10 She is (politer / more polite) than shy.

11 Her baby can't walk, (much more / much less) run.

B 다음 문장에서 어법상 어색한 부분이 있다면, 찾아서 바르게 고치세요.

1 She is more beautiful of the two. _____ → _____

2 The world is getting small and smaller. _____ → _____

3 Organic food is superior than junk food. _____ → _____

4 She is last person to make such a mistake. _____ → _____

5 My car is much bigger than you. _____ → _____

6 Higher we go up, the colder it gets. _____ → _____

7 She is the tallest in her family members. _____ → _____

8 No other island in Korea is as bigger as Jejudo. _____ → _____

9 Seoul is tenth largest city in the world. _____ → _____

10 I like Susan all better for her faults. _____ → _____

11 This is his the most comfortable chair. _____ → _____

12 No other mountain in South Korea is as higher as Mt. Halla.

_____ → _____

A 다음 빈칸에 우리말에 알맞은 영어 표현을 쓰세요.

1 서울은 한국에서 가장 큰 도시이다.

→ Seoul is _____ _____ _____ _____ _____ .

2 대구와 대전 중에서 어느 도시가 더 큰가?

→ _____ city is _____ , _____ _____ _____ ?

3 나는 그보다 10cm 더 크다.

→ I am _____ _____ _____ _____ _____ .

4 나는 포도보다 사과를 더 좋아한다.

→ I prefer _____ _____ _____ .

5 그는 세계에서 키가 제일 큰 사람이다.

→ He is _____ _____ _____ _____ _____ _____ .

B 다음 문장을 영어로 옮기세요.

1 이 휴대폰은 저 휴대폰보다 10만원이 더 비싸다.

→ _____

2 교통과 통신의 발달로 세상이 점점 더 좁아지고(작아지고) 있다. (thanks to)

→ _____

3 그는 절대로 거짓말을 할 사람이 아니다. (the last person to~)

→ _____

4 한국의 그 어느 도시도 서울보다 더 크지 않다.

→ _____

5 그는 우리 반에서 세 번째로 키가 큰 학생이다.

→ _____

6 그녀는 겨우 10달러밖에 가지고 있지 않다. (no more than)

→ _____

7 당신이 젊을수록 더 쉽게 배울 것이다. (the younger, the easier)

→ _____

REVIEW TEST

A 다음 단어의 비교급, 최상급의 형태를 쓰세요. (최상급 앞에는 **the**를 붙이세요.)

1 narrow – _____ – _____

2 expensive – _____ – _____

3 slowly – _____ – _____

4 useful – _____ – _____

5 tired – _____ – _____

6 happy – _____ – _____

7 gray – _____ – _____

8 friendly – _____ – _____

_____ – _____

B 다음 빈칸에 알맞은 표현을 넣으세요.

1 그는 죽은 것이나 마찬가지다.

→ He is _____ _____ _____ dead.

2 이 로프가 저 로프보다 3미터 더 길다.

→ This rope is _____ _____ _____ _____ that one.

3 이 커피가 저 커피보다 품질 측면에서 더 우수하다.

→ This coffee is _____ _____ that one in terms of quality.

4 치타는 모든 육상 동물들 중에서 가장 빨리 달릴 수 있다.

→ Cheetah can run _____ _____ _____ all land animals.

C 다음 문장에서 틀린 부분을 찾아서 바르게 고치세요.

1 She made 10 spelling mistakes in as much lines. _____ → _____

2 He is taller of the two. _____ → _____

3 The most we have, the more we want. _____ → _____

4 The new office is very bigger than the old one. _____ → _____

5 She is the smartest in her friends. _____ → _____

6 Mt. Everest is higher than any another mountain in the world.

_____ → _____

D 다음 빈칸에 알맞은 영어표현을 넣으세요.

1 더 많은 정보를 원하시면 우리에게 전화를 해 주십시오. (further)

→ Please call us _____ _____ _____.

2 그 여배우는 이전만큼 인기가 있지 않다.

→ The actress isn't _____ _____ _____ _____.

3 그는 자기 동생보다 10배는 더 잘 생겼다.

→ He is _____ _____ _____ _____ _____ his brother.

4 이 세상의 그 어떤 사람도 빌게이츠 보다 더 부자는 아니다.

→ _____ _____ _____ _____ _____ _____ is richer than Bill Gates.

5 대기오염이 점점 더 심각해지고 있다.

→ Air pollution is getting _____ _____ _____ _____.

6 그는 더 많이 먹을수록 더 뚱뚱해 진다.

→ _____ _____ he eats, _____ _____ _____ _____.

E 다음 문장을 영어로 옮기세요.

1 이 사과는 꿀만큼 달다.

→ _____

2 (당신이) 더 많이 연습 할수록, (당신은) 영어를 더 빨리 배울 것이다.

→ _____

3 우리 새집이 옛날 집보다 훨씬 더 크다.

→ _____

4 너와 너의 아빠 중에 누가 더 키가 크냐?

→ _____

5 그는 한국에서 가장 성공한 사업가 중에 한 명이다.

→ _____

6 David는 나만큼 많은 만화책을 가지고 있다.

→ _____

Essay Topic

Some people say that computers have made life easier and more convenient. Other people say that computers have made life more complex and stressful. What is your opinion? Use specific reasons and examples to support your answer.

본론 아이디어 정리

| Body 1 |

① Topic Sentence: **컴퓨터는 문서를 쓰는 도구로서 타자기를 대체했으며 훨씬 더 효과적이다.** (replace, typewriter)

Supporting Detail 1: 타자기는 시끄럽고 오자를 고치기가 불가능했음. (unable)

Supporting Detail 2: 이제는 워드프로세스로 문서 인쇄 전에, 오자를 찾아내고 수정할 수 있음. (detect, correct)

| Body 2 |

① Topic Sentence: **컴퓨터는 매우 기능이 다양해서 대부분의 전문가들이 컴퓨터에 의존한다.** (professional, depend on)

Supporting Detail 1: 음악가, 화가 그리고 의사들도 컴퓨터를 사용해서 작업을 함.

Supporting Detail 2: 음악앨범과 장편영화가 이제 컴퓨터만을 이용해서 만들어지고 있음. (music album, feature film)

● 정리된 아이디어를 영어로 옮기세요.

| Body 1 |

① 우선, 컴퓨터는 문서를 쓰는 도구로서 타자기를 대체했으며 훨씬 더 효과적이다.

→ First, the computer _____ as

the major means of writing documents and is far more efficient.

1   이전에, 타자기는 시끄러웠고 오자를 쉽게 수정할 수 없었다.

→ Before, typewriters were very noisy and _____

_____.

2   이제는 문서가 인쇄되기 전에 컴퓨터는 워드프로세스 프로그램으로 오자를 찾아내고 스스로 수정할 수 있다.

→ Now, with the use of word processing programs, the computer _____

_____ by themselves before the document is printed.

| Body 2 |

① 둘째, 컴퓨터는 매우 기능이 다양해서 이제는 대부분의 전문가들이 컴퓨터에 의존한다.

→ Second, computers have become so versatile that _____

_____.

1   예를 들어, 음악가, 화가 그리고 의사들조차도 컴퓨터를 사용해서 작업을 한다.

→ For example, _____ to

accomplish their work.

2   이제는, 모든 음악앨범과 특집영화가 컴퓨터만을 이용해서 만들어지고 있다.

→ Entire _____

_____.

CHAPTER 15

일치와 화법

UNIT 29 일치

A 주어·동사의 수 일치, 대명사의 수·성·인칭·격의 일치

주어를 기준으로 술어동사의 단/복수 형태를 항상 일치시켜야 한다.

 주어가 단수이면 동사는 단수이고, 주어가 복수이면 동사도 복수이다.

- <u>She</u> does her homework after school.
- <u>David</u> has a dream to be a doctor.
- <u>He</u> likes to play basketball with his friends.
- <u>To speak English</u> is not difficult.   to부정사구는 단수 취급
- <u>Playing computer games</u> is my favorite pastime.   동명사구는 단수 취급
- <u>That he did his best</u> is true.   that절은 단수 취급
  = It is true that he did his best.   일반적인 표현
- <u>A cat and a dog</u> are playing with a ball together.
- You or <u>Susan</u> has to go there.
  ≫ A or B: B를 동사에 일치
- <u>Every desk</u> in this classroom has to be fixed.
  every + 단수명사
- <u>Each child</u> was given a flower and some candies.
  each + 단수명사

> **STOP 이건 알아둬~**
>
> 접속사 and로 연결되어 있지만 내용상 하나의 단위로 해석되는 것은 단수로 취급한다.
> - **bread and butter**: 버터 바른 빵
> - **a needle and thread**: 실을 꿴 바늘
> - **curry and rice**: 카레라이스
> - **drinking and driving**: 음주운전

 주어와 동사 간의 수를 일치시킬 때 다음의 경우는 유의해야 한다.

- <u>A number of</u> citizens are gathering in front of city hall.
  a number of~ + 복수동사
- <u>The number of</u> citizens gathering in front of city hall is 2,000.
  the number of~ + 단수동사
- <u>The poet and professor</u> is lecturing on modern literature.   시인이자 교수인 한 사람
- <u>The poet and the professor</u> are talking together.   시인과 교수 두 사람

다음 문장에서 어법상 어색한 곳을 찾아서 바르게 고치세요.

❶ Bread and butter are her breakfast.   _____ → _____

❷ A cat and a dog is playing with a ball.   _____ → _____

❸ Every students have to participate in the contest.   _____ → _____

❹ To play soccer with my friends are my favorite pastime.

   _____ → _____

❺ Each of these mobile phones are exported to oversea markets.

   _____ → _____

• <u>His family</u> is a large one. ≫ 집합명사 family는 단수, 복수 동사형을 모두 취할 수 있다.

• <u>Two families</u> are living in this house.

• <u>His family</u> are all early risers. ≫ 군집명사 family는 구성원을 말하기 때문에 복수 동사형을 취한다.

• <u>The rich</u> are not always happy. ≫ the + 형용사는 복수보통명사 이므로 복수 동사형을 취한다.

• <u>Thirty dollars</u> a week is not a small sum for a student.
 ≫ 시간, 거리, 금액, 무게를 나타내는 복수명사는 그 전체를 하나의 단위로 보기 때문에 단수 동사형을 취한다.

• <u>Economics</u> is my favorite subject.
 ≫ 학과명, 병명, 놀이명은 단어 끝에 복수형 s가 붙어 있어도 단수 동사형을 취한다.
 예; mathematics, politics(정치학), ethics(윤리학), measles(홍역), billiards(당구), cards

• <u>The United States</u> is a big country.
 ≫ 여러 개가 모여서 하나의 단위를 이루는 국명, 단체명은 단수 동사형을 취한다.

• Most of <u>the apples</u> are red.

• Most of <u>the cheese</u> has gone bad.
 ≫ all, most, half, part, the rest 등은 of뒤에 오는 명사에 의해서 단/복수가 결정된다.

• I know <u>a girl</u> who is very kind.

• I know <u>three girls</u> who are very kind.
 ≫ 주격 관계대명사 뒤에 오는 동사의 단/복수는 선행사에 일치시킨다.

 상관접속사 문장에서는 다음과 같이 주어와 동사 간의 수를 일치시킨다.

• Both <u>John</u> and <u>Susan</u> are Americans.   both A and B + 복수 동사형

• Either you or <u>he</u> is responsible for the accident.   either A or B : B에 동사를 일치

• Neither she nor <u>you</u> are able to do the work.   neither A nor B : B에 동사를 일치

• Not only you but also <u>Susan</u> is my daughter.   not only A but also B : B에 동사를 일치

• <u>Susan</u> as well as you is my daughter.   B as well as A : B에 동사를 일치

문장에서 명사의 수, 성, 인칭, 격에 일치하는 대명사를 사용해야 한다.

- Susan visited one of her neighbors carrying some bread. 여성 단수대명사, 목적격
- I got a message from my friend and I sent it to her. 사물 단수대명사, 목적격
- Cats may be cute but I don't like them. 동물 복수대명사, 목적격

Pattern Practice

다음 문장에서 어법상 어색한 곳을 찾아서 바르게 고치세요.

❶ A number of students is gathering on the playground. _____ → _____

❷ The inventor and scientist have written many books. _____ → _____

❸ The rich is not always happy. _____ → _____

❹ The United States are a big country. _____ → _____

❺ Either you or he have to go there. _____ → _____

B 주절의 동사와 종속절의 동사간의 시제 일치

주절의 동사와 종속절의 동사는 서로 시제를 일치시켜야 한다.

 원칙적으로 종속절의 시제는 주절의 시제에 따라 결정된다.

(1) 주절의 동사가 현재시제면, 종속절의 동사는 모든 시제가 올 수 있다.

- I think that he is busy. 주절: 현재, 종속절: 현재
- I think that he has been busy. 주절: 현재, 종속절: 현재완료
- I think that he was busy. 주절: 현재, 종속절: 과거
- I think that he will be busy. 주절: 현재, 종속절: 미래

(2) 주절의 동사가 과거시제면, 종속절의 동사 자리에는 과거 또는 과거완료 시제가 올 수 있으며, 종속절에 조동사가 오는 경우에는 조동사의 과거형을 사용해야 한다.

- I thought that he was busy. 주절: 과거, 종속절: 과거
- I thought that he had been busy. 주절: 과거, 종속절: 과거완료
- I thought that he would be busy. 주절: 과거, 종속절: 과거
- It was necessary that you should help him.
- I thought that you had to take charge of the project.
  ≫ 종속절에 조동사 would, could, should, might, ought to가 오는 경우에는 시제변화 없이 그대로 사용한다.
  단 must는 과거형일 때 had to를 사용해야 한다.

종속절의 내용이 다음과 같은 경우에는, 주절의 시제와 상관없이 특정시제를 사용하며,
이 경우는 시제일치 원칙에서 예외로 취급한다.

(1) 불변의 진리, (현재) 습관적 동작, 일반적 사실, 성질은 항상 현재시제를 사용한다.

- We learned that <u>light travels faster than sound in the air</u>.   불변의 진리

- The boss said that <u>he gets up at six every day to exercise</u>.   현재의 습관

- The teacher taught us that <u>water boils at 100 degree Celsius</u>.   일반적 사실

(2) 역사적 사실은 항상 과거시제를 사용한다.

- He knew that <u>the Second World War ended in 1945</u>.
  ≫ knew보다 ended가 더 과거에 일어난 일이지만 had ended를 사용하지 않음.

- Susan said that <u>she was born in 1990</u>.

(3) 가정법은 가정법의 시제규칙을 따르며, 다른 시기의 상태를 비교할 때는 주절과 종속절의 시제가 서로 일치하지는 않는다.

- She says(said) that <u>she would go if she were not sick</u>.
  ≫ 가정법 문장의 시제는, 주절 동사의 시제와 관계없이 가정법 시제규칙에 따른다.

- At that time, she looked younger than she does now.

Pattern Practice

다음 문장에서 어법상 어색한 곳을 찾아서 바르게 고치세요.

❶ I thought he is busy.   _____ → _____

❷ I thought he will come to the party.   _____ → _____

❸ We learned that the Korean War had broken out in 1950.

_____ → _____

❹ They taught that light traveled faster than sound in the air.

_____ → _____

❺ He said that he is going to travel Europe.   _____ → _____

Ⓐ 괄호 안의 표현 중 알맞을 것을 고르세요.

1 To speak Chinese (is / are) very difficult.

2 Not only you but also he (is / are) responsible for delay of the project.

3 Fifty dollars a week (is / are) not a small sum for a student.

4 You or Steve (have / has) to finish the project by Friday.

5 A number of cars (is / are) exported to overseas markets.

6 David said that he (was / had been) born in 1990.

7 Playing soccer with my friends (is / are) my favorite pastime.

8 Ten years (is / are) a long time to wait.

9 I thought that she (will / would) come to my birthday party.

10 The singer and the professor (is / are) having dinner in a restaurant.

11 The scientist and writer (have / has) published a science fiction novel.

Ⓑ 다음 문장에서 틀린 곳을 찾아서 바르게 고치세요.

1 Each children were given a lunch box. _____ → _____

2 I hoped that I can go there on time. _____ → _____

3 Neither you nor he are able to play the piano. _____ → _____

4 I thought that you must go to the meeting. _____ → _____

5 Most of the apples in the basket is green. _____ → _____

6 Curry and rice are my favorite food. _____ → _____

7 I know a boy who are very tall and handsome. _____ → _____

8 Drinking and driving are a serious crime. _____ → _____

9 In those days, he looked stronger than he did now. _____ → _____

10 The number of students who go to university are increasing.

_____ → _____

A 다음 빈칸에 우리말에 알맞은 영어 표현을 쓰세요.

1 부자들이 항상 행복한 것은 아니다.
→ The rich _____ _____ _____ _____.

2 모든 사람은 생일을 가지고 있다.
→ Every _____ _____ _____ _____.

3 당신 아니면 그녀 둘 중에 한 사람이 거기에 가야 한다.
→ Either _____ _____ _____ _____ _____ _____ there.

4 우리 가족은 대가족이다.
→ My family _____ _____ _____ _____.

5 미국은 부유한 나라이다.
→ The United States _____ _____ _____ _____.

B 다음 문장을 영어로 옮기세요.

1 많은 학생들이 영어를 공부하기 위해 해외에 가고 있다. (A number of ~)
→ _____

2 5년은 누군가를 기다리기에 긴 시간이다.
→ _____

3 너 뿐만 아니라 스티브도 내 아들이다. (Not only A but also B)
→ _____

4 그 교수님은 매일 7시에 일어난다고 말씀하셨다.
→ _____

5 데이비드는 자기가 1991년에 태어났다고 말했다.
→ _____

6 각각의 어린이에게 꽃 한 송이와 연필 한 자루가 주어졌다. (Each)
→ _____

7 과학자이자 작가인 그 사람은 지난달에 우주에 관한 새로운 책을 한 권 출판했다.
→ _____

UNIT 30 화법

A 평서문, 의문문, 명령문의 화법 전환

피전달문이 평서문, 의문문, 명령문인 경우의 화법 전환은 다음과 같다.

 평서문의 화법 전환

(1) 화법 전환 방법

전달동사를 바꾼다. (say → say, say to → tell, said to → told)

쉼표 (,) 와 따옴표 (" ")를 없애고, 접속사 that을 사용한다.

따옴표 (" ") 안에 있는 피전달문의 대명사, 시제, 부사들을 일치시킨다.

* this → that   * these → those

* here → there   * now → then

* ago → before   * today → that day

* next week → the following week   * last week → the previous week

* tomorrow → the next day/ the day after/ the following day

* yesterday → the previous day/ the day before

(2) 화법 전환

a. 주절의 동사가 현재시제이면, 화법 전환 시 피전달문 동사의 시제는 변하지 않는다.

- He says to me, "I am studying hard to pass the bar exam."   직접화법
  He tells me <u>that he is studying</u> hard to pass the bar exam.   간접화법

- He says to me, "I studied hard to pass the bar exam."   직접화법
  He tells me <u>that he studied</u> hard to pass the bar exam.   간접화법

- He says to me, "I will study hard to pass the bar exam."   직접화법
  He tells me <u>that he will study</u> hard to pass the bar exam.   간접화법

b. 주절의 동사가 과거시제이면, 화법 전환 시 피전달문 동사의 시제는 변한다.

(현재시제 → 과거시제로, 과거시제 → 과거완료 시제로)

- She said to me, "I will give you this book tomorrow."   직접화법
  She told me <u>that she would give me that book the next day</u>.   간접화법

- He said to me, "I met this boy three years ago."   직접화법
  He told me <u>that he had met that boy three years before</u>.   간접화법

  ≫ said한 시점을 기준으로 해서 과거에 만난 것(met)이기 때문에, 간접화법으로 바뀌면서 대과거
  시제인 과거완료 had met으로 바뀐다.

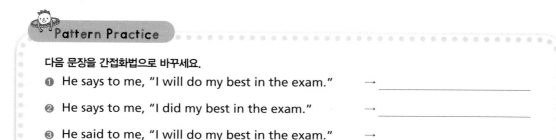

다음 문장을 간접화법으로 바꾸세요.

❶ He says to me, "I will do my best in the exam."　　→ _____

❷ He says to me, "I did my best in the exam."　　→ _____

❸ He said to me, "I will do my best in the exam."　　→ _____

❹ He said to me, "I did my best for in the exam."　　→ _____

❷ 의문문의 화법 전환

(1) 화법 전환 방법

a. 의문사가 없는 의문문의 화법 전환 방법

전달동사를 바꾼다. (say → ask, said (to) → asked)
쉼표 (,) 와 따옴표 (" ")를 없애고, 접속사 if 혹은 whether를 사용한다.
이때, 어순이 〈if + 주어 + 동사〉인 점을 주의해야 한다. (간접의문문)
따옴표 (" ") 안에 있는 피전달문의 대명사, 시제, 부사들을 일치시킨다.

b. 의문사가 있는 의문문의 화법 전환 방법

전달동사를 바꾼다. (say → ask, said (to) → asked)
쉼표 (,) 와 따옴표 (" ")를 없애고, 의문사를 사용한다.
이때, 어순이 〈의문사 + 주어 + 동사〉인 점을 주의해야 한다. (간접의문문)
따옴표 (" ") 안에 있는 피전달문의 대명사, 시제, 부사들을 일치시킨다.

(2) 화법 전환

a. 의문사가 없는 의문문의 화법 전환

• She said to me, "Are you happy now?"　　　　　　　　　직접화법
  She asked me if[whether] I was happy then.　　　　　　간접화법

• He said, "Do you like to play soccer?"　　　　　　　　직접화법
  He asked if[whether] I liked to play soccer.　　　　　　간접화법

b. 의문사가 있는 의문문의 화법 전환

• She said to me, "What is your hobby?"　　　　　　　　직접화법
  She asked me what my hobby was.　　　　　　　　　　간접화법

• He said, "Where did you live 5 years ago?"　　　　　　직접화법
  He asked where I had lived 5 years before.　　　　　　간접화법

• She said to me, "Who is the man over there?"　　　　　직접화법
  She asked me who the man over there was.　　　　　　간접화법

• The teacher said to me, "Why is your brother late for school?"　직접화법
  The teacher asked me why my brother was late for school.　간접화법

다음 문장을 간접화법으로 바꾸세요.

❶ The man said to me, "Are you a student?" → _____

❷ The police said to the girl, "Where do you live?" → _____

❸ She said to me, "Who is your favorite singer?" → _____

❹ He said, "Do you like to play baseball?" → _____

❺ He said to me, "Why are you late for school?" → _____

3 명령문의 화법 전환

(1) 화법 전환 방법

전달동사를 바꾼다. (say to → tell / order/ ask / advise)

명령하는 내용이면 tell/order를 사용하고, 부탁(요청)하는 내용이면 ask를 사용한다.

조언을 해 주는 내용이면 advise를 사용한다.

경고를 해 주는 내용이면 warn을 사용한다.

쉼표 (,)와 따옴표 (" ")를 없애고, 동사를 to부정사로 바꾼다.

Let's~로 시작하는 명령문은 〈suggest + ~ing〉 또는 〈suggest that절〉을 사용한다.

Let me~로 시작하는 명령문은 offer를 사용한다.

따옴표 (" ") 안에 있는 피전달문의 대명사, 부사들을 일치시킨다.

(2) 화법 전환

• My mom said to me, "Do your homework at once." 　　직접화법
  My mom ordered[told] me to do my homework at once. 　　간접화법

• The teacher said to her "Study harder for the test." 　　직접화법
  The teacher ordered[asked] her to study harder for the test. 　　간접화법

• My father said to me, "Clean the car tomorrow." 　　직접화법
  My father ordered[asked] me to clean the car the next day. 　　간접화법

• She said to me, "You'd better go home early." 　　직접화법
  She advised me to go home early. 　　간접화법

• The doctor said to me, "You must quit smoking." 　　직접화법
  The doctor warned me to quit smoking. 　　간접화법

• Steve said, "Let's play basketball together." 　　직접화법
  Steve suggested playing basketball together. 　　간접화법
  Steve suggested that we (should) play basketball together. 　　간접화법

• She said, "Let me give you the answer." 　　직접화법
  She offered to give me the answer. 　　간접화법

다음 문장을 간접화법으로 바꾸세요.

❶ My mom said to me, "Clean your room."

→ _____

❷ The doctor said to me, "You'd better eat less and exercise more."

→ _____

❸ The secretary said to me, "Please call back."

→ _____

B 감탄문, 기원문, 중문/복문의 화법 전환

피전달문이 감탄문, 기원문, 중문/복문인 경우의 화법 전환은 다음과 같다.

 1 감탄문의 화법 전환

(1) 화법 전환 방법

전달동사를 바꾼다. (said → cried out, exclaimed, shouted)
평서문식으로 바꾸는 경우에는, said, told를 사용한다.

콤마 (,) 와 따옴표 (" ")를 없애고, 감탄문의 what, how를 그대로 사용한다.
평서문식으로 바꾸는 경우에는, what, how를 빼고 피전달문에 very나 so를 사용한다.

따옴표 (" ") 안에 있는 피전달문의 대명사, 시제, 부사들을 일치시킨다.

(2) 화법 전환

- He said, "What a pretty girl she is!"　　　　　직접화법
  He cried out <u>what a pretty girl she was</u>.　　간접화법
  He said <u>that she was a very pretty girl</u>.　　간접화법

- She said to me, "How stupid you are!"　　　　직접화법
  She shouted at me <u>how stupid I was</u>.　　　간접화법
  She told me <u>that I was very stupid</u>.　　　간접화법

기원문의 화법 전환

(1) 화법 전환 방법

전달동사를 바꾼다. (say → pray, express)
초자연적인 존재에 대한 기원일 경우에는 pray를 사용하며 사람에 대한 기원일 경우에는 express를 사용한다.

쉼표 (,) 와 따옴표 (" ")를 없애고, 다음 구문을 사용한다.
초자연적인 존재에 대한 기원일 경우: pray that God may~: pray for God to + 동사원형
사람에 대한 기원일 경우: express one's wish that~may

따옴표 (" ") 안에 있는 피전달문의 대명사, 시제, 부사들을 일치시킨다.

(2) 화법 전환

- He said (to me), "God bless you!"　　　　　　직접화법
  He prayed <u>that God might bless me</u>.　　　간접화법
  He prayed <u>for God to bless me</u>.　　　　　간접화법

- She said (to me), "May you succeed!"　　　　직접화법
  She expressed <u>her wish</u> <u>that I might succeed</u>.　간접화법

 Pattern Practice

다음 문장을 간접화법으로 전환하세요.

❶ They said "What a strong man he is!"　　→ _____

❷ He said to me, "How smart you are!"　　→ _____

❸ She said to me, "God bless you!"　　　→ _____

❹ He said, "May you succeed!"　　　　　→ _____

중문/복문의 화법 전환

(1) 화법 전환 방법

a. 중문의 화법 전환 방법
and, but 등과 같은 접속사 다음에 that을 붙인다.
따옴표 (" ") 안에 있는 피전달문의 대명사, 시제, 부사들을 일치시킨다.

b. 복문의 화법 전환 방법
따옴표 (" ") 안에 있는 복문의 종속절 안에서의 대명사, 시제, 부사들을 일치시킨다.

(2) 화법 전환

    a. 중문의 화법 전환 방법

        • She said, "It was snowing hard, but I went there."   직접화법
          She said <u>that it had been</u> snowing hard, but <u>that she had gone</u> there. 간접화법

        • He said, "It was raining hard, and I was lost in the woods."   직접화법
          He said <u>that it had been</u> raining hard, and <u>that he had been lost</u>
          in the woods.   간접화법

    b. 복문의 화법 전환 방법

        • He said to me, "Is there anything <u>I can do to help you</u>?"   직접화법
          He asked me if there was anything <u>he could do to help me</u>.   간접화법

        • She said, "I wonder <u>who drew the graffiti</u>."   직접화법
          She said that she wondered <u>who had drawn the graffiti</u>.   간접화법

4 종류가 다른 두 문장의 화법 전환

• I said to her, "You look pale. Are you sick?"   직접화법, 평서문 + 의문문
  I told her <u>that she looked pale</u> and asked <u>if she was sick</u>.   간접화법

• She said to me, "Go and see a dentist. A toothache is
  worse than a headache."   직접화법, 명령문 + 평서문
  She told me <u>to go and see a dentist</u> and said <u>that a</u>
  <u>toothache is worse than a headache</u>.   간접화법

• He said, "What a stupid man I am! I made the same
  mistake again."   직접화법, 감탄문 + 평서문
  He exclaimed[cried out] <u>what a stupid man he was</u>, and said
  <u>that he had made the same mistake again</u>.   간접화법

Pattern Practice

다음 문장을 간접화법으로 바꾸세요.

❶ He said, "It was a sunny day and I went on a picnic." → _____

❷ She said to me, "Is there anything I can do for you." → _____

❸ She said to me, "You look angry. What happened?" → _____

❹ He said to me, "You look very tired. Are you okay?" → _____

A 다음 문장을 간접화법으로 바꾸세요.

1 She said to me, "I will study hard for the final exam."
→ _____

2 I said to her, "Are you angry now?"
→ _____

3 I said to him, "What time is it now?"
→ _____

4 My mom said to me, "Wash your hands before you eat something."
→ _____

5 She said, "What a fine day it is!"
→ _____

6 The pastor said to me, "God bless you!"
→ _____

7 He said, "It was a sunny day and I went swimming."
→ _____

8 She said to me, "You look good. Are you happy?"
→ _____

B 다음 화법 전환에서 틀린 부분을 바르게 고치세요.

1 She said to me, "I will read as many books as possible."
→ She told me that she will read as many books as possible.

2 I said to her, "Where do you live?"
→ I asked her where do you live.

3 The teacher said to me, "Do your homework now."
→ The teacher ordered me do my homework then.

4 He said to me, "Why are you late for school?"
→ He asked me why I am late for school.

5 I said to him. "You look pale. Are you sick now?"
→ I told him that he looked pale and said if he was sick then.

A 다음 우리말을 참고로 하여 문장을 완성하세요.

1 그녀는 나에게 "너 지금 행복하니?" 라고 말했다.

→ She said to me, "_____" (직접화법)

→ She asked _____ (간접화법)

2 선생님은 나에게 "너는 열심히 공부해야 한다."라고 말했다. (have to)

→ The teacher said to me, "_____" (직접화법)

→ The teacher told _____ (간접화법)

3 그는 나에게 "가장 가까운 지하철역이 어디예요?"라고 말했다.

→ He said to me, "_____" (직접화법)

→ He asked _____ (간접화법)

4 그녀는 그에게 "의사한테 가 봐라" 라고 말했다.

→ She said to him, "_____" (직접화법)

→ She asked _____ (간접화법)

B 다음 문장을 영어로 옮기세요.

1 그는 "비가 많이 오고 있었어. 하지만 나는 거기에 갔어." 라고 말했다.

→ _____ (직접화법)

→ _____ (간접화법)

2 나는 그녀에게, "당신은 정말 아름답군요!" 라고 말했다. (감탄문, How~)

→ _____ (직접화법)

→ _____ (간접화법)

3 선생님은 나에게 "너는 농구하는 것을 좋아하느냐?" 라고 말했다.

→ _____ (직접화법)

→ _____ (간접화법)

4 그는 "우리 함께 축구하자" 라고 말했다.

→ _____ (직접화법)

→ _____ (간접화법)

REVIEW TEST

A 다음 괄호 안에서 알맞은 말을 넣으세요.

1 That he made a mistake (is / are) obvious.

2 Nither you nor I (are / am) able to play the cello.

3 I learned that World War II (ended / had ended) in 1945.

4 The kid learned that one plus one (is / was) two in kindergarten.

5 Dogs may be cute but I don't like (it / them)

6 You or he (have / has) to finish the project by the end of this month.

7 Not only you but also she (are / is) going to participate in the marathon.

8 The teacher said that he (gets / got) up at 7 every morning.

9 A number of students (is / are) surprised at the news.

10 The poet and writer (are / is) giving a lecture to students.

B 다음 화법 전환에서 틀린 부분을 찾아서 바르게 고치세요.

1 She said to me, "I met this girl two years ago."
  → She told me that I met that girl two years before.

2 He said to me, "I will return this comic book to you tomorrow."
  → He told me he would return that comic book to me tomorrow.

3 She said to me, "Where is your car?"
  → She asked me where was your car.

4 I said to her, "When is your birthday?"
  → I asked her when was your birthday.

5 The doctor said to me, "Exercise more than 30 minutes every day."
  → The doctor advised me exercise more than 30 minutes every day.

6 She said to me, "What a strong man you are!"
  → She cried out what a strong man you were.

7 She said (to me), "May you be healthy!"
  → She expressed her wish that you might be healthy.

다음 빈칸에 알맞은 표현을 넣으세요.

1 나는 매우 부지런한 한 소년을 알고 있다.

→ I know a boy who _____ _____ _____.

2 너 뿐만 아니라 데이비드도 역시 내 아들이다.

→ _____ as well as _____ _____ my son.

3 나는 그녀가 내일 바쁠 거라고 생각한다.

→ I think that she _____ _____ _____ tomorrow.

4 나는 그에게 취미가 무엇이냐고 물었다. (간접화법)

→ I asked him what _____ _____ _____.

5 데이비드는 자기가 1991년에 태어났다고 말했다.

→ David said that he _____ _____ _____ 1991.

6 의사는 그에게 담배를 끊으라고 경고했다. (간접화법)

→ The doctor _____ him _____ _____ smoking.

7 그녀는 내가 고양이를 좋아하는지 물어 보았다. (간접화법)

→ She asked me _____ _____ _____ cats.

8 제인과 데이비드는 둘 다 호주인이다.

→ _____ Jane _____ David _____ Australians.

다음 문장을 영어로 옮기세요.

1 일주일에 40달러는 학생에게 적은 금액이 아니다.

→ _____

2 너 아니면 나 둘 중에 한 사람이 그 실패에 책임이 있다. (Either A or B)

→ _____

3 그 어린이들은 빛이 소리보다 더 빠르다는 것을 배웠다.

→ _____

4 나는 그녀에게 "너는 3년 전에 어디에 살았니?"라고 말했다.

→ _____ (직접화법)

→ _____ (간접화법)

5 그녀는 나에게 "너는 창백해 보인다. 지금 어디 아프니?"라고 말했다.

→ _____ (직접화법)

→ _____ (간접화법)

Essay Topic

Do you agree or disagree with the following statement? Children should begin learning a foreign language as soon as they start school. Use specific reasons and examples to support your position.

본론 아이디어 정리

| Body 1 |

ⓘ **Topic Sentence:** 외국어를 잘 배우기 위해서는 일찍 시작하는 것이 좋다. (early on)

Supporting Detail 1: 프로 운동선수들은 어린 나이에 운동을 배우기 시작함. (at very early ages)

Supporting Detail 2: 일찍 시작할수록 발음과 언어사용을 더 잘 할 것임.

| Body 2 |

ⓘ **Topic Sentence:** 세계에서 한 개 이상의 언어를 말하지 않고는 생존하기가 점점 더 어려워진다. (increasingly difficult, survive)

Supporting Detail 1: 투자은행가들은 가끔 외국인 고객을 다루어야 함. (be required to)

Supporting Detail 2: 협상을 할 때는 통역사를 두는 것보다 외국 고객과 직접 협상하는 것이 훨씬 나음. (negotiate, foreign clients)

● 정리된 아이디어를 영어로 옮기세요.

| Body 1 |

① 첫째, 다른 것과 마찬가지로, 외국어를 잘 배우기 위해서는 일찍 공부를 시작하는 것이 훨씬 좋다.

→ First, just like anything else, in order to learn a foreign language well, it is _____

_____.

1 예를 들어, 대부분의 프로 운동선수들은 아주 어린 나이에 운동을 배우기 시작했다.

→ For example, most professional athletes started _____

_____.

2 더 일찍 시작할수록 발음과 언어사용이 더 좋아질 것이다.

→ _____, _____ your pronunciation

and command of the language will be.

| Body 2 |

① 둘째, 현재 세계에서 한 개 이상의 언어를 말할지 않고는 생존하기가 점점 더 어려워진다.

→ Second, it is _____ without

speaking more than one language.

1 예를 들어, 투자 은행가들은 가끔 외국인 고객을 상대할 필요가 있다.

→ For example, investment bankers at times _____

_____.

2 협상 동안 통역사를 두는 것보다 외국 고객과 직접 협상하는 것이 훨씬 나을 것이다.

→ _____ themselves than have a

translator the entire time.

CHAPTER 16

전치사

UNIT 31 전치사의 종류 및 용법

UNIT 31 전치사의 종류 및 용법

A 주요 전치사의 용법

 at의 용법

(1) 시간 표현

- The movie starts at <u>6:10</u>.   시각
- School is over at <u>3:00</u>.   시각
- I'll see you there at <u>noon</u>.   시점
- He is reading a book at <u>the moment</u>.   순간
- She died at <u>the age of forty three</u>.   나이
- I didn't know what to do at <u>that time</u>.   막연한 시간

(2) 장소 표현

- I bought a cola at <u>the store</u>.   장소의 일점
- I was waiting for her at <u>the bus stop</u>.   지점
- She lives at <u>25 Main street</u>.   번지
- He shot at <u>the target</u>, but he missed it.   방향, 목표

(3) 기타 표현

- She is at <u>work</u> in the office.   활동, 종사
- David is at <u>lunch</u> now.   식사 중
- I feel at <u>ease</u> when I talk with him.   상태
- She bought the dress at <u>half price</u>.   비율, 정도
- We were surprised at <u>the news</u>.   원인

Pattern Practice

다음 문장에 알맞은 표현을 쓰세요.

❶ 그 영화는 7시20분에 시작한다. → The movie starts _____.

❷ 그는 29살 나이에 죽었다. → He died _____.

❸ 그는 버스 정거장에서 나를 기다리고 있었다. → He was waiting for me _____.

❹ 그녀는 지금 점심식사 중이다. → She is _____.

❺ 나는 그 소식에 놀랐다. → I was surprised _____.

 in의 용법

(1) 시간 표현

- He was born in <u>June</u>.   월
- They enjoy skiing in <u>the winter</u>.   계절
- The Seoul Olympic Games were held in <u>1988</u>.   년도
- We are living in <u>the 21st century</u>.   세기
- He always exercises in <u>the morning</u>.   아침, 오후, 저녁
- I will visit you in <u>a week</u>.   시간의 경과
- The manager wanted to see you in <u>your absence</u>.   기간

(2) 장소 표현

- I have lived in <u>Seoul</u> for 10 years.   도시
- David has worked in <u>Korea</u> since 1990.   국가
- Almost half of the people in the world live in <u>Asia</u>.   대륙
- There are a lot of candies in <u>the jar</u>.   공간 안

(3) 기타 표현

- She is in <u>bed</u> now.   자고 있는
- He is in <u>hospital</u>.   입원한
- The man in <u>the blue jacket</u> is my brother.   옷을 입고 있는
- Today, six in <u>ten students</u> wear glasses.   ~중에서
- I want you to put your room in <u>order</u>.   정리된 상태

⊘ stop 이건 알아둬~

다음 표현에서 전치사의 사용에 주의하세요.

- in the morning, in the afternoon, in the evening (일반적인 의미의 아침에는 "in" 사용)
- on Sunday morning, on Monday afternoon (특정한 날의 아침에는 "on" 사용)
- this morning, that evening (this, that이 붙는 경우에는 전치사 사용 안함)
- at noon, at night, at midnight (정오, 밤 앞에는 "at" 사용)

다음 문장의 빈칸에 알맞은 표현을 쓰세요.

❶ 우리는 21세기에 살고 있다. → We are living _____.

❷ 그가 일주일 후에 너를 방문할 것이다. → He will visit you _____.

❸ 그녀는 서울에 20년 동안 살고 있다. → She has lived _____ for twenty years.

❹ 나는 항상 아침에 운동을 한다. → I always exercise _____.

❺ 열 명 중에 여섯 사람이 안경을 쓴다. → Six _____ wear glasses.

⭐3 on의 용법

(1) 시간 표현

- I usually go swimming on <u>Fridays</u>.   요일
- She was born on <u>May 24th</u>.   날짜
- I will give you a present on <u>your birthday</u>.   특정일
- The club members always meet on <u>Sunday mornings</u>.   특정일의 아침, 점심, 저녁

(2) 장소 표현

- Can you see that fly on <u>the wall</u>?   표면
- Look at the pictures on <u>page 35</u>.   표면
- Jane lives on <u>the fourth floor</u> of this apartment building.   표면
- The building is on <u>10th street</u>.   방향, 대상

(3) 기타 표현

- I heard the news on <u>the radio</u>.   수단, 방법, 도구
- They are talking on <u>the phone</u>.   수단, 방법, 도구
- Truck drivers have been on <u>strike for 3 days</u>.   상태
- He has many books on <u>history</u>.   주제, 관계
- I met a friend of mine on <u>my way home</u>.   행동의 목적
- He went to New York on <u>business</u> yesterday.   행동의 목적

for의 용법

- I have been waiting for her for <u>two hours</u>. 시간
- This plane is bound for <u>Sydney</u>. 방향, 목적지
- He left Seoul for <u>London</u> yesterday. 방향, 목적지
- He runs for <u>three miles</u> every day. 거리
- I bought a tie for <u>you</u>. 목적, 추구
- She is the right person for <u>the job</u>. 적합, 용도
- Are you for or against <u>the plan</u>? 찬성, 지지
- I paid $200 for <u>a DMB phone</u>. 교환, 대상
- He ate bread and butter for <u>breakfast</u> this morning. 자격, 속성
- She looks young for <u>her age</u>. 대비, 비율
- The boss blamed him for <u>the delay</u> in the project. 이유, 원인

STOP
이건 알아둬~

'~동안'을 나타내는 전치사 for 다음에는 '수사'가 오고, during 다음에는 '특정기간'이 온다.

- They have been here for three weeks. (3주 동안)
- He has studied English for two hours. (2시간 동안)
- I am going to visit America during the summer vacation. (여름방학 동안)
- He wrote many books on history during his life. (일생 동안)

Pattern Practice

다음 문장의 빈 칸에 알맞은 표현을 쓰세요.

❶ 나는 이 건물 7층에 산다. → I live _____ of this building.

❷ 그는 라디오로 뉴스를 들었다. → He heard the news _____.

❸ 이 비행기는 서울행입니다. → This plane is bound _____.

❹ 그는 나이에 비해 젊어 보인다. → He looks young _____.

with의 용법

- I went to the museum with <u>my friends</u>.   동반, 수반
- She prefers the dress with <u>the collar</u>.   소유, 휴대
- He has a son with <u>blue eyes</u>.   소유, 휴대
- I need <u>a pen</u> to write with.   도구, 수단
- His hands were warm with <u>gloves</u>.   이유, 원인
- We have dealt with <u>this store</u> for 10 years.   교섭, 결합
- I agree with <u>you</u>.   관련, 관계

 of의 용법

- She was born of <u>a wealthy family</u>.   세기
- He died of <u>lung cancer</u>.   원인, 이유
- The man <u>robbed</u> her of <u>her money</u>.   분리, 박탈, 제거
- They <u>deprived</u> the prisoners of <u>food</u>.   분리, 박탈, 제거
- You must <u>rid</u> the house of <u>rats</u>.   분리, 박탈, 제거
- The medicine <u>cured</u> him of <u>his cold</u>.   분리, 박탈, 제거
- The furniture <u>is made</u> of wood.   재료, 구성요소
- Three of <u>the girls</u> were late for school.   부분
- One leg of <u>the table</u> is broken.   소유격
- She never speaks of <u>her dead son</u>.   관련, 한정
- The fact of <u>his failing the exam</u> surprised us.   동격

 by의 용법

- He was sitting by <u>the heater</u>.   위치
- They passed by <u>city hall</u>.   위치, 통과
- She was arrested by <u>the police</u>.   행위 주체
- Can I pay by <u>credit card</u>?   수단
- Don't judge other people by <u>their clothes</u>.   근거
- He is taller than me by <u>10 centimeters</u>.   정도, 차이
- Most construction workers are paid by <u>the day</u>.   단위
- I'll be back by <u>10 o'clock</u>.   시한

> **STOP 이건 알아둬~**
>
> by는 ~까지의 '완료'를 나타내고, until은 ~까지의 '계속'을 나타낸다.
> - **You have to come home by 9 o'clock.** (9시 안에 집에 들어와야 한다.)
> - **You have to study English until 9 o'clock.** (9시까지 계속 영어공부를 해야 한다.)

Pattern Practice

다음 문장의 빈칸에 알맞은 표현을 쓰세요.

❶ 나는 그와 의견이 같다(동의한다). → I agree _____.

❷ 그는 폐암으로 죽었다. → He died _____.

❸ 그녀는 난로 옆에 앉아 있었다. → She was sitting _____.

❹ 그는 8시까지 돌아올 것이다. → He will be back _____.

 from의 용법

• School starts from <u>September 2nd</u>.	기점
• Where are you from?	출처, 기원, 유래
• Butter <u>is made</u> from milk.	원료, 재료
• She <u>died</u> from her tropical fever.	원인, 이유
• <u>Judging</u> from his appearance, he must be rich.	근거
• She <u>is away</u> from home for the first time.	떨어져 있음
• Heavy rain <u>prevented</u> them from going out.	회피, 제지
• The old man is never <u>free</u> from pain.	분리, 제거
• Can you <u>tell</u> him from his twin brother?	차이, 구별

9 to의 용법

• It's five minutes to <u>10</u>.	도착점
• The park is to <u>the east</u> of the city.	방향
• Apply some ointment to <u>your wound</u>.	접촉, 부착
• This is the key to <u>the front door</u>.	부가, 소속
• They danced to <u>the Jazz music</u>.	호응, 적합
• The total came to <u>$120</u>.	상태
• I'd like to propose a toast to <u>our victory</u>.	목적
• They came to <u>my rescue</u>.	목적
• His plan is <u>superior</u> to mine.	비교

다음 문장의 빈칸에 알맞은 표현을 쓰세요.

❶ 포도주는 포도로 만든다. → Wine is made _____.

❷ 폭설로 인해 그들은 밖으로 나가지 못했다. → Heavy snow prevented them _____.

❸ 이것이 문 열쇠이다. → This is the key _____.

❹ 그녀의 계획은 나의 계획보다 더 우수하다. → His plan is _____mine.

B 기타 전치사의 용법

 after, before의 용법

- She will be free after <u>three o'clock</u>.   시간
- Please, close the door after <u>you</u>.   위치, 순서
- We can finish the project before <u>Christmas</u>.   시간
- He made a presentation before <u>the committee</u>.   위치

 above, below, over, under의 용법

- The water came above <u>my knees</u>.   ~보다 높은 곳에
- Please do not write below <u>this line</u>.   ~보다 낮은 곳에
- He held a large umbrella over <u>the singer</u>.   ~의 바로 위에
- A big boat sailed under <u>the bridge</u>.   ~의 바로 아래에

 across, along, through의 용법

- She lives across <u>the road</u> from us.   ~을 가로질러
- His house is just across <u>the street</u>.   ~을 가로질러
- He ran along <u>the river</u>.   ~을 따라, 평행하게
- Go along <u>this street</u> for two blocks.   ~을 따라, 평행하게
- Oil flows through <u>this pipeline</u>.   ~을 지나서, 통과해서
- The Han river flows through <u>Seoul</u>.   ~을 지나서, 통과해서

between, among의 용법

- There is a ball between <u>the table</u> and <u>the bed</u>.   둘 사이에
- A boy stood between <u>David</u> and <u>Susan</u>.   둘 사이에
- I found a rabbit among <u>the trees</u>.   셋 이상 사이에
- He was among <u>the crowd</u>.   셋 이상 사이에

 Pattern Practice

다음 문장의 빈칸에 알맞은 표현을 쓰세요.

❶ 그녀는 위원회 앞에서 질문들에 답변했다 → She answered the questions _____.

❷ 물이 나의 무릎 위로 (올라) 왔다. → The water came _____.

❸ 사람들이 그 강을 따라서 조깅을 한다. → People jog _____.

❹ 그는 나무들 사이에서 토끼 한 마리를 발견했다. → He found a rabbit _____.

 in front of, behind의 용법

- The bus stops in front of <u>my house</u>.   ~의 앞에, 정면에
- The cyclist in front of <u>me</u> stopped suddenly.   ~의 앞에, 정면에
- The boy ran out from behind <u>the big tree</u>.   ~의 뒤에
- Who's the girl standing behind <u>the teacher</u>?   ~의 뒤에

 about, on의 용법

- Let's talk about <u>the plan</u> seriously.   ~에 대하여, 일반적 내용
- He wrote a book on <u>modern history</u>.   ~에 대하여, 전문적 내용

 despite, in spite of의 용법

- Despite <u>his hard work</u>, he failed in business.   ~에도 불구하고
- He is very healthy despite <u>his age</u>.   ~에도 불구하고
- In spite of <u>feeling tired</u>, we decided to go out.   ~에도 불구하고
- The ship sailed in spite of the <u>bad weather</u>.   ~에도 불구하고

8 into, out of의 용법

- The children jumped into <u>the water</u>.　　　　　　~안으로
- You need not go into <u>detail</u>.　　　　　　　　　~안으로
- The boy jumped out of <u>his bed</u>.　　　　　　　~의 안에서 밖으로
- My father took his wallet out of <u>his pocket</u>.　　~의 안에서 밖으로

Stop 이건 알아둬~

look 뒤에 어떤 전치사가 오느냐에 따라 의미가 달라진다.

- He <u>looked at</u> the picture.
  (보다)
- He <u>looked for</u> the picture.
  (찾다)
- He <u>looked after</u> the boy.
  (돌보다)
- He <u>looked into</u> the case.
  (들여다 보다, 조사하다)
- He <u>looked over</u> the book.
  (훑어보다)
- He <u>looked up to</u> the writer.
  (존경하다)
- He <u>looked down on</u> the writer. (경멸하다)

Pattern Practice

다음 문장의 빈칸에 알맞은 표현을 쓰세요.

❶ 버스가 우리 집 앞에 선다. → The bus stops _____ my house.

❷ 그녀는 역사에 대한 책을 한 권 썼다. → She wrote a book _____.

❸ 그 배는 나쁜 날씨에도 불구하고 항해했다. → The ship sailed _____ the bad weather.

❹ 그 남자는 물속으로 뛰어 들었다. → The man jumped _____.

A 다음 괄호 안에서 알맞은 말을 고르세요.

1 He went to Busan (by / on) car yesterday.

2 He was killed in a car crash (at / in) the age of twenty-four.

3 The finance committee will meet again (on / in) May fourth.

4 (During / For) the summer vacation, he worked as a lifeguard.

5 I will stay here (on / from) Friday to Sunday.

6 All our goods can be ordered (by / on) e-mail.

7 They have a meeting (on / in) Monday morning.

8 She will come back from London (in / after) a week.

B 다음 빈칸에 알맞은 전치사를 넣으세요.

1 My son is _____ school now.

2 This building is higher than that one _____ 150 meters.

3 He was free _____ all blame for the accident.

4 She is going to get some story books _____ children.

5 David will be back from New York _____ two weeks.

6 I ran _____ full speed, but I couldn't catch up with him.

7 I have little in common _____ her.

8 He robbed me _____ the money.

9 The baby was crying _____ midnight.

C 다음 문장에서 어법상 어색한 부분을 찾아서 바르게 고치세요.

1 My sister is at California on vacation.   _____ → _____

2 He must finish the work until tomorrow.   _____ → _____

3 I prefer beer than wine.   _____ → _____

4 A lamp was hanging on the table.   _____ → _____

5 Please take a seat among the two boys.   _____ → _____

Ⓐ 다음 빈칸에 우리말에 알맞은 영어 표현을 쓰세요.

1 그는 32살의 나이에 죽었다.

→ He died _____ _____ _____ _____ _____.

2 우리는 21세기에 살고 있다.

→ We are living _____ _____ _____ _____.

3 내가 너의 생일날에 너에게 선물을 하나 주겠다.

→ I will give you _____ _____ _____ _____ _____.

4 그녀는 어제 서울을 떠나 시드니로 향했다 .

→ She left _____ _____ _____ _____.

5 그 남자가 그녀에게서 시계를 강탈했다.

→ The man robbed _____ _____ _____ _____.

Ⓑ 다음 문장을 영어로 옮기세요.

1 그는 경찰에 의해 체포되었다.

→ _____

2 폭설 때문에 그들은 밖에 나가지 못했다. (prevent ~ from -ing)

→ _____

3 그들은 재즈 음악에 맞추어 춤을 추었다. (to)

→ _____

4 너는 그 프로젝트를 성탄절 전에 끝내야만 한다. (before)

→ _____

5 나는 매일 강을 따라서 달리기를 한다. (jog)

→ _____

6 나는 그 가방을 반값에 샀다. (at)

→ _____

7 그는 스마트폰 값으로 250달러를 지불했다.

→ _____

REVIEW TEST

A 다음 빈칸에 공통적으로 들어갈 전치사를 고르세요.

1 This train is bound _____ Seoul.

He eats a sandwich _____ breakfast.

He looks old _____ his age.

2 Judging _____ his appearance, he must be rich.

Can you tell her _____ her twin sister?

Wine is made _____ grapes.

3 The total comes _____ $250.

I'd like to propose a toast _____ our friendship.

This is the key _____ the security door.

4 He has written many books _____ modern history.

Steel Union members have been _____ strike for 5 days.

Can you see that fly _____ the ceiling?

B 다음 빈칸에 알맞은 말을 넣으세요.

1 그녀는 파란 눈을 가진 딸이 있다.

→ She has a daughter _____ _____ _____.

2 우리는 여름방학 동안에 호주를 여행을 할 것이다.

→ We will travel around Australia _____ _____ _____ _____.

3 그녀는 나보다 키가 5cm 더 작다.

→ She is shorter than me _____ _____ _____.

4 우리는 집에서 벌레들을 제거해야만 한다.

→ We must rid the house _____ _____ _____ in it.

5 나는 어제 집에 가는 길에 Jane을 만났다.

→ I met Jane _____ _____ _____ _____ yesterday.

6 당신은 그 계획에 찬성합니까? 반대합니까?

→ Are you _____ _____ _____ the plan?

Essay Topic

Some people enjoy new things, and they look forward to new experiences. Others like their lives to stay the same, and they do not change their normal habits. Compare these two approaches to life. Which approach do you prefer? Explain why.

본론 아이디어 정리

| Body 1 |

ⓣ **Topic Sentence:** 우리 모두에게 집은 오아시스이다. (oasis)

Supporting Detail 1: 나는 익숙한 환경에서 편안함을 느낌. (familiar setting)

Supporting Detail 2: 몇 년 동안 같은 모습을 하고 있는 식당이나 관광지를 방문하는 것을 좋아함. (remain the same)

| Body 2 |

ⓣ **Topic Sentence:** 변화는 삶의 불가피한 부분이고 우리 인생에 흥미와 놀라움을 더해준다. (inevitable part, add)

Supporting Detail 1: 변화는 긍정적인 자세를 유지하도록 도와 줌. (recognize)

Supporting Detail 2: 예를 들어, 내가 자주 가던 옷가게가 모험여행사가 된 것을 알았을 때, 이것은 새로운 여행의 시작이 될 수도 있음. (a whole new adventure)

● 정리된 아이디어를 영어로 옮기세요.

| Body 1 |

① 우리들 다수에게 집은 오아시스이다.

→ For many of us, _____.

1   나는 나답게 있을 수 있고 내가 해야 하는지 잘 알고 있는 익숙한 환경에서 편안함을 느낀다.

→ I feel _____ where I can be

myself and know exactly what is expected from me.

2   나는 또한 몇 년 동안 같은 모습을 하고 있는 식당이나 휴가지, 다른 장소를 방문하는 것을 좋아한다.

→ I also enjoy visiting restaurants, vacation spots, and other places _____

_____.

| Body 2 |

① 비록 변화가 불안을 느끼게 하지만, 그것은 삶의 불가피한 부분이고 또한 우리 인생에 흥미와 놀라움을 더해 줄 수 있다.

→ Although change can be disconcerting, _____

_____ and it can _____ and surprise to our lives.

1   그것은(변화는) 우리가 긍정적인 자세를 유지하도록 돕는다. 즉, 변화를 맞이하고, 그것(변화)이 우리에게 제공 하는 기회를 인식하는 것이다.

→ It helps us to maintain a positive outlook; to embrace change and _____

_____.

2   예를 들어, 나는 이전에는 내가 좋아하는 옷가게가 있던 건물이 이제는 모험여행사가 된 것을 알았다. 이것은 새로운 여행의 시작이 될 수도 있다.

→ For example, I might discover that a building that used to house one of my favorite

clothing stores is now an adventure travel agency. That _____

_____.

CHAPTER 17

특수 구문

UNIT 32 강조구문, 도치구문, 생략구문

A 강조구문

It is ~ that 강조구문이나 강조어구를 사용하여 문장의 일부를 강조할 수 있다.

 〈It is ~ that〉 강조구문으로 문장의 주어, 목적어, 부사(구)를 강조할 수 있다.

(1) 문장에서 강조되는 부분을 **It is[was]**와 **that** 사이에 두고, 나머지 부분을 **that**이하에 둔다.

- I met Susan in London last month.
  It was I that[who] met Susan in London last month.   주어 강조
  It was Susan that[whom] I met in London last month.   목적어 강조
  It was last month that[when] I met Susan in London.   시간 부사구 강조
  It was in London that[where] I met Susan last month.   장소 부사구 강조

* 해석할 때 that이하를 먼저 해석하고, It is ~ that 사이에 있는 부분이 강조되도록 한다.

* 강조되는 말이 사람이면 that 대신에 who를 사용할 수 있다.

* 강조되는 말이 시간이면 that 대신에 when을 사용할 수 있다.

* 강조되는 말이 장소이면 that 대신에 where를 사용할 수 있다.

Pattern Practice

다음 문장을 It is ~ that 강조구문으로 표현하세요.
I wrote a long letter to her in my room yesterday.

❶ 주어 강조   → _____

❷ 목적어 강조   → _____

❸ 시간 부사 강조   → _____

❹ 장소 부사구 강조   → _____

(2) It is ~ that 강조구문으로 다음과 같은 경우는 강조할 수 없다.

- I watched a soccer game on TV.
  It was watched that I a soccer game on TV. (✕)
  ≫ 동사는 It is ~ that 강조구문으로 강조될 수 없다.

- She is a pretty girl.
  It is a pretty girl that she is. (✕)
  ≫ 주격보어는 It is ~ that 강조구문으로 강조될 수 없다.

- She drives the bus <u>carefully</u>.

  <u>It is</u> carefully <u>that</u> she drives the bus. (✕)

  ≫ 부사 중에서도 행위의 방식을 나타내는 양태부사는 It is ~ that강조구문으로 강조될 수 없다.

- Unfortunately, he didn't pass the exam.

  <u>It was</u> fortunately <u>that</u> he didn't pass the exam. (✕)

  ≫ 부사 중에서도 문장전체를 수식하는 부사는 It is~that 강조구문으로 강조될 수 없다.

(3) It is ~ that 강조구문과 It ~ that 구문을 구분하는 방법은 다음과 같다.

- It was soccer <u>that they played in the playground yesterday</u>. It is~ that 강조구문

  ≫ that 이하 부분에서 강조되는 부분이 빠져있는 불완전한 형태의 문장이다.

- It is true <u>that they played soccer in the playground yesterday</u>. It~ that구문

  ≫ that 이하 부분이 완전한 문장의 형태를 갖추고 있다.

 그 외 강조 구문들

- I do <u>like</u> to go swimming.   정말로 ~하다

  ≫ 동사를 강조할 때는 〈do[does/did] + 동사원형〉의 형태를 사용한다.

- This is the very <u>car</u> that I have been looking for.   바로 그~

  ≫ 명사를 강조할 때는 〈the very + 명사〉의 형태를 사용한다.

- <u>What</u> in the world are you talking about?   도대체

  ≫ 의문사를 강조할 때는 on earth, in the world, ever를 의문사 뒤에 붙인다.

- I am <u>not</u> hungry at all.   전혀 ~아니다

  ≫ 부정의 의미를 강조할 때는 not~at all, not~in the least의 형태를 사용한다.

- He is a very <u>tall</u> student in our class.   매우 ~한

  ≫ 형용사나 부사의 원급을 강조할 때는 〈very + 원급〉의 형태를 사용한다.

- He is much <u>taller than</u> any other students in our class.   훨씬 더 ~한

  ≫ 형용사나 부사의 비교급을 강조할 때는 〈much, far, still, a lot + 비교급〉의 형태를 사용한다.

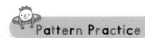

다음 문장이 It is ~ that 강조구문인지 It~that 구문인지 구분하세요.

❶ It is important that we should be honest to ourselves.

❷ It was Tom that used my computer last night.

❸ It is obvious that he made a mistake.

❹ It is true that his team won the game.

B 도치구문

도치는 어순이 바뀌어 '동사 + 주어'의 형태로 사용되는 것을 말한다.

1 강조를 위한 도치

(1) (준)부정어(구)가 강조되어 문장 앞으로 나올 때, 도치가 일어나서 어순이 '동사 + 주어'가 된다.

- Little <u>did she</u> expect that her son would pass the exam. 도치문
  → She little expected that her son would pass the exam. 정치문

- Hardly <u>can</u> I believe what he said. 도치문
  → I can hardly believe what he said. 정치문

- Never <u>have</u> I seen such a beautiful girl. 도치문
  → I have never seen such a beautiful girl. 정치문

- Not until this morning <u>did he</u> hear the shocking news. 도치문
  → He did not hear the shocking news until this morning. 정치문

(2) 부사(구)가 강조되어 문장 앞으로 나올 때, 도치가 일어나서 어순이 '동사 + 주어'가 된다.
단, 주어가 대명사인 경우에는 어순이 '주어 + 동사'이다.

- Here <u>comes the bus</u>. 도치문
  → The bus comes here. 정치문

- Here <u>he comes</u>. 도치문
  → He comes here. 정치문

- Out <u>went the street lights</u>. 도치문
  → The street lights went out. 정치문

- On the bed <u>is sleeping a baby</u>. 도치문
  → A baby is sleeping on the bed. 정치문

(3) 목적어가 강조되어 문장 앞으로 나올 때는, 도치가 일어나지 않는다. 단, 부정어와 함께
목적어가 강조되는 경우에는 도치가 일어나서 어순이 '동사 + 주어'가 된다.

- The trip to Australia with my family, <u>I will remember</u> forever. 도치문
  → I will remember the trip to Australia with my family forever. 정치문

Pattern Practice

다음 문장에서 어법상 어색한 부분을 찾아서 바르게 고치세요.

❶ Hardly I can believe the news. _____ → _____

❷ On the bed a cat is sleeping. _____ → _____

❸ The trip to Hawaii, will I never forget. _____ → _____

❹ Not a word said the boy all day long. _____ → _____

- Not a word <u>did</u> <u>the boy</u> say all day long.　　　도치문
  → The boy did not say a word all day long.　　　정치문

(4) 주격보어가 강조되어 문장 앞으로 나올 때, 도치가 일어나서 어순이 '동사 + 주어'가 된다.
　　단, 주어가 대명사인 경우에는 도치가 일어나지 않는다. (so ~ that ⋯ 구문은 예외)

- Happy <u>are</u> <u>those</u> who can see the sunny side of things.　　　도치문
  → Those are happy who can see the sunny side of things.　　　정치문

- Blessed <u>are</u> <u>the pure</u> of heart.　　　도치문
  → The pure of heart are blessed.　　　정치문

- So shocked <u>was</u> <u>he</u> that he didn't know what to do.　　　도치문
  → He was so shocked that he didn't know what to do.　　　정치문

 2 그 외의 도치

- There <u>are</u> <u>a lot of pictures</u> on the wall of the building.
  ≫ 유도부사 there이 문장 앞에 오면, 도치가 일어나서 어순이 '동사 + 주어'가 된다.

- A: I am[was] happy.　　　　　　　B: So <u>am[was]</u> I.
  A: I play[played] soccer.　　　　　B: So <u>do[did]</u> I.
  A: I don't[didn't] like apples.　　B: Neither <u>do[did]</u> I. / Nor <u>do[did]</u> I.
  A: I can't[couldn't] play the violin.　B: Neither <u>can[could]</u> I.
  ≫ so, either, nor가 앞 문장의 내용을 받아서 문장 앞에 오는 경우에 도치가 일어난다.

- "Honesty is the best policy," <u>said the professor</u>.
  "Honesty is the best policy," <u>he said</u>.
  ≫ 인용부(" ")가 문장 앞에 오면 도치가 일어나서 어순이 '동사 + 주어'가 된다.
  단, 주어가 대명사인 경우에는 도치가 일어나지 않아서 어순이 '주어 + 동사'가 된다.

- <u>Were</u> I a rich man, I would travel around the world.
  <u>Had</u> he studied harder, he could have gotten a better job.
  ≫ 가정법에서 If를 생략하면, 도치가 일어나서 어순이 '동사 + 주어'가 된다.

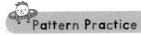 **Pattern Practice**

다음 문장에서 주어, 동사에 밑줄을 그으세요.

❶ Blessed are the poor in spirit.

❷ There are many books on the table.

❸ "I loved her so much." said the man.

❹ So shocked he was that he didn't know what to do.

C 생략구문

문장의 의미를 전달하는데 지장이 없는 경우에는 생략을 해서 문장을 간결하게 만든다.

 문장의 앞부분에 나온 말의 반복을 피하기 위해서 생략이 일어난다.

- Steve went to NewYork to study and Jennifer (went) to Paris to travel. 동사의 생략
- To err is human; to forgive, (is) divine. 동사의 생략
- My room is dirtier than my sister's (room). 명사의 생략
- He should not be late for school, but sometimes he is (late for school). 보어의 생략
- A: Will you come to the party? B: I'll be glad to (come to the party). 대부정사
- To some studying is pleasure, to others, (studying is) suffering. 주어+동사 생략

 부사절에서 접속사 다음에 나오는 〈주어 + be동사〉는 생략할 수 있다.

- He was very healthy when (he was) young. 시간의 부사절
- Though (he was) sick, he went to work as usual. 양보의 부사절
- I will stop by, if (it is) possible. 조건의 부사절
- He is far better than (he was) yesterday. 비교의 부사절

 그 외에도 다음과 같은 경우에 생략이 일어난다.

- No smoking (is allowed)
- (Keep your) Hands off
- (This is) Not for sale.
- What (will happen) if it is not true?
- Will she come back soon? I'm afraid not.
  → I'm afraid (that she will) not (come back soon).
- Will it snow this weekend? I hope not.
  → I hope (it will) not (snow this weekend).

 Pattern Practice

다음 문장에서 생략된 위치에 생략된 단어를 괄호 안에 써 넣으세요.
❶ I will visit the factory, if necessary.

❷ I thought he would be happy and he was.

❸ I was very confident when young.

❹ My room is cleaner than my brother's.

A 다음 문장을 **It is ~ that** 강조구문으로 표현하세요.

1 I met Susan at his birthday party last month.

   a) 주어 강조   → _____

   b) 목적어 강조   → _____

   c) 장소 부사구 강조 → _____

   d) 시간 부사구 강조 → _____

2 They played basketball in the playground yesterday.

   a) 주어 강조   → _____

   b) 목적어 강조   → _____

   c) 장소 부사구 강조 → _____

   d) 시간 부사 강조   → _____

B 다음 문장에서 밑줄 친 부분을 문장 앞으로 보내서 강조하는 도치문을 만드세요.

1 I <u>hardly</u> dreamed that I would marry her.

   (도치문) → _____

2 I have <u>never</u> seen such a big animal.

   (도치문) → _____

3 My daughter did <u>not</u> say <u>a word</u> all day long yesterday.

   (도치문) → _____

4 A puppy is sleeping <u>on the floor</u>.

   (도치문) → _____

C 다음 문장에서 주어에 밑줄을 그으세요.

1 Blessed are the poor in spirit.

2 There is a cell phone on the desk.

3 "Heaven helps those who help themselves," said the teacher.

4 Here comes the train.

5 Hardly could the boy believe what he saw.

A 다음 빈칸에 우리말에 알맞은 영어 표현을 쓰세요.

1 나는 정말로 축구하는 것을 좋아한다. (강조의 do)

→ I _____ _____ _____ _____.

2 이것이 내가 찾고 있던 바로 그 책이다. (강조의 the very)

→ This is _____ _____ I _____ _____

_____.

3 도대체 누가 이 창문을 깨뜨렸느냐? (의문사 강조)

→ Who _____ _____ _____ _____ _____ ?

4 내일 비가 올까? 그러지 않기를 바란다. (hope)

→ Will it _____ _____ ? _____ _____ _____

5 나는 전혀 피곤하지 않다. (not ~ at all)

→ I am _____ _____ _____ _____

B 다음 문장을 영어로 옮기세요.

1 내가 지난주에 부산에서 만난 사람은 바로 스티브였다. (It is ~ that 강조구문)

→ _____

2 내가 부산에서 스티브를 만난 것은 바로 지난주였다. (It is ~ that 강조구문)

→ _____

3 나는 그녀가 말한 것을 거의 믿지 못한다. (hardly를 강조한 도치문)

→ _____

4 오늘 아침까지 그는 그 좋은 소식을 듣지 못했다. (Not until this morning을 강조한 도치문)

→ _____

5 나는 그렇게 멋진 경치를 본 적이 없다. (Never를 강조한 도치구문)

→ _____

6 긍정적인 마음가짐을 가진 사람들이 행복하다. (happy를 강조한 도치구문)

→ _____

7 그는 나보다 훨씬 더 빨리 달릴 수 있다. (비교급 강조)

→ _____

UNIT 33 공통, 삽입, 동격, 물주구문

A 공통구문

문장 중에서 하나의 어구가 두 개 이상의 어구에 공통관계를 가질 수 있는데, 이는 반복을 피하기 위한 생략의 결과라고 볼 수 있다.

- He <u>was and is</u> a most beloved actor. 주어 (본동사 + 본동사)
- She is <u>beautiful and smart</u>. 동사 (보어 + 보어)
- You should pay attention to <u>the safety and the price</u> of the car. 전치사 (목적어 + 목적어)
- You <u>can and must</u> learn English. (조동사 + 조동사) 본동사
- My mom <u>washes and irons</u> my father's shirts every day. (동사 + 동사) 목적어
- She is a <u>beautiful and smart</u> girl. (형용사 + 형용사) 명사
- He walks 3 km <u>to and from</u> school every day. (전치사 + 전치사) 목적어

B 삽입구문

설명을 덧붙이거나 의미를 보충하기 위해 삽입구문을 사용하며, 보통 콤마를 넣어서 구분한다.

- Steve has, surprisingly, passed the bar exam. 단어 삽입. 놀랍게도
- She is, so to speak, a walking dictionary. 구 삽입. 소위 말해
- He has little, if any, hope of walking again. 구 삽입. 가령 있다해도
- I hired a man who I thought was capable and honest. 주절 삽입
  ≫ 자주 삽입되는 주절: I think, I believe, I hear, I suggest, I am sure 등
- He is, as far as I know, a gentleman. 부사절 삽입
- The building, which was built 100 years ago, stands on the riverside. 관계사절 삽입
- The high speed train, leaving seoul at 7:00 a.m., will arrive in Busan on 10:00 a.m. 부사구 삽입

Pattern Practice

다음 문장에서 공통구문 또는 삽입구문에 밑줄을 그으세요.

❶ He is, so to speak, a genius.

❷ She is, as far as I know, a kind lady.

❸ She runs 2km to and from school every day.

C 동격구문

명사, 대명사의 의미를 보충 또는 다른 말로 표현하기 위해 또 다른 명사 상당어구를 두는 경우이다.

- <u>Mr. Johnson</u>, <u>a good doctor</u>, helped poor people a lot.   명사와 명사의 동격
- <u>The news</u> <u>that he had passed the exam</u> was a great relief to us. 명사와 명사절의 동격
- <u>The fact</u> <u>that prices increase</u> can be a sign of inflation.   명사와 명사절의 동격
- I like <u>the idea</u> of <u>publishing a book on education</u>.   of 전후의 어구가 동격관계

D 물주구문

영어 문장에서 사람이 주어가 아니고, 사물이 주어인 경우를 물주구문이라고 한다. 물주구문은 직역하면 어색하기 때문에 사물주어를 '이유, 때, 조건, 양보' 등의 부사구로 바꾸어서 해석한다.

- The heavy rain prevented us from going hiking.   이유, 폭우 때문에...
- His prejudice kept him from accepting the offer.   이유, 그의 편견 때문에...
- His son's death drove him mad.   이유, 아들의 죽음 때문에...
- Her wealth enables her to do anything.   이유, 그녀는 매우 부유해서...
- This picture reminds me of my childhood.   때, 이 사진을 볼 때...
- Twenty minutes' walk brought him to the bus stop.   때, 20분을 걸은 후에...
- Careful thinking will show you the answer.   조건, 주의 깊게 생각한다면..
- This subway line will take you to city hall.   조건, 이 지하철 노선을 타면...
- This medicine will make you feel better.   조건, 이 약을 먹으면...
- No amount of money can satisfy her.   양보, 아무리 돈이 많다 해도...
- Another little drink won't kill you.   양보, 조금 더 마신다 하더라도...
- Her beauty makes her stand out from the group.   결과, 그녀는 매우 예뻐서...

Pattern Practice

다음 문장을 자연스럽게 해석하세요.

❶ What took you so long?   → _____

❷ This picture reminds me of the good old days.   → _____

❸ Regular exercise makes you healthy.   → _____

❹ The heavy snow prevented them from going out.   → _____

A 다음 문장에서 삽입구문에 밑줄을 그으세요.

1 I will hire a person who I believe is diligent and honest.

2 The bus, leaving at 3, arrived in Daegu at 7.

3 The school, which was founded in 1900, is very famous for its ivy.

4 Who do you think is the best player?

B 다음 문장에서 동격을 이루는 어구 두 곳에 밑줄을 그으세요.

1 Ms. Susan, a famous pianist, held a concert in Seoul last week.

2 Can you believe the fact that he failed the exam?

3 Venus, the closest planet to Earth, can be easily seen at night.

4 I oppose the government's plan of raising taxes.

C 다음 물주구문을 자연스러운 우리말 표현이 되도록 유의해서 해석하세요.

1 The noise in the street kept me awake all night.

2 The result made me happy.

3 What makes you laugh loudly?

4 The flood prevented the rescue workers from entering the disaster area.

5 The heavy rain prevented us from going camping.

6 The scholarship enabled him to study abroad.

7 This medicine will relieve your pain.

8 This bus will take you downtown.

9 The expedition cost him his life.

10 Overwork cost Steve his life.

11 What brings you here?

12 What took you so long?

A 다음 빈 칸에 우리말에 알맞은 영어 표현을 쓰세요.

1 그것은 사실일 수도 있고 사실이 아닐 수도 있다. [may, (조동사+조동사) 본동사 공통구문]

→ It _____ _____ _____ _____ _____ _____ .

2 그는 이전에도 지금도 정직한 사람이다. [(동사+동사) 보어, 공통구문]

→ He _____ _____ _____ an honest man.

3 내가 알기로 그는 영리한 사람이다. [as far as I know, 삽입구문]

→ He is, _____ _____ _____ _____ _____ , a smart man.

4 훌륭한 변호사인 존슨씨는 약자들을 많이 도왔다. [동격구문]

→ Mr. Johnson, _____ _____ _____ , _____ _____ _____
a lot.

5 그의 무례함 때문에 나는 화가 났다. [His rudeness, 물주구문]

→ His rudeness _____ _____ _____ .

B 물주구문을 사용하여 다음 문장을 영어로 옮기세요.

1 폭우 때문에 우리는 밖에 나가지 못했다. (prevent A from B~)

→ _____

2 폭설 때문에 사람들이 운전을 하지 못했다. (prevent A from B~)

→ _____

3 그의 예의바름으로 인해 나는 기분이 좋았다. (politeness)

→ _____

4 너는 왜 그렇게 슬프냐? (what ~)

→ _____

5 당신은 이 약을 먹으면 나아질 겁니다.

→ _____

6 이 기차를 타면 부산에 갈 수 있습니다.

→ _____

REVIEW TEST

A 다음 괄호 안에서 알맞은 표현을 고르세요.

1 He (do likes / does like) to play tennis.

2 She is (very / much) prettier than any other girl in our class.

3 Little (did he expect / expected he) to win the lottery.

4 Here (comes she / she comes).

5 Not a word (did the girl say / said the girl) all day long.

6 So shocked (she was / was she) that she couldn't say a word.

7 No mercy (did the robber show / showed the robber).

B 다음 빈 칸에 알맞은 말을 넣으세요.

1 그는 어렸을 때 수영을 매우 잘 할 수 있었다. (생략구문)

→ He could swim very well _____ _____.

2 비록 그녀는 아팠지만, 그녀는 시험을 위해서 열심히 공부했다. (생략구문)

→ _____ _____, she studied hard for the exam.

3 그녀는 다시 걸을 수 있는 희망이 가령 있다 해도 거의 없다. (삽입구문)

→ She has little, _____ _____, hope to walk again.

C 물주구문을 사용하여 다음 문장을 영어로 옮기세요.

1 폭풍 때문에 우리는 그 캠핑을 연기할 수밖에 없었다. (force A to부정사)

→ _____

2 그는 부자여서 어느 것이든 할 수 있다. (enable A to do)

→ _____

3 이 사진을 보면 나의 학창 시절이 생각난다. (remind)

→ _____

4 그녀의 무례함 때문에 그는 화가 났다. (rudeness)

→ _____

5 자기 아들의 죽음 때문에 그는 미쳤다. (drive)

→ _____

Essay Topic

Some high schools require all students to wear school uniforms. Other high schools permit students to decide what they wish to wear to school. Which these two school policies do you think is better? Use specific reasons examples to support your opinion.

본론 아이디어 정리

| Body 1 |

ⓣ Topic Sentence: **고등학생들은 또래 학생들보다 튀는 애들을 괴롭히는 경향이 있음.** (tease)

Supporting Detail 1: 그런 괴롭힘 때문에 일부 학생들은 학교 가기를 싫어하고 학교 공부에 방해를 받음. (distract)

Supporting Detail 2: 교복이 가난한 학생과 부자 학생의 차이를 없애고, 공부에 도움이 된다고 믿음. (learning environment)

| Body 2 |

ⓣ Topic Sentence: **교복은 학교에서 모든 학생들에게 공동체의식을 만들 것이다.** (a sense of community)

Supporting Detail 1: 교복은 학생들이 학교 밖에 있을 때에도 학생들이 서로를 알아보도록 도와줌. (identify)

Supporting Detail 2: 그러한 느낌(공동체 의식)은 학교 밖 싸움과 경쟁을 줄이는데 도움이 됨.

● 정리된 아이디어를 영어로 옮기세요.

| Body 1 |

① 첫째, 고등학생들은 또래 학생들보다 튀는 애들을 괴롭히는 경향이 있고, 많은 학생들이 헌 옷을 입고 다니는 것 때문에 괴롭힘을 당한다.

→ First, high school students _____

who stand out from the crowd, and many students are teased for their second hand

clothing.

1   그런 괴롭힘은 일부 학생들이 학교에 가기를 싫어하게 만들고, 그들이 공부하는 것을 방해한다.

→ Such teasing often makes some students dread going to school and _____

_____ .

2   나는 교복이 가난한 학생과 부자 학생의 분명한 차이를 제거할 것이고, 모든 학생들에게 더 나은 학습 환경을 만든다고 믿는다.

→ I believe that uniforms will remove many of the obvious distinctions between poor and

well to do students and _____

_____ .

| Body 2 |

① 둘째, 교복은 학교의 모든 학생들 사이에 공동체의식을 만들 것이다.

→ Second, uniforms _____ of a

given school.

1   교복은 학생들이 학교 밖에 있을 때에도 서로를 알아보고 동료 학생들을 인식하는데 도움이 된다.

→ Uniforms _____ as fellow

students even when they are not on school grounds.

2   그러한 느낌(공동체 의식)은 학교 밖에서의 싸움과 경쟁을 줄이는데 도움이 될 수 있다.

→ _____ out of school fights and

competitions.

Memo

Memo

Memo

Memo

탄탄한 영문법 실력으로 서술형 영작 문제부터 iBT 토플까지 대비!

iBT 고득점으로 가는

Grammar & Writing

3

2nd Edition

김민호·전진완 지음

정답 및 해석

DARAKWON

iBT 고득점으로 가는 Grammar & Writing 3

2nd Edition

정답 및 해석

DARAKWON

CHAPTER 01

문장의 구조

UNIT 01 문장의 5가지 형식

A 자동사 문장

예문 해석

1 • 그는 시드니에 산다.
   • 어제 비가 많이 왔다.
   • 그 아기가 크게 울었다.

2 • 인생은 아름답다.
   • 나뭇잎이 단풍이 들었다.
   • 그 신부는 매우 행복해 보인다.
   • 이 스프는 단 맛이 난다.

Pattern Practice   p. 10

❶ The sun sets in the west.
❷ Birds sing sweetly.
❸ There is a book on the desk.
❹ She lives in New York.
❺ The baby laughed loudly.

B 타동사 문장

예문 해석

1 • 그는 지난달에 새 차 하나를 샀다.
   • 나는 그녀에게 긴 편지를 썼다.
   • 우리는 그를 의지할 수 있다.
   • 나는 너를 비웃지 않았다.
   • 당신은 집 안에서는 신발을 벗어야만 한다.
   • 그는 사무실을 떠나기 전에 불을 껐다.
   • 그들은 그를 위대한 학자로 존경했다.

Pattern Practice   p. 11

❶ 주격보어   ❷ 목적어
❸ 목적어   ❹ 주격보어
❺ 주격보어

해석

❶ 그녀는 아름다운 여자이다.
❷ 나는 아름다운 여자를 좋아한다.
❸ 그는 책 한 권을 썼다.
❹ 이것은 책이다.
❺ 그녀는 행복해 보인다.

예문해석

2 • 나는 지난주에 그녀에게 선물을 하나 보냈다.
   • 내가 초등학교를 졸업했을 때 그녀는 나에게 휴대폰을 사 주었다.
   • 그는 나에게 수잔의 휴대폰 번호를 물었다.
   • 그는 나에게 그것을 주었다.

• 그 일 때문에 스티브는 목숨을 잃었다.
• 그들은 그의 똑똑함을 부러워한다.
• 이 기계를 사용해서 우리는 힘든 일을 많이 덜었다.

Pattern Practice   p. 12

❶ to her → for her
❷ him it → it to him
❸ for me → to me
❹ a lot of time for us → us a lot of time
❺ to me → of me

해석

❶ 나는 그녀를 위해 스마트 폰을 하나 사 주었다.
❷ 나는 그것을 그에게 주었다.
❸ 그녀는 나에게 선물을 보냈다.
❹ IT 장치들은 우리에게 많은 시간을 절약해 준다.
❺ 그는 나에게 그 질문을 했다.

예문 해석

3 • 그녀는 나에게 그 계약서를 설명했다.
   • 그는 나를 그 교수님에게 소개해 줬다.
   • 그들은 국민들에게 새로운 계획을 발표했다.
   • 그들은 그를 천재라고 부른다.
   • 그는 어제 자기 차를 빨간색으로 칠했다.
   • 우리 아버지는 내가 자기 컴퓨터를 사용하도록 허락했다.
   • 그녀는 누군가가 거리를 가로질러 달려가는 것을 보았다.
   • 선생님은 학생들에게 신청 양식을 채워 넣게 했다.
   • 그녀는 자기 아들에게 장난감을 하나 만들어 주었다.
   • 그녀는 자기 아들을 변호사로 만들었다.

Pattern Practice   p. 13

❶ I saw her <u>cheating</u> on the exam.
❷ We call him <u>a genius</u>.
❸ I painted the car <u>green</u>.
❹ He made his son <u>a doctor</u>.
❺ They made him <u>sign the contract</u>.

해석

❶ 나는 그녀가 시험에서 부정행위를 하는 것을 보았다.
❷ 우리는 그를 천재라고 부른다.
❸ 나는 그 차를 녹색으로 칠했다.
❹ 그는 자신의 아들을 의사로 만들었다.
❺ 그들은 그가 그 계약서에 서명하도록 했다.

C 문장형식에 따라 의미가 달라지는 동사들

예문 해석

• 유리는 쉽게 깨진다.
• 그 소년이 창문을 깨뜨렸다.
• 지구는 태양 주위를 움직인다.
• 스티브는 책상을 자기사무실 안으로 옮겼다.
• 정직은 언제나 이롭다.
• 그는 수잔에게 돈을 지불해야 한다.
• 그것이면 충분할 것이다.
• 나는 학교가 끝난 후에 내 숙제를 한다.
• 그 펜은 부드럽게 써진다.
• 그는 역사에 관한 책 한권을 썼다.
• 매 분이 중요하다. (모든 시간이 소중하다)

- 그는 계란을 세웠다.
- 이 기계는 작동되지 않는다.
- 그는 자기 자신에게 너무 심하게 일을 시켰다. (그는 과로했다.)
- 그들은 강을 따라 걸었다.
- 그녀는 매일 자기 개를 걷게 한다.
- 이 책은 잘 팔린다.
- 그는 중고차를 판다.
- 그는 지금 달리고 있다.
- 그는 호텔을 경영하고 있다.
- 새들이 감미롭게 노래한다.
- 그들은 함께 크리스마스 캐럴을 부르고 있다.
- 모든 것이 많이 변했다.
- 그는 그 계획을 바꿨다.
- 나는 생각한다. 그러므로 나는 존재한다.
- 나는 학생이다.
- 그는 지난 밤에 책 한권을 읽었다.
- 그는 지난 밤에 자기 아들에게 책 한권을 읽어 주었다.
- 나는 장난감을 하나 만들었다.
- 나는 아들에게 장난감을 하나 만들어 주었다.
- 나는 아들을 의사로 만들었다.

Pattern Practice
p. 14
❶ 유리는 쉽게 깨진다.
❷ 모든 시간이 중요하다
❸ 이 책은 잘 팔린다.
❹ 그 펜은 부드럽게 잘 써진다.

GRAMMAR PRACTICE
p. 15
A
1 주격보어(SC)	2 목적격보어(OC)
3 목적어(O)	4 목적어(O)
5 간접목적어(IO)	6 주격보어(SC)
7 목적어(O)	8 직접목적어(DO)
9 수식어(M)	10 목적어(O)
11 직접목적어(DO)	12 목적격보어(OC)
13 수식어(M)	14 주격보어(SC)

B
1 to me → for me
2 us the new product → the new product to us
3 him it → it to him
4 to enter → enter
5 sourly → sour
6 play → to play
7 to clean → clean
8 to me → of me
9 for us → to us

해석
A
1 그녀는 자기 아들을 보고서 행복해 보인다.
2 우리는 지난주에 그 집을 녹색으로 칠했다.
3 나는 어제 공원에서 그녀를 만났다.
4 그녀는 내가 영어공부를 하게 했다.
5 우리 엄마는 나에게 새 휴대폰을 하나 사 주었다.
6 그는 그 소식에 창백해졌다.
7 나는 그녀를 부모님께 소개했다.
8 수잔은 나에게 그의 주소를 물었다.

9 그들은 방에서 큰 소리로 웃었다.
10 그는 일요일에 자기 개들을 산책시켰다.
11 그는 작년에 우리에게 영문법을 가르쳤다.
12 그녀는 자기 아들을 훌륭한 선생님으로 만들었다.
13 달은 지구 주위를 움직인다.
14 그녀의 소설은 베스트셀러가 되었다.

B
1 우리 엄마는 나를 위해 케이크를 만들어 줬다.
2 그 판매원은 우리에게 새로운 제품을 설명했다.
3 나는 어제 그에게 그것을 주었다.
4 우리는 그녀가 건물로 들어가는 것을 보았다.
5 이 주스는 신 맛이 난다.
6 우리 엄마는 내가 컴퓨터 게임을 하도록 허락해 주었다.
7 나는 그에게 자기 방을 청소하게 했다.
8 그녀는 나에게 톰의 주소를 물었다.
9 그녀는 우리에게 자기 사진들을 보여 줬다.

SENTENCE WRITING PRACTICE
p. 16
A
1 She laughed loudly
2 They remained silent
3 met her in the park
4 I bought him a bicycle
5 elected him president

B
1 He forced me to sign the contract.
2 She asked me his address last month.
3 She taught English to us last year.
4 Everyone calls her a star.
5 I want you to become a businessman in the future.
6 He asked me a difficult question.
7 I read children a story book yesterday.

UNIT 02 자동사와 타동사 구분

A 주의해야 할 자동사와 타동사

예문 해석
1
- 수잔은 자기 엄마를 닮았다.
- 그녀는 부유한 남자와 결혼했다.
- 그는 자기 방에 들어갔다.
- 나는 그 회의에 참석했다.
- 그들은 어제 서울에 도착했다.
- 그는 자신의 추종자들에게 연설을 했다.
- 스티브는 내 질문에 답했다.
- 너는 부모님에게 순종해야 한다.
- 우리는 회의에서 그 문제를 논의했다.
- 그는 사장에게 새로운 마케팅 전략을 설명했다.
- 대부분의 여자들은 배우자보다 더 오래 산다.

Pattern Practice
p. 17
❶ explained about → explained

❷ marry with → marry
❸ entered into → entered
❹ obey to → obey
❺ answered to → answered

해석
1 ❶ 그녀는 새로운 제품을 우리에게 설명했다.
   ❷ 나는 예쁜 여자와 결혼할 것이다.
   ❸ 많은 사람들이 강당으로 들어갔다.
   ❹ 우리는 부모님께 순종해야 한다.
   ❺ 그녀는 그들의 질문에 답변했다.

예문 해석
2 • 그들은 그의 제안에 반대했다.
   • 그는 무례하게 행동한 것을 나에게 사과했다.
   • 그녀는 경찰에 이웃집 개에 대한 불만을 제기했다.
   • 나는 주간지 '이코노미스트'를 정기 구독했다.
   • 나는 그녀의 성공을 바란다.

3 • 나는 그 회의에 참석했다.
   • 우리는 어제 서울에 도착했다.

B 기타 주의해야 할 동사의 용법

예문 해석
1 • 물은 수소와 산소로 구성되어 있다.
   • 무슨 일이 있었는지 말해 봐라.
   • 그 사고는 지난 밤에 발생했다.

Pattern Practice
p. 18

❶ objected → objected to
❷ is consisted of → consists of
❸ participated → participated in
❹ subscribed → subscribed to

해석
❶ 사람들은 정부의 계획에 반대했다.
❷ 물은 수소와 산소로 구성된다.
❸ 그는 그 회의에 참석했다.
❹ 그녀는 그 월간 잡지를 정기구독 했다.

예문 해석
2 • 그들은 나에게 작업일정표를 알려 주었다.
   • 그는 그 숙녀의 가방을 빼앗았다.
   • 그녀는 나에게 우리 엄마를 생각나게 한다.
   • 우리 형은 내 숙제를 도와줬다.
   • 젖소는 우리에게 우유를 제공한다.
   • 그들은 우리의 낡은 책상들을 새것으로 교체했다.
   • 폭우로 구조대원들이 재난 지역에 들어가지 못했다.
   • 법에 사람들이 건물 내에서 흡연하는 것은 금지되어 있다.
   • 너는 여우와 늑대를 구분할 수 있느냐?
   • 그는 자동차 사고에 대해 그녀를 나무랐다.
   • 나는 내 중고차를 2,000달러에 팔았다.
   • 도와 주셔서 감사합니다.
   • 그는 자기 성공을 어머니 덕분으로 돌린다.
   • 나는 우유보다 오렌지 주스를 더 좋아한다.
   • 그는 내 계획을 고려할 가치가 있는 것으로 간주했다.

Pattern Practice
p. 19

❶ with   ❷ of
❸ for   ❹ from

해석
❶ 그들은 이재민들에게 음식과 피난처를 제공해 주었다.
❷ 그 사람은 나에게서 돈을 강탈했다.
❸ 사장님은 그에게 그 프로젝트의 지연에 대해서 비난했다.
❹ 여우와 늑대를 구분하는 것은 힘들다.

GRAMMAR PRACTICE
p. 20

A 1 with   2 for
   3 to   4 with
   5 with   6 of
   7 from   8 to
   9 of   10 with
  11 from   12 for

B 1 addressed to → addressed
   2 attended to → attended
   3 explained about → explained
   4 participated → participated in
   5 resembles with → resembles
   6 apologized → apologized to
   7 answered to → answered
   8 obey to → obey
   9 arrived → arrived in
  10 marry with → marry

해석
A
1 나는 내일 저녁에 그녀의 숙제를 도와 줄 것이다.
2 나는 그 프로젝트의 실패에 대해서 스티브를 나무랐다.
3 나는 나의 성공을 우리 아버지 덕분으로 돌린다.
4 우리는 다음 주에 오래된 의자들을 새것으로 교체할 것이다.
5 그 공기업은 시민들에게 전기를 제공한다.
6 키가 큰 한 남자가 그 신사의 지갑을 빼앗아 갔다.
7 폭우로 우리는 밖에 나가지 못했다.
8 그녀는 커피보다 차를 더 좋아한다.
9 그 독재자는 시민들의 기본적인 인권을 박탈했다.
10 그는 교통의 측면에서 서울을 다른 대도시들과 비교했다.
11 그 기계 덕분에 직원들이 힘든 노동으로부터 해방 되었다.
12 보험회사는 그 손실에 대해서 그에게 보상했다.

B
1 그 정치인은 자기 추종자들에게 연설을 했다.
2 많은 사람들이 그 회의에 참석했다.
3 그녀는 자기 동료들에게 새로운 계획을 설명했다.
4 그녀는 작년에 미인선발대회에 참가했다.
5 스티브는 자기 아버지를 닮았다.
6 나는 늦은 것에 대해 그에게 사과했다.
7 그는 내 질문에 큰 소리로 대답했다.
8 우리는 부모님께 순종해야 한다.
9 그들은 어제 뉴욕에 도착했다.
10 그녀는 잘생긴 남자와 결혼하기를 원한다.

A 1 wants to marry a pretty woman
　2 apologized to my teacher for
　3 told her what happened
　4 supplies us with milk
　5 green tea to coffee

B 1 The salesman explained a new computer to us.
　2 A computer consists of hundreds of parts.
　3 He reminds me of my father.
　4 The storm prevented us from going out.
　5 He sold his car for 3,000 dollars.
　6 The government provides the homeless with food.
　7 A plane crash occurred in Russia last night.

Chapter REVIEW TEST

p. 22

A 1 3형식　　　　　　　2 2형식
　3 5형식　　　　　　　4 1형식
　5 4형식　　　　　　　6 2형식

B 1 그녀는 자기 아들에게 케이크를 만들어 주었다.
　2 그녀는 자기 아들을 훌륭한 사업가로 만들었다.
　3 식물이 이 토양에서 잘 자란다.
　4 농부들이 이 땅에서 벼를 재배한다.
　5 그녀는 병아리를 세었다.
　6 매 분이 중요하다. (모든 시간이 소중하다)
　7 그녀는 빠르게 달리고 있다.
　8 그녀는 큰 회사를 경영하고 있다.

C 1 answered to → answered
　2 to → of
　3 is consisted → consists
　4 objected → objected to
　5 than → to
　6 with → for
　7 for → with

D 1 her a ring
　2 Susan her beauty
　3 him a genius of music
　4 her play the violin
　5 my old car for 1,000 dollars
　6 sells well
　7 provide people with jobs
　8 my success to my father

E 1 He showed us the conference room.
　2 This new machine will save us a lot of time and efforts.
　3 The government announced a new policy to the public (the people).
　4 My father allowed me to drive his car.
　5 He made his son a politician.
　6 I will replace my old desk with a new one.

해석

A 1 나는 너에게 물어볼 게 있다.
　2 그들은 회의 동안에 조용하게 있었다.
　3 나는 어제 그에게 자기 방을 청소하게 했다.
　4 당신한테 온 편지가 하나 있다.
　5 그는 결혼기념일에 아내에게 다이아몬드 반지를 사 주었다.
　6 그녀는 32세의 젊은 나이에 죽었다.

C 1 수잔은 그 어려운 질문에 정확하게 대답했다.
　2 그들은 그에게 그의 승진을 알려 줬다.
　3 자동차는 수천 개의 다양한 부품으로 이루어져 있다.
　4 근로자들은 새로운 노동정책에 반대했다.
　5 그는 축구를 보는 것보다 축구하는 것을 더 좋아한다.
　6 그녀는 자기의 오래된 컴퓨터를 200달러에 팔았다.
　7 시 정부는 시민들에게 대중교통을 제공한다.

에세이 주제

사람들은 여러 가지 이유로 대학에 다닌다. 예를 들어 새로운 경험을 하기 위해, 직업 준비를 위해, 또는 더 많은 지식을 얻기 위해서 대학을 다닌다. 사람들이 왜 대학에 다닌다고 생각하는가? 구체적인 이유와 예를 들어서 의견을 설명하시오.

| Body 1 |
① want to prepare themselves for the job market
1 many of the best paying jobs
2 to learn from experienced educators

| Body 2 |
① attend college for personal development
1 to take courses outsides of their fields
2 participate in various activities

CHAPTER 02

시제

UNIT 03 단순 시제 & 진행 시제

A 단순 시제

예문 해석

1 • 백두산은 한반도에서 가장 높은 산이다.
　• 올림픽 경기는 매 4년마다 개최된다.
　• 우리 아빠는 시간이 돈이라고 말씀하시곤 했다.
　• 어려울 때 돕는 친구가 진정한 친구다.
　• 더운 공기는 올라가고 찬 공기는 내려온다.

2 ● 당국은 오염된 지역을 폐쇄하기로 결정했다.
　● 메리는 어렸을 때 일요일마다 교회에 갔다.
　● 대한민국과 일본은 2002년 월드컵을 공동 개최했다.
　● UN은 1945년에 창설되었다.
　● 소련은 한때 세계에서 가장 큰 나라였다.

3 ● 그 사원은 내년에 (지어진 지) 1000년이 된다.
　● 제니퍼: 무엇을 할 계획이니?
　　데이빗: 이번 휴가 때 그냥 휴식을 취할 예정이야.
　● 그녀가 사무실로 들어왔을 때 나는 막 나가려던 참이었다.
　● 어제 구입한 새 차가 좀처럼 시동이 안 걸린다.
　● 벌들은 괴롭히지만 않는다면 공격하지 않는다.
　● 사내아이의 장난은 어쩔 도리가 없다.
　● 해가 뜰 때 우리는 실종자 수색을 시작할 것이다.
　● 북한이 공격에 대해 사과할 때까지 대한민국은 북한과 어떤
　　접촉도 하지 않을 것이다.
　● 계속 비가 온다면 행사 스태프가 쇼를 위해서 다른 장소를
　　찾아야할 것이다.
　● 회사가 그들의 임금을 인상하지 않는다면 그들은 파업을
　　철회하지 않을 것이다.
　● 넌 그가 언제 돌아올지 아니?

Pattern Practice
p. 29
❶ will move　　　　　❷ declared
❸ comes　　　　　　❹ hits
❺ die

B 진행 시제

예문 해석
1 ● 승객들이 지금 704편에 탑승하고 있다.
　● 안토니오는 언어학에 대한 책을 쓰고 있었다.
　● 그 회사의 CEO가 내일 5시에 신제품을 발표하고 있을 것이다.

2 ● 그녀는 이번 일요일에 예전 남자친구를 만날 예정이다.
　● 총리가 오늘 밤에 APEC정상 회담 참석차 하와이로 갈 예정이다.
　● 차에 탑승해라! 당장 병원에 데려다줄게.
　● 기자들이 시청으로 오니?

3 ● 그 바이어는 나의 새 제안을 좋아한다.
　● 그녀는 자신의 맞수를 많이 싫어한다.
　● 그 백만장자는 큰 요트를 소유하고 있다.
　● 이 설계도는 제니퍼의 것이다.
　● 너는 정치인들이 사실을 말하고 있다고 생각하니?
　● 그 비밀요원은 적에 대하여 잘 알고 있다.
　● 남자친구가 내게 준 향수는 향기가 아주 좋다.
　● 네가 준 레몬에이드는 맛이 아주 좋다.
　● 사람은 만물의 영장이다.
　● 내 딸은 엄마를 닮았다.

Pattern Practice
p. 31
❶ am believing → believe
❷ investigated → were investigating
❸ 없음
❹ is feeling → feels
❺ Are you remembering → Do you remember

A 1 goes　　　　　　2 touches
　3 usually stays　　4 contains
　5 became　　　　6 discovered
　7 always plays　　8 is having
　9 drives　　　　10 had

B 1 없음
　2 are dying → die
　3 answers → am going to answer
　4 없음
　5 had abandoned → abandoned
　6 is sounding → sounds
　7 will accept → accepts
　8 없음

해석
A
1 그녀는 일년에 네 번 보스톤으로 출장간다.
2 나는 내 재산을 건드리는 그 누구라도 고소할 것이다.
3 그는 벌을 받고 나면 주로 방안에 조용히 있다.
4 그 물병은 약 100리터가 들어간다.
5 그녀가 영화배우가 되었다는 신문을 읽었니?
6 나는 1492년에 콜럼버스가 아메리카 대륙을 발견했다고 배웠다.
7 내 남동생은 밤에 늘 비디오 게임을 한다.
8 그녀는 남편이 요리한 훌륭한 저녁식사를 먹고 있는 중이다.
9 아내는 매일 아침 딸을 학교에 태워다준다.
10 그는 그때 썩은 이를 뽑았다.

B
1 빌딩 위에서 보면 광장에 있는 사람들이 작은 개미 같이 보인다.
2 세상에서 살고 있는 모든 것들은 언젠가 죽는다.
3 벨이 울리고 있다. 내가 받을게.
4 내 여동생은 절대 롤러코스터를 타지 않는다. 그녀는 그것을 매우
　싫어한다.
5 일본은 2차 세계대전 말미에 괌을 포기했다.
6 방금 네가 제안한 계획이 아주 좋다.
7 그녀가 너의 데이트 요청을 받아주면 파티에 갈거니?
8 네가 내게 전화했을 때 난 너의 제안에 대해 생각하고 있는
　중이었다.

A 1 notices you / will be in vain
　2 My wife and I traveled
　3 will give her / she arrives
　4 teaches 8 classes a week
　5 would sit / read

B 1 N Tower stands high above Namsan.
　2 Michael Jackson was very popular in the 1980s.
　3 I understand your situation but you must keep
　　your promise.
　4 Korea is composed of eight provinces.
　5 Korea was divided into two countries in 1945.
　6 My father always hikes up a small hill.

7 The Panama Canal was opened by the U.S.A. in 1914.

UNIT 04 완료 시제

A 현재완료

예문 해석

1 • 프로젝트 팀이 시스템을 조직화하는 것을 끝마쳤다.
  • 그녀는 지금 막 인천국제공항에 도착했다.
  • 팔이 부러져서 아무것도 할 수 없다.
  • 앤은 시계를 잃어버려서 시간을 말해줄 수 없다.

2 • 음악 공연에 가본 적이 있니?
  • 나는 평생 그러한 영화를 본 적이 없었다.
  • 나는 그녀를 처음 만났던 때부터 그 소식을 알고 있었다.
  • 일부 사람들은 스티브가 아이였을 때부터 그녀를 알고 지내왔다고 말한다.

3 • 그녀는 세탁을 (지금) 끝냈다. vs 그녀는 세탁을 (과거에) 끝냈다.
  • 나는 지갑을 잃어버렸다. (지금도 없음) vs 나는 지갑을 잃어버렸다. (지금은 다시 찾았는지 알 수 없음)
  • 나는 부산에 가본 적이 있다. vs 나는 부산에 있었다.
  • 그는 그 노인을 안다.(과거부터 지금까지) vs 그는 그 노인을 알았다.

4 • 나는 같은 박물관에 세 번 가본 적이 있다.
  나는 작년에 같은 박물관에 세 번 갔었다.
  • 성경을 읽어본 적이 있니?
  어제 성경을 읽었니?
  • 일을 언제 끝냈니?

Pattern Practice
p. 35

1 ❶ 결과 ❷ 결과
  ❸ 계속 ❹ 경험

2 ❶ 그녀는 도박으로 모든 돈을 잃었다.
  ❷ 그 망명자는 모국을 떠났다.
  ❸ 옆집의 새 이웃은 거기서 3개월 동안 살고 있다.
  ❹ 낯선 사람과 대화를 해본 적이 있니?

3 ❶ 그녀는 사업차 베를린으로 갔다. / 없음
  ❷ 그를 처음으로 만난 것이 언제니? / have you met → did you meet
  ❸ 그 불쌍한 소녀는 부모를 잃어버렸으나 나중에 그들이 그녀를 찾았다. / has lost → lost
  ❹ 나는 2년 전에 그 프로그램에 세 번 참여했었다. / have participated → participated

B 과거완료

예문 해석

1 • 그녀는 일을 끝냈다고 내게 말했다.
  • 그녀는 이미 보고서를 제출했다고 내게 말했다.
  • 그들은 내가 그녀에게 그 소식을 보고했다고 생각했다.

2 • 그는 그 MP3 플레이어를 4년간 가지고 있었다고 말했다.
  • 내 친구가 일주일 동안 아팠었다고 말했다.
  • 내가 그녀로부터 편지를 받았을 때 나는 그녀를 안 지 10년이 됐다.

Pattern Practice
p. 36

❶ had been knowing → had known
❷ did → had done
❸ had been knowing → had known

해석
❶ 아버지가 그의 친구를 오랫동안 알고 지냈다고 말씀하셨다.
❷ 선생님은 내가 숙제를 한 것으로 생각하셨다.
❸ 그들이 결혼했을 때 그들은 서로를 안 지 7년이 됐다.

GRAMMAR PRACTICE
p. 37

A 1 did she complete 2 had already left
  3 had known 4 has moved
  5 have lost 6 wanted
  7 have been
  8 will have been running
  9 has been downloading
  10 had not been concentrating

B 1 없음
  2 stole → had stolen
  3 have been → went
  4 have worked → had been working
  5 없음
  6 has → had
  7 없음

해석
A
1 그녀가 언제 과제를 끝냈니?
2 내가 일을 끝냈을 때 사장님은 이미 떠났다.
3 스티브는 그녀를 오랫동안 알고 지냈다고 내게 말했다.
4 지구는 그것이 생겨났을 때부터 태양 주위를 돌고 있었다.
5 난 지갑을 잃어버려서 어디든 갈 수 없다.
6 한 달 전에는 당신과 일하고 싶었지만 지금은 그렇지 않다.
7 나는 네게 여러 번 롱비치에 가본 적이 있다고 말했다.
8 네가 직장에서 돌아올 때면 화면보호기가 6시간 동안 작동하고 있을 것이다.
9 그가 소프트웨어 다운받는 걸 멈추게 할 수 있니? 그는 오늘 아침부터 다운 받고 있어
10 그 학생이 내 강의에 집중하고 있지 않았기 때문에 그에게 벌을 줘야 했다.

B
1 나는 단지 몇 개월 동안만 이 소프트웨어 회사에서 일했다.
2 그녀는 누가 그녀의 차를 훔쳤는지 궁금해했다.
3 작년 여름에 내 친척들과 놀이공원에 갔다.
4 내 아내가 나를 데리러 왔을 때, 나는 두 시간 동안 일하고 있었다.
5 그녀는 무엇을 해야 할지 몰라서 집안에 있기로 결정했다.
6 우리가 도착했을 때, 누군가가 우리집에 이미 침입했었다.
7 그는 밤새 코를 골았다. 그래서 나는 잠을 제대로 잘 수 없었다.

7

SENTENCE WRITING PRACTICE p. 38

A 1 has lived here
  2 have lost / my favorite singer
  3 will have been working / for 5 hours
  4 has been singing
  5 said / had been canceled

B 1 She said that he had already sent the money to me.
  2 It has been one week since he left the company.
  3 The number of car accidents has increased drastically this year.
  4 Roasting coffee beans was much more difficult than I had thought.
  5 He said that he had felt the pain since the 10 kilometer point.
  6 She found that someone had broken into the museum.
  7 He didn't give us the money because he had given it to someone else.

Chapter REVIEW TEST p. 39

A 1 changes   2 broke
  3 arrive   4 won't open
  5 will talk

B 1 was reading / finished my work
  2 rises in / sets in
  3 has been to
  4 used to play soccer
  5 Have / ever said a word

C 1 없음
  2 has → had
  3 없음
  4 were you doing → have you been doing
  5 have they arrived → did they arrive

해석
A 1 한 가지 확실한 것은 모든 것은 항상 변한다는 것이다.
  2 선생님이 1차 세계대전은 1914년에 발발했다고 말했다.
  3 네가 공항에 도착할 때 너의 아빠가 너를 기다리고 있을 것이다.
  4 창문이 좀처럼 열리지 않는다.
  5 나는 그녀가 나에게 말을 할지 안 할지 확신할 수 없다.

C 1 그 소녀는 아빠가 돌아가신 후로부터 계속 이집에서 살고 있다.
  2 그들은 판사가 용의자를 사적으로 만나고 있었다고 말했다.
  3 그녀는 그가 현장에 도착하기 전에 정신을 잃었다.
  4 그때 이후로 뭐하고 지냈니?
  5 언제 그들이 국립공원에 도착했니?

IBT토플 Writing / Essay Topic별 실전 연습 p. 40

에세이 주제
"배움은 책에만 있는 것은 아니다"라는 말이 있다. 책에서 얻은 지식과 실질적인 경험에서 얻은 지식을 비교하고 대조해서 설명하시오. 어떤 지식의 원천이 더 중요하다고 생각하는가? 그 이유는 무엇인가?

| Body 1 |
① how it applies to real life
1 has gained a significant amount of knowledge
2 applies to people's everyday lives

| Body 2 |
① makes us more compassionate / to recognize our own humanity
1 Throughout history / all men are created equal
2 truly came to understand

CHAPTER 03
조동사

UNIT 05 조동사의 용법

A 조동사의 의미별 분류

예문 해석
1 • 나는 영어와 중국어를 모두 말할 수 있다.
  • 나는 러시아말을 전혀 할 줄 모른다.
  • 너는 스페인어를 말할 수 있느냐?
  • 그는 7살 때 피아노를 연주할 수 있었다.
  • 그는 7살 때 피아노를 연주할 수 없었다.
  • 그녀는 내년에 영어 말하기를 매우 잘 할 수 있을 것이다.
  • 그녀는 내년에 영어 말하기를 매우 잘 할 수 있을까?

Pattern Practice p. 44
❶ 너는 내년에 수영을 잘 할 수 있겠느냐?
❷ 그 소년은 5살 때 바이올린을 연주할 수 있었다.
❸ 너는 탁구를 할 수 있느냐?
❹ 나는 불어를 전혀 말할 수 없다.
❺ 그는 6개월 후에 기타를 연주할 수 있을 것이다.

예문 해석
2 • 너는 내 휴대폰을 사용해도 된다.
  • 당신 휴대폰을 제가 사용할 수 있나요?
  • 고객들은 컴퓨터를 무료로 사용할 수 있습니다.
  • 제가 당신 컴퓨터를 잠시 사용해도 되나요?
  • 18세 미만일 때는 투표할 수 없다.
  • 여기서 담배 피우면 안 됩니다.

3 • 어린이들도 암에 걸릴 수 있습니다.
  • 그가 말한 것은 사실 일 수도 있다.
  • 그런 일이 일어날 수 있다.

4 • 그는 오늘 아마 집에 있을 것이다.
  • 그는 오늘 아마 집에 없을 것이다.
  • 그는 오늘 틀림없이 집에 있을 것이다.
  • 그는 오늘 틀림없이 집에 없을 것이다.
  • 그는 오늘 집에 있을 리가 없다.
  • 그는 어제 아마 집에 있었을 것이다.
  • 그는 어제 아마 집에 없었을 것이다.
  • 그는 어제 틀림없이 집에 있었을 것이다.
  • 그는 어제 틀림없이 집에 없었을 것이다.
  • 그는 어제 집에 있었을 리가 없다.

Pattern Practice
p. 45
❶ 그 소문은 사실일 리가 없다.
❷ 당신은 흡연실에서만 담배를 피울 수 있습니다.
❸ 그녀는 어제 틀림없이 거짓말을 했을 것이다.
❹ 그녀는 지금 틀림없이 집에 있을 것이다.

예문 해석

5 • 값싼 입장권을 얻기 위해서는 먼저 예약을 해야만 한다.
  • 지난 주에 스티브는 다리가 부러져서 병원에 가야만 했다.
  • 너는 다음 시험에서 더 나은 성적을 얻기 위해서는 더 열심히 해야만 할 것이다.
  • 나는 이 보고서를 내일까지 끝내야 한다.
  • 정부가 노숙자를 돕기 위해 더 많은 것을 했어야 했다.
  • 너는 아파 보인다. 의사한테 가 보아야겠다.
  • 그는 나와 상의했어야 했다.

6 • 나는 오늘 오후에 공책과 연필을 사야 한다.
  • 그 보고서에 많은 오류가 있기 때문에 그는 보고서를 다시 타이핑할 필요가 있다.
  • 너는 세차를 할 필요가 없다. 차가 깨끗하다.
  • 내일은 휴일이다. 나는 직장에 갈 필요가 없다.
  • 어제는 휴일이었다. 나는 직장에 갈 필요가 없었다.

7 • 어린이는 담배를 피우거나 술을 마시면 (절대) 안 된다.
  • 도서관에서는 소음을 내서는 안 된다.
  • 음주운전을 하지 말아야 한다.
  • 나는 그에게 돈을 빌려주지 말았어야 했는데.

Pattern Practice
p. 46
❶ 제니퍼는 어렸을 때 학교까지 걸어가야만 했다.
❷ 나는 내일 일찍 일어날 필요가 없다.
❸ 너는 파티에 가지 말았어야 했다.
❹ 너는 내년에 더 열심히 공부해야만 할 것이다.
❺ 너는 음주운전을 해서는 안 된다.

예문 해석

8 • 내가 너의 컴퓨터를 잠시 써도 되니?
  • 제가 당신의 컴퓨터를 잠시 써도 되겠습니까?
  • 제가 당신의 컴퓨터를 잠시 사용해도 되겠습니까?
  • 내 부탁 하나 들어 줄래?
  • 제 부탁 하나 들어 주시겠습니까?
  • 내 부탁 하나 들어 줄 수 있니?
  • 제 부탁 하나 들어 줄 수 있습니까?

9 • 제 말을 주의해서 듣는 게 좋을 것입니다. 반복해서 말하지 않을 겁니다.
  • 너는 학교에 다시는 늦지 않는 것이 좋을 것이다.
  • 너는 더 나은 일자리를 얻기 위해서는 더 열심히 공부해야 한다.
  • 귀중품을 호텔 방에 놓아두면 안 됩니다.

Pattern Practice
p. 47
❶ Students must not smoke.
❷ You don't have to go there.
❸ I had to do my homework all day long yesterday.
❹ Can I use your car?
❺ Would you (please) close the window?
❻ You had better go home early today.

B 조동사 관용 용법 / 기타 용법

예문 해석

1 • 나는 광대를 보면 웃지 않을 수 없다.
  • 우리가 건강을 돌보는 데는 아무리 주의해도 지나치지 않다.
  • 나는 그녀와 함께 그 영화를 보고 싶다.
  • 나는 항복하느니 차라리 죽겠다.
  • 나는 엄마의 화병을 깨뜨렸다. 엄마가 화를 내는 것은 당연하다.
  • 너는 지하철을 타는 것이 낫겠다. 교통이 매우 혼잡하다.
  • 너는 도박에 돈을 쓰느니 차라리 그 돈을 버리는 것이 낫다.

2 • 나는 그녀를 위해 무엇이든 할 거야.
  • 그녀는 내 조언을 들으려고 하지 않았다.
  • 그 차는 비오는 날에 시동이 잘 걸리지 않는다.
  • 그는 자기 아들과 함께 낚시를 가곤 했다.
  • 네가 거기에 갈 수 있도록 내가 너에게 차를 빌려 줄게.
  • 신의 축복이 있기를 기원합니다.
  • 네가 어디를 간다 할지라도 나는 너를 따라 갈 것이다.
  • 나는 그가 회의에 참석해야 한다고 제안한다.
  • 그가 기회를 놓치지 않는 것이 중요하다.

Pattern Practice
p. 48
❶ 그녀는 나의 제안을 받아들이려 하지 않았다.
❷ 나는 거짓말을 하느니 차라리 죽겠다.
❸ 너는 건강을 위해서 적게 먹는 것이 좋다.
❹ 너는 운전할 때 아무리 주의해도 지나치지 않다.

GRAMMAR PRACTICE
p. 49

A 1 must   2 have studied
  3 will be able to   4 need
  5 didn't have to   6 ought not to
  7 had better not

B 1 만약 너의 일이 끝났으면, 너는 일찍 집에 가도 된다.
  2 18세 이하는 운전을 할 수 없습니다. (금지)
  3 당신은 미래에 사업가가 될 수 있다. (가능성)
  4 나는 더 일찍 그 보고서를 끝냈어야 했다. (후회)
  5 기말고사에서 더 좋은 점수를 얻기 위해서는 더 열심히 공부해야 한다. (제안)

9

C 1 going → go   2 cry → crying
    3 paying → pay   4 have → had

해석

A

1 나는 그가 집에 들어가는 것을 보았다. 그는 지금 틀림없이 집에 있을 것이다.

2 그는 어제 종일 나와 놀았다. 공부를 했을 리가 없다.

3 만약 그녀가 영어 말하기를 매일 연습한다면, 그녀는 내년에 영어 말하기를 아주 잘 할 수 있을 것이다.

4 그는 그 이메일을 다시 보낼 필요가 있다.

5 어제는 휴일이었다. 우리는 학교에 갈 필요가 없었다.

6 너는 과속 운전을 하면 안 된다.

7 너는 학교에 다시는 늦지 않는 게 좋을 거다.

C

1 나는 그녀와 함께 콘서트에 가고 싶다.

2 나는 슬픈 영화를 보면 울지 않을 수 없다.

3 너는 가능한 빨리 그 돈을 나에게 갚는 게 좋을 거야.

4 나는 어제 기말고사 준비를 위해 하루 종일 공부해야만 했다.

SENTENCE WRITING PRACTICE

p. 50

A 1 can speak both English and French
2 can[may] use my car
3 cannot be at home
4 don't have to go to school
5 must not park the car

B 1 I will have to study hard for the final exam tomorrow.
2 You had better[may as well] go home early today.
3 I would like to take a walk after dinner.
4 When I see that comedy show, I can't help laughing.
5 Would[Could/ Will/ Can] you do me a favor?
6 She must have gone to a movie last Sunday.
7 I will be able to swim well next year because I practice every day.

UNIT 06 조동사 + have p.p

A 과거에 대한 추측

예문 해석

1 • 그는 어제 아마 아팠을 것이다.
• 그는 오늘 아마 아플 것이다.

2 • 스티브는 어제 아마 열심히 공부했을 것이다.
• 스티브는 오늘 아마 열심히 공부할 것이다.

3 • 그는 어제 틀림없이 아팠을 것이다.
• 그는 오늘 틀림없이 아플 것이다.

4 • 그는 어제 틀림없이 집에서 열심히 공부했을 것이다.
• 그는 오늘 틀림없이 집에서 열심히 공부할 것이다.

5 • 그는 어제 아팠을 것이다.
• 그는 오늘 아플 것이다.

6 • 그는 어제 아팠을 리가 없다.
• 그는 오늘 아플 리가 없다.

7 • 그는 어제 열심히 공부했을 리가 없다.
• 그는 오늘 열심히 공부할 리가 없다.

Pattern Practice

p. 51

❶ 수잔은 어제 아마 슬펐을 것이다.

❷ 수잔은 어제 틀림없이 슬펐을 것이다.

❸ 수잔은 어제 슬펐을 리가 없다.

❹ 존은 아마 오늘 피곤할 것이다.

❺ 존은 아마 어제 피곤했을 것이다.

B 과거 일에 대한 후회, 유감

예문 해석

1 • 너는 피곤해 보인다. 지난밤에 일찍 잤어야만 했다.
• 너는 피곤해 보인다. 일찍 잠을 자는 게 좋겠다.
• 나는 우산을 가지고 왔어야만 했다.
• 나는 우산을 가지고 와야 한다.
• 나는 과속운전을 하지 말았어야 했다.
• 나는 과속운전을 하지 말아야 한다.
• 그는 그렇게 비싼 차는 사지 말았어야 했다.
• 그는 그렇게 비싼 차를 사지 말아야 한다.

C 가정법 과거형 문장의 귀결절 시제

예문 해석

• 만약 그녀가 더 열심히 일했더라면, 그녀는 지난달에 승진할 수 있었을 텐데.

• 만약 네가 나를 도와줬다면, 나는 그 프로젝트를 기한 내에 끝낼 수 있었을 텐데.

• 만약 내가 그의 휴대폰 번호를 알았다면, 나는 그에게 전화했을 텐데.

• 만약 그가 나에게 더 일찍 전화 했더라면, 나는 그를 도와주었을 텐데.

• 만약 그녀가 더 많이 노력했더라면, 그녀는 영어시험에서 더 좋은 성적을 받았을 텐데.

• 만약 네가 변호사 시험에 합격하기를 원했더라면, 너는 더 열심히 공부했어야만 했다.

Pattern Practice

p. 52

❶ 나는 어제 파티에 가지 말았어야 했다.

❷ 너는 운전할 때 더 주의를 했어야 했다.

❸ 만약 내가 그녀의 주소를 알았더라면, 나는 그녀를 방문했을 텐데.

❹ 너는 그렇게 비싼 신발을 사지 말아야 한다.

❺ 만약 네가 나에게 더 일찍 전화를 했었더라면, 나는 너를 도와 줄 수 있었을 텐데.

GRAMMAR PRACTICE

p. 53

A 1 have been   2 be
3 be   4 have been
5 could have helped   6 have gone
7 have brought   8 have been
9 have driven

B 1 그는 오늘 틀림없이 행복할 것이다.
2 그는 어제 틀림없이 행복했을 것이다.
3 그녀는 지금 배가 고플 리가 없다.
4 그녀는 그때 배가 고팠을 리가 없었다.
5 그는 차를 운전할 때 더 주의해야 한다.
6 그는 차를 운전할 때 더 주의했어야 했다.
7 만약 내가 더 열심히 공부 했더라면, 나는 시험에 합격할 수 있었을 텐데.
8 그녀는 오늘 아마 아픈지도 모른다.
9 그녀는 어제 아마 아팠는지도 모른다.

해석
A
1 스티브는 아마 어제 슬펐을 것이다.
2 스티브는 아마 오늘 슬플 것이다.
3 그녀는 오늘 아플 리가 없다.
4 그녀는 어제 아팠을 리가 없다.
5 만약 네가 나에게 더 일찍 전화했다면, 나는 너를 도와주었을 텐데.
6 그녀는 피곤해 보인다. 지난밤에 일찍 잤어야 했다.
7 밖에 비가 온다. 나는 우산이 없다. 오늘 아침에 우산을 가지고 왔어야만 했는데.
8 수잔은 어제 틀림없이 화가 났을 것이다.
9 그 사고는 네가 과속운전을 했기 때문에 일어났다. 너는 그렇게 빨리 운전하지 말았어야했다.

B
1 그는 오늘 틀림없이 행복할 것이다.
2 그는 어제 틀림없이 행복했을 것이다.
3 그녀는 지금 배고플 리가 없다.
4 그녀는 그때 배가 고팠을 리가 없다.
5 그는 차를 운전할 때는 더 조심해야 한다.
6 그는 차를 운전할 때는 더 조심했어야 했다.
7 만약 내가 더 열심히 공부했다면, 나는 그 시험에 합격할 수 있었을 텐데.

SENTENCE WRITING PRACTICE

p. 54

A 1 She must be sick
2 She must have been sick
3 cannot be true
4 cannot have been true
5 He must be sad

B 1 I should have studied harder when I was a student.
2 You should have brought the book.
3 I shouldn't have eaten too much last night.
4 She shouldn't have bought the used car.

5 You shouldn't have driven the car so fast.
6 I should have gone to bed early last night.
7 I should have gotten up early this morning.

Chapter REVIEW TEST

p. 55

A 1 laughing   2 as well
3 must   4 Would
5 go   6 ought not to
7 had better not

B 1 had better finish
2 should have studied
3 should have taken

C 1 Your mom may well get angry.
2 You will be able to swim very well soon.
3 She may be playing the piano in her room now.
4 I would rather die than surrender.
5 I will lend you some money so that you can go there.

해석
A 1 나는 저 시트콤을 보면 웃지 않을 수 없다.
2 너는 적고 먹고 운동을 많이 하는 것이 좋겠다.
3 그들은 2시간 동안 축구를 했다. 그들은 틀림없이 피곤할 것이다.
4 문을 좀 닫아 주시겠습니까?
5 나는 그녀가 그의 생일파티에 가야 한다고 제안했다.
6 우리는 가난한 사람들을 무시하면 안 된다.
7 너는 그 시험에 빠지지 않는 것이 좋을 거다.

IBT토플 Writing / Essay Topic별 실전 연습

p. 56

에세이 주제
다음 말에 동의하는가, 아니면 동의하지 않는가? "대학은 도서관에 돈을 할당하는 것만큼 학생 스포츠 프로그램에 같은 양의 돈을 할당해야 한다." 구체적인 이유와 예를 들어서 의견을 설명하시오.

| Body 1 |
① no university / without a library
1 the better / the more respected
2 On the other hand / without sports teams

| Body 2 |
① every student at a university will need to / not every student / sports activities
1 A university must have an excellent library / must keep allotting money
2 can generate their own income

CHAPTER 04

부정사

UNIT 07 부정사의 용법

A 명사적/형용사적/부사적 용법

예문 해석

1 • 한 달에 한 번 그들의 손녀를 만나는 것은 그들 삶의 즐거움이다.
  • 그가 사람들 앞에서 체포되는 것을 보는 것이 당황스럽다.
  • 그녀는 손해배상 청구를 하고 싶어 한다.
  • 나는 우리의 결혼 10주년 기념으로 아내에게 무엇을 줘야 할지 결정했다.
  • 그녀의 계획은 지고 있는 팀을 재조직하는 것이다.
  • 그들은 그가 그녀의 급박한 요구를 무시하는 것이 무례한 일이라고 생각했다.

2 • 모든 사람은 행복한 삶을 즐길 권리가 있다.
  • 그 발표자는 쓸 마커를 찾고 있다.
  • 나에게 쓸 종이 몇 장을 가져다 줘.
  • 나는 네가 사는 데 큰집이 필요하지 않다고 생각한다.
  • 그 회담은 다음주에 모스코바에서 개최될 예정이다.
  • 그들의 신임을 얻고자 한다면, 모범이 되어야 한다.
  • 그 남자는 다시는 모국으로 돌아오지 못할 운명이었기 때문에 자살 했다.
  • 귀중한 유물을 어디에서도 찾을 수가 없었다.
  • 너는 이 시험을 보는 중에는 조용히 있어야 한다.

3 • 그녀는 주어진 일을 끝내기 위해 일찍 도착했다.
  • 팻은 열심히 노력했으나 결국에는 시험에서 실패했다.
  • 그는 자신의 일이 제외됐다는 것을 알고서 실망했다.
  • 그녀가 그를 다시 만나다니 정신 나간 것임에 틀림없다.
  • 당신이 대화하고 있는 그 여자는 설득하기가 매우 어렵다.
  • 솔직히 말하면, 나는 이 회사에서 일하는 것에 지쳤다.
  • 그림 속의 여자는, 말하자면, 인어같이 생겼다.
  • 설상가상으로, 나는 우리 팀의 내 동료가 싫다.
  • 내 아버지는 시인은 말할 것도 없고 소설가로서도 일한다.
  • 이상한 이야기지만, 그는 이 단순한 기계를 작동할 줄 모른다.
  • 사실대로 말하면, 나는 과제를 시작하지도 않았다.
  • 우선, 그 상원 의원은 자신의 그릇된 행동을 매체에 인정하지 않았다.
  • 간단히 말하자면, 경찰은 실종자를 찾지 못했다.

Pattern Practice
p. 61

❶ 형용사, 화산 폭발 후에 마을은 어디에서도 보이지가 않았다.
❷ 명사, 그 회사와 협상하는 것은 실패였다.
❸ 명사, 여러분에게 세계 최고의 배우를 소개하게 되어서 기쁩니다.
❹ 명사, 우리 사장님은 모두 제 시간에 도착하도록 규칙을 정했다.

B 원형부정사

예문 해석

1 • 그녀는 소년에게 방을 청소하도록 시켰다.
  • 나는 소년에게 교실을 청소하도록 시켰다.
  • 안토니오는 경찰관이 범인을 잡는 것을 도와줬다.
  • 청문회는 상원의원에게 말할 기회조차 주지 않았다.
  • 그 이웃은 도둑이 집 안으로 침입하는 것을 봤다.
  • 그녀는 마음 속에서 모성애가 일어나는 것을 느꼈다.

2 • 당신은 그 일을 포기하는 것이 낫다.
  • 그는 그녀의 모습에 웃지 않을 수 없었다.
  • 먼저 가서 안녕이라고 말하지 그래?
  • 그 소년은 단지 불평하기만 한다.
  • 나는 택시를 타느니 차라리 걷겠다.

Pattern Practice
p. 62

❶ cry → crying
❷ carry → to carry
❸ mend → mended
❹ run → running

해석

❶ 나는 그 소식을 들었을 때 울지 않을 수 없었다.
❷ 그녀는 딸에게 가방을 들도록 시켰다.
❸ 제시카는 지난주에 시계가 수리되도록 했다.
❹ 그는 뛰는 것보다 걷는 것을 운동으로 선호한다.

GRAMMAR PRACTICE
p. 63

A
1 To make
2 to be
3 to Cope with
4 It
5 to demonstrate
6 had better not
7 feel
8 waste
9 be gratified
10 go
11 spend
12 burning
13 increase
14 To make matters worse
15 to submit

B
1 to live → to live in
2 tell → to tell
3 prepare → to prepare
4 to write → to write with
5 없음
6 spreading → spread / flying → fly
7 to take → take 또는 taking

해석

A

1 영화를 만들기 위해서는 배우들, 투자자들, 그리고 스태프들이 필요하다.
2 내 노트북을 어디서도 찾을 수가 없었다.
3 〈스트레스를 다루는 101가지 방법〉이라는 책을 읽어본 적이 있니?
4 그 불쌍한 아이를 꾸짖는 것이 그에게는 어려웠다.
5 그녀는 그 기계의 첫 작동을 보여주기로 예정되어 있다.
6 너는 그녀의 충고를 무시하지 않는 것이 좋겠다.
7 그 이상한 춤 강좌가 그녀를 하찮고 타락했다고 느끼게 했다.
8 낯선 사람이 당신의 귀중한 시간을 낭비하지 않도록 해라.
9 나는 그 보증에 만족하지 않을 수 없다.

10 그녀는 거기에 가느니 차라리 그 남자를 만날 것이다.
11 몇몇 백만장자들은 단지 돈을 쓰기만 한다.
12 우리 개가 부엌에서 무엇인가가 타는 냄새를 맡았다.
13 그녀는 회사가 수익을 올리도록 도와줬다.
14 설상가상으로, 나는 열쇠도 잃어버렸다.
15 그녀는 내일 오후 3시까지 그 보고서를 제출해야 한다.

B

1 내 친구는 살기에 좋은 집을 짓고 있다.
2 상담원이 진실을 말하기가 어렵게 만들 수도 있다.
3 그는 그녀에게 발표를 준비하도록 했다.
4 연구자들이 쓸 펜을 새로 개발하고 있다.
5 그녀는 내게 여가시간을 즐기는 방법을 물었다.
6 날개를 펴서 활짝 날지 그래?
7 그녀는 그녀의 경쟁자가 학원에서 영어 수업을 받는 것을 봤다.

SENTENCE WRITING PRACTICE
p. 64

A 1 met / to get some advice
2 is much closer to go to
3 wanted / to do the project
4 need / to perform with
5 good to take a rest

B 1 She must be happy to meet the man.
2 To make matters worse, he had his leg broken.
3 She didn't know how to operate a printer.
4 I like baseball, not to mention soccer.
5 My friend was surprised to find that he had won the lottery.

UNIT 08 부정사의 동사적 성질

A 부정사의 시제

예문 해석

1 • 그는 한 손으로만 운전했던 것 같다.
• 그녀는 그의 조언을 항상 무시하는 것 같다.
• 야구팀의 구단주는 항상 팀이 이기기를 기대한다.

2 • 그는 그 당시에 극도로 긴장했던 것 같다.
• 그녀는 집으로 가는 길을 잃어버렸던 것 같다.
• 그 소녀는 단지 안에 있던 모든 과자를 먹은 것 같다.

Pattern Practice
p. 65

❶ 현재   ❷ 과거
❸ 미래

해석

❶ 너는 결과에 대해 실망한 것 같다.
❷ 그녀는 몸무게가 많이 줄어든 것 같다.
❸ 그는 며칠 안에 그녀를 만날 것을 기대한다.

B 부정사의 의미상의 주어

예문 해석

1 • 그녀는 사업 파트너와 좋은 관계를 유지하고 싶어 한다.
• 그녀는 남자친구가 그의 친구들과 좋은 관계를 유지하기를 원한다.
• 단어를 가능한 한 많이 기억하는 것이 유용하다.

2 • 나에게 그녀의 엄마 생신을 생각나게 해주다니 그녀는 친절하다.
• 나에게 성탄절 카드를 보내주다니 그는 친절하다.
• 인질을 잡고 있다니 테러리스트들이 어리석었다.
• 나는 언어학 수업을 따라가기가 어려웠다.
• 그녀는 자연 환경에 대해 공부할 필요가 있다.
• 이제는 우리가 북한을 방문하는 것이 가능하다.

Pattern Practice
p. 66

❶ the pedestrian   ❷ 일반인
❸ for me   ❹ North Korea
❺ 일반인

해석

❶ 그녀는 보행자가 사고의 책임이 있다고 말했다.
❷ 금성에서 보호 장비 없이 생존하는 것은 불가능하다.
❸ 그녀가 말하는 것을 이해하기가 어려웠다.
❹ 한국과 미국은 북한이 핵무기 개발을 포기하기를 원한다.
❺ 시리아 난민들을 도와주기 위한 즉각적인 행동이 필요하다.

C 부정사 관련 단문 · 복문 전환

예문 해석

1 • 조선은 너무 약해서 1800년대 말에 침략자들로부터 스스로를 보호할 수 없었다.
• 그 빌딩은 너무 오래되어서 다시 리모델링을 할 수 없었다.
• 우리 엄마는 재정적인 어려움을 견딜 만큼 충분히 강하다.
• 그 여자 아이는 혼자서 유령의 집에 들어갈 정도로 충분히 용감하다.

2 • 한국은 월드컵을 단독으로 개최하기를 원한다.
• 나는 내일 아침 일찍 이 프로젝트를 끝낼 것을 기대한다.
• 그는 그의 딸에게 유럽으로 여행을 가도 된다고 허락했다.
• 그녀는 그가 전보다 더 열심히 공부할 것을 기대했다.

Pattern Practice
p. 67

❶ The deer was so wise that it could escape from the trap.
❷ I hope to meet you soon.
❸ They expected him to win the game.

해석

❶ 그 사슴은 함정에서 빠져나올 정도로 충분히 현명했다.
❷ 나는 너를 다시 곧 만나기를 기대한다.
❸ 그들은 그가 경기를 이길 것으로 기대했다.

GRAMMAR PRACTICE
p. 68

A 1 of   2 to have worked
3 to be offered   4 to be crying
5 to deliver

B 1 she designed　　　2 to have stopped
　　3 they are irritated　　4 to go
　　5 so much work that she couldn't finish

C 1 to have painted → to have been painted
　　2 to have gone → to go
　　3 to repair → to be repaired
　　4 없음
　　5 없음

해석
A
1 그렇게 행동하다니 그는 정말 무례했다.
2 그녀는 젊었을 때 성공하기 위해서 매우 열심히 일했던 것 같다.
3 나는 이 회사에서 일할 기회가 제공되기를 희망한다.
4 아기가 지금 이 순간 울고 있는 것 같다.
5 그는 남동생에게 선물을 그녀에게 전해달라고 부탁했다.

B
1 그녀는 여러 유명한 차들을 설계했다고들 한다.
2 그녀가 이 회사에서 일을 그만 둔 것처럼 보였다.
3 그들은 그의 말에 화가 난 것 같다.
4 그녀의 남편이 일요일에 예배를 드리러 가겠다고 약속했다.
5 팀장은 그녀가 하루 안에 끝낼 수 없을 정도의 많은 일을 줬다.

C
1 그의 집이 페인트칠 된 것 같다.
2 그녀는 거기에 혼자 가지 않기로 결정했다.
3 수리되어야 할 차들이 많다.
4 어제 네가 그렇게 한 것은 잘못한 것이다.
5 메리는 내가 그녀를 만났을 때 해외에 가본 적이 있는 것 같았다.

SENTENCE WRITING PRACTICE

A 1 for me to believe / you cooked the food
　　2 to have been there
　　3 of them to advocate the dictator
　　4 to wait for my new car
　　5 It is, for me to work

B 1 It is almost impossible to persuade her.
　　2 I want Manchester United to play a game in Korea.
　　3 She seems to be losing weight.
　　4 The coffee seems to have been roasted a few days ago.
　　5 He is handsome enough to be an actor.
　　6 He was too young to see the movie.
　　7 She wanted him to be punished.

Chapter REVIEW TEST
p. 70

A 1 to overcome　　2 for her
　　3 for　　　　　　4 for
　　5 to have met　　6 to live in
　　7 to be held　　8 to establish

---

　　9 to arrive　　　　　10 strong enough
　11 To make matters worse
　12 it

B 1 명사　　　　2 부사
　　3 형용사　　4 형용사
　　5 부사　　　6 부사
　　7 명사　　　8 명사
　　9 형용사　　10 명사
　11 명사

C 1 They are expecting me to persuade her.
　　2 I found it difficult to study French.
　　3 She speaks English well, not to mention Spanish.
　　4 The criminal seems to have been arrested by the police.
　　5 Both Korea and America are to conclude a treaty soon.

해석
A
1 이러한 불합리한 제안을 극복하는 것이 그녀의 운명이다.
2 내 아이디어는 그녀가 그를 병원으로 데려가는 것이었다.
3 그가 올해 자신의 사업을 시작할 필요가 없는 것 같다.
4 이것은 내 딸이 들기에는 너무 무겁다.
5 그녀는 어제 바이어를 만났던 것 같다.
6 원주는 한국에서 가장 살기 좋은 도시들 중의 하나이다.
7 회담은 다음 월요일에 개최될 예정이다.
8 그의 목표는 자신의 회사를 차리는 것이다.
9 그녀는 내일 거기에 제시간에 도착하기를 희망한다.
10 그는 그 어려운 상황을 견딜 만큼 충분히 강하다.
11 설상가상으로 나는 그녀의 드레스에 수프를 쏟았다.
12 그들은 가난한 사람들을 돕는 것이 좋다고 여긴다.

B
1 건강을 위해서 숙면을 취하는 것이 좋다.
2 그녀는 그가 시험에 합격했다는 것을 알게 되어서 매우 기쁠 것이다.
3 모든 학생들은 학교 규칙을 따라야 한다.
4 사람들은 그가 사고의 책임이 있다고 말한다.
5 사실대로 말하면, 나는 그 일을 며칠 전에 끝냈다.
6 나는 이러한 가치 있는 행사에 참가하게 되어서 기쁘다.
7 그는 내가 목록에서 이 모든 아이템들을 제거하기를 원한다.
8 그들은 그에게 무시당하는 것이 기분 나쁘다는 것을 깨달았다.
9 그녀는 팀을 움직일 의지가 있다.
10 나는 바이어를 설득하는 것이 매우 어렵다고 생각한다.
11 내가 한 달 동안 정글에서 생존하는 것은 불가능하다.

IBT토플 Writing / Essay Topic별 실전 연습
p. 72

에세이 주제
어떤 사람들은 선생님과 함께 공부하는 것보다 혼자서 더 잘 배울 수 있다고 생각한다. 또 어떤 사람들은 선생님의 지원이 있는 편이 항상 더 좋다고 생각한다. 어느 쪽 의견을 선호하는가? 구체적인 이유를 들어 글을 쓰시오.

| Body 1 |
① can prevent us from making

1 were coached by their father
2 were able to focus on

| Body 2 |
① can answer questions / provide support and
   encouragement
1 the support of certain teachers who encouraged
   them
2 encouraged her to pursue her career / successful
   television personality

CHAPTER 05

동명사

UNIT 09 동명사의 용법

A 명사적 용법

예문 해석
1 • 필요보다 더 많이 먹는 것은 체중을 늘게 한다.
  • 유조선 건설은 한국에서 앞서가는 산업들 중 하나이다.
  • 내 일은 회사에서 복잡한 업무를 다루는 것이다.

2 • 그 보행자는 재빠르게 움직여 트럭에 부딪히는 것을 피했다.
  • 아버지는 이런 끔찍한 날씨에 운전하는 것에 개의치 않으신다.
  • 나는 회의가 시작하기 전에 도착할 것으로 확신한다.
  • 그녀는 상대측과의 합의에 도달한 것에 만족한다.

Pattern Practice   p. 76

❶ 주어   ❷ 전치사의 목적어
❸ 목적어

해석
❶ 그들의 제안을 받아들이는 것은 모든 사람들에게 놀라운 소식이
   될 것이다.
❷ 저 사람은 그러한 일을 할 수 없다.
❸ 제가 창문을 닫아도 괜찮겠습니까?

B 동명사의 관용 표현

예문 해석
1 • 소식을 듣자마자 광장에 있던 모두가 탄식하기 시작했다.
  • CEO는 IT기업 합병을 고대하고 있다.
  • 그녀는 머리를 염색하고 싶어한다.
  • 그 새 회사는 투자할 만한 가치가 있다.
  • 내 아내는 그 드라마를 보는 동안 울지 않을 수 없었다.
  • 그런 어려운 질문에 대답하는 것은 불가능하다.
  • 시간이 돈이라는 것은 말할 필요도 없다.
  • 이미 마음이 정해진 사람을 설득하려고 노력하는 것은 소용없다.

Pattern Practice   p. 77

❶ couldn't help laughing
❷ There is no recognizing
❸ On seeing
❹ It is no use claiming
❺ is worth helping

해석
❶ 그녀는 그의 모습에 웃지 않을 수 없었다.
❷ 그녀의 얼굴을 알아보는 것은 불가능하다.
❸ 나를 보자마자 그 아이는 도망쳤다.
❹ 그들이 야기한 손해에 대해 보험금을 요구해도 소용없다.
❺ 내 학생들에게 노숙자들을 돕는 것이 가치 있는 일이라고 말하고
   싶다.

C 동명사 vs 부정사

예문 해석
1 • 조지 루카스는 투자자들 덕분에 영화 스타워즈 촬영을 끝낼 수
     있었다.
  • 그녀는 사고가 일어났을 때 친구들과 술집에 있었던 것을
     부인했다.
  • 그는 완고한 그 노인을 설득하는 것을 중단했다.

2 • 그 회사는 그 딜러와 최종 계약을 체결할 것으로 예상하고 있다.
  • 그들은 다음 주에 일반인들에게 공원을 개방하기로 계획하고
     있다.
  • 그가 회사와 계약을 하는 것에 실패했다는 것을 당신에게
     알리게 되어 유감이다.

3 • 나는 지난주에 테니스 레슨을 받기 시작했다.
  • 그녀는 가족과 함께 중국 음식을 먹는 것을 매우 좋아한다.
  • 그는 브리핑을 위해 여러 중요한 통계 자료를 가지고 올 것을
     기억했다.
  • 그는 브리핑을 위해 여러 중요한 통계 자료를 가지고 왔던 것을
     기억했다.
  • 약을 먹는 것을 잊지 마라.
  • 약을 먹었던 것을 잊지 마라.

Pattern Practice   p. 78

❶ to open → opening
❷ being → to be
❸ watching → to watch

해석
❶ 그들은 일방적으로 의식을 연기해버렸다.
❷ 그녀는 항상 가난한 척 한다.
❸ 그 아이는 내일 그 프로그램을 볼 것을 기억한다.

GRAMMAR PRACTICE   p. 79

A 1 saying   2 to search
  3 working   4 execute
  5 participating   6 revealing
  7 to own   8 On hearing
  9 having   10 challenging

B 1 to say → saying　　2 to cry → crying
　3 to post → posting　4 to drink → drinking
　5 없음　　　　　　　6 asking → to ask
　7 taking → to taking

해석
A
1 건강이 재산보다 더 중요하다는 것은 말할 것도 없다.
2 잃어버린 스마트폰을 찾는 것은 소용없다.
3 회사가 당신과 다시 일하기를 고대하고 있다.
4 불쌍한 그 군인은 죄수를 처형할 수 밖에 없다.
5 나는 그가 프로그래밍 대회에 참가할 것을 확신한다.
6 인터넷 사이트는 중요한 정보의 노출의 위험에서 벗어날 수 없다.
7 그는 직장에서 은퇴한 후에 시골에서 농장을 소유하기를 원한다.
8 발표를 듣자마자 모든 기자들이 소식을 전송하기 시작했다.
9 그의 팀이 경기를 이긴 후에 그는 맥주 한 병을 마시고 싶었다.
10 내 경우에는 나의 새 일이 도전해볼만한 가치가 있다고 생각한다.

B
1 모성애가 세상에서 가장 강하다는 것은 말할 것도 없다.
2 네가 최선을 다하지 않았으니 도움을 청해봤자 소용없다.
3 게시판에 공지를 붙임으로써 모든 사람들이 최근의 소식을 볼 수 있다.
4 그녀는 그가 술을 그만 마시기를 원했다.
5 그들은 계속해서 정부가 시작한 비밀 프로젝트와 관련된 일을 했다.
6 수업이 끝날 때 답을 물어볼 것을 잊지 말라고 그에게 얘기해라.
7 나는 다음 달에 운전면허시험을 볼 것을 고대한다.

SENTENCE WRITING PRACTICE
p. 80

A 1 Taking a trip to Europe, is
　2 stimulating the economy
　3 Understanding students' feelings is
　4 checking the teaching schedule
　5 escaping from prison

B 1 Don't forget to take the medicine.
　2 He is proud of his daughter becoming an English major.
　3 Although she was sad, she pretended to be happy.
　4 My father promised to go to the amusement park with me.
　5 I couldn't help serving dinner to her.

UNIT 10 동명사의 동사적 성질

A 동명사의 시제

예문 해석
1 ● 부모님은 가방을 꾸리는 것을 끝냈다.
　● 그녀는 간단한 음식도 요리하지 못한 것에 대해 부끄러워한다.

　● 나는 그에게 그 놀라운 소식을 말하자고 주장했다.

2 ● 회사는 고객을 고소한 것에 대해 부인했다.
　● 우리 엄마는 시장으로부터 상을 받은 것에 대해 자랑스러워했다.
　● 그는 꾸지람을 받은 것에 대해 부끄러워한다.

Pattern Practice
p. 81
❶ being invited　　❷ having made
❸ mending

B 동명사의 의미상의 주어

예문 해석
1 ● 그 팀은 폭풍 때문에 산에 오르는 것을 포기해야만 했다.
　● 나를 집까지 태워줘서 고맙다.
　● 국경을 침범하는 것은 금지되어 있다.

2 ● 내가 부탁을 하나 해도 되겠습니까?
　● 그의 아빠는 대학에서 그가 생물학을 공부할 것을 주장했다.
　● 그녀는 비행기가 늦게 출발하는 것에 대해 불평했다.
　● 그녀의 사랑이 그토록 강한 것에 대해 모두 놀랐다.
　● 연구소 멤버들은 이것이 거짓인 것에 대해 충격을 받았다.

Pattern Practice
p. 82
❶ both / 그녀는 둘 다 동시에 도착하는 것에 대해 기뻐한다.
❷ your / 나는 네가 다시 늦은 것에 대해 실망이다.
❸ He / 그는 가족과 함께 놀이공원에 가는 것을 즐긴다.

C 동명사 관련 단문 ⇄ 복문 전환

예문 해석
1 ● 그의 팬들은 그가 공연에서 가장 인기 있는 곡을 부른 것을 기억한다.
　● 그녀는 내가 공연에 참석해야 한다고 주장했다.

2 ● 아들의 소식을 듣자마자 그녀는 울지 않을 수 없었다.
　● 그녀는 사고를 보자마자 경찰에 즉시 전화를 했다.

Pattern Practice
p. 83
❶ She remembered that she would watch the show together with her sister on weekends.
❷ I'm afraid of her being late again.
❸ As soon as I arrived at the hotel, I went to bed immediately.
❹ On releasing the breaking news, the reporter went to his office.
❺ Jessica is proud that her son voluteers to help the poor.

해석
❶ 그녀는 주말마다 여동생과 같이 쇼를 봤던 것을 기억했다.
❷ 나는 그녀가 또 늦을까봐 걱정이다.
❸ 나는 호텔에 도착하자마자 바로 잤다.
❹ 그 기자는 속보를 내보내자마자 사무실로 갔다.
❺ 제시카는 아들이 가난한 사람들을 돕기위해 자원봉사하는 것을 자랑스러워 한다.

GRAMMAR PRACTICE

A 1 the train   2 having been scolded
   3 both   4 he heard

B 1 I volunteered
   2 the Romans ruled
   3 Steve not behaving
   4 having been punished
   5 As soon as / stepped out

C 1 없음   2 he → his[him]
   3 Don't → Not   4 없음
   5 catching → being caught

해석

A
1 그들은 기차가 늦게 도착한 것에 대해 불평했다.
2 그녀는 그 당시에 꾸지람을 받은 것에 대해 부끄러워한다.
3 그들은 둘다 주저없이 비행기에서 뛰어 내리는 것에 대해 놀랐다.
4 그가 소식을 듣자마자 그녀에게 전화했다.

B
1 우리 엄마는 내가 평화유지군으로 지원하는 것에 대해 자랑스러워 하셨다.
2 이탈리안인들은 2천년전에 로마인들이 대부분의 유럽을 지배했던 것에 대해 자랑스러워한다.
3 나는 스티브가 적절하게 행동하지 않는 것에 대해 부끄럽다.
4 그녀는 친구들 앞에서 꾸지람을 받은 것에 대해 불평했다.
5 버스에서 내리자마자 그 주지사는 암살을 당했다.

C
1 그녀는 그가 차를 운전했던 기억을 되살렸다.
2 나는 시장에 그가 나타나서 놀랐다.
3 일하지 않는 것은 이 지역에서는 죄로 간주된다.
4 그 소녀는 친구들에게서 놀림을 받은 것에 대해 불평했다.
5 그 아이는 누군가한테 붙잡히는 것을 불안해했다.

SENTENCE WRITING PRACTICE

A 1 He, having been
   2 being treated
   3 to meet, two hours later
   4 not having kept my promise
   5 not having been invited

B 1 They were surprised at her acting strangely.
   2 I was blamed for having attacked the animal.
   3 She was worried about having missed the train.
   4 He is unaware of my having no money.
   5 I am sure of his arriving tomorrow.

Chapter REVIEW TEST

A 1 smoking   2 to exercise
   3 listening   4 following
   5 Learning   6 being teased
   7 migrating   8 being hurt
   9 to keep   10 smoking

B 1 be → being   2 to tell → having told
   3 to open → opening   4 climb → climbing
   5 없음   6 not → no
   7 없음   8 to be → being
   9 keeping → to keep   10 traveling → to travel

C 1 he will graduate this time
   2 Tae-hwan Park having won a gold medal in swimming
   3 you are poor
   4 the plane not having taken off
   5 to type all those scraps

D 1 He gave up moving the heavy stuffs.
   2 On seeing me, she began to cry.
   3 She couldn't help yelling at her son.
   4 Eating nothing isn't good for your health.
   5 He was accused of having received a bribe.

해석

A 1 밖에서 담배를 피시겠습니까? 여기는 금연입니다.
2 너는 몸매를 유지하기 위해서 운동을 더 해야 할 필요가 있다.
3 브리핑을 듣자마자 그녀는 필기를 하기 시작했다.
4 안전규칙을 따르지 않고서 사고에서 살아남다니 그녀는 매우 운이 좋았다.
5 스케이팅을 잘 못하면 스키 타는 방법을 배우는 것은 어렵다.
6 그 고아는 남자 아이들한테서 놀림을 받는 것에 대해 지쳐가고 있었다.
7 나는 내년에 이민을 심각하게 생각중이다.
8 나는 그녀의 말에 상처 받는 것을 피하고 싶다.
9 그는 선거 중에 자신이 한 약속을 지키지 못했다.
10 의사는 가능한 한 빨리 내가 담배를 끊기를 원한다.

B 1 그녀는 죄수처럼 취급당하는 것을 반대한다.
2 당신에게 진실을 말하지 않은 것에 대해 용서해라.
3 그들은 파업 때문에 백화점 오픈을 연기했다.
4 그는 저 산을 등반하는 것을 항상 고대한다.
5 실종자를 찾아 봤자 소용없다.
6 미래에 어떤 일이 있을지 말하는 것은 불가능하다.
7 너의 셔츠는 세탁이 필요하다.
8 그녀는 당신이 상처받는 것에 대해 신경 쓰지 않는다.
9 이제부터는 시간을 지키겠다고 약속한다.
10 내 아내와 나는 일에서 둘 다 은퇴하면 세계를 여행할 것을 계획하고 있다.

C 1 나는 그가 이번에 졸업할 것을 확신한다.
2 우리는 박태환 선수가 수영에서 금메달을 딴 것을 매우 자랑스러워한다.
3 가난한 것에 대해 부끄러워할 필요가 없다.
4 나는 비행기가 이륙하지 않은 것에 대해 불평했다.
5 그 모든 스크랩을 타이핑해봤자 소용없다.

에세이 주제

기업체는 직원을 정년 동안 고용해야 한다. 여러분은 이 말에 동의하는가, 동의하지 않는가? 구체적인 이유와 예를 들어서 의견을 설명하시오.

| Body 1 |
① ignore / changes in the structure of the global marketplace
1 could no longer compete with Japanese manufacturers
2 To remain competitive / had expected to work for the company

| Body 2 |
① does not encourage worker's ambitions
1 become complacent / they cannot be terminated
2 will be rewarded through job promotions and increased salaries

CHAPTER 06
분사와 준동사

UNIT 11   분사의 개념과 분사구문

A   분사의 종류와 기능

예문 해석

1 • 그녀는 지금 몇 시간 동안 회의를 참석하고 있는 중이다.
 • 북한이 핵무기로 남한을 위협하고 있다.
 • 저 아이는 이 지역을 침범하고 있다!
 • 비록 그녀가 그들이 받아들이도록 설득하려 했지만 그녀의 제안은 거절당했다.
 • 웨스트 뱅크와 가자 지구는 이스라엘에 의해 점령되어 있다.
 • 그 커뮤니티 센터 프로그램은 폭우 때문에 취소되었다.

2 • 북한의 위협은 한반도 긴장 고조의 배경이다.
 • 저 비행 물체가 무엇인지 말해 줄 수 있니?
 • 뒷좌석에서 크게 떠들고 있는 학생들은 에티켓이 없다.
 • 한 소년이 크게 울면서 왔다.
 • 나는 어제 내 차를 수리하도록 했다.
 • 적군은 포로를 해가 질 때까지 계속 뛰게 했다.

Pattern Practice   p. 93

1 ❶ surprising   ❷ fallen
 ❸ satisfied   ❹ excited
 ❺ published

2 ❶ I will never see this boring movie again.

❷ The man standing at the corner is my boyfriend.
❸ I cannot see her crying with my own eyes.
❹ The smartphone was invented by Steve Jobs's company.
❺ Cooking is prohibited in National Parks.

해석
❶ 그것은 나에게는 놀라운 보고서이다.
❷ 땅에 있는 낙엽을 보아라.
❸ 그녀는 결과에 대하여 꽤 만족해 보인다.
❹ 유진은 그가 들은 소식에 대해 흥분했다.
❺ 이 책의 첫 번째 인쇄본은 2006년에 출판되었다.

B   분사구문

예문 해석
1 • 비록 그녀가 남자친구와 함께 왔지만 그녀는 아무에게도 말하지 않았다.
 • 우리가 프로젝트를 끝낸 후에 우리는 멋진 파티를 가졌다.

Pattern Practice   p. 94

❶ Being tired of being interviewed, he refused to answer the questions.
❷ Not submitting the report, she was forgiven by her teacher.
❸ As I didn't know her phone number, I had to deliver the book to her directly.
❹ Having typed for several hours, I had to take a rest for a while.
❺ As I had drunk too much coffee, I couldn't sleep very well that night.

해석
❶ 그 축구 선수는 인터뷰하는 것이 싫증나서 더 이상 질문에 대한 답변을 거부했다.
❷ 비록 그녀가 레포트를 제출하지 않았지만 선생님이 그녀를 용서했다.
❸ 그녀의 전화번호를 몰라서 나는 책을 그녀에게 직접 전해줘야 했다.
❹ 여러 시간 동안 타이핑을 해서 나는 한동안 휴식을 취해야 했다.
❺ 너무 많은 커피를 마셔서 나는 그날 밤에 잠을 제대로 못 잤다.

예문 해석
2 • 그녀는 그 광경에 끌려서 휴대폰으로 사진을 찍었다.
 • 근처에 아무도 없었기 때문에 그녀는 서둘러 집에 갔다.

3 • 일반적으로 말하자면 스마트폰이 우리의 생활을 혁명적으로 바꾸었다.
 • 솔직히 말하자면 북한의 다음 행동을 예측하기가 어렵다.
 • 엄밀히 말하자면 너와는 아무런 관계가 없다.
 • 그의 외모를 고려하면 그는 힘든 삶을 살았던 것처럼 보인다.
 • 그의 진술로 판단하건대 그는 사실을 말하고 있지 않다.
 • 비록 네가 그것을 기억하지 못할지라도 너는 여전히 그 사고의 책임이 있다.

4 • 다리를 꼰 채로 의자에 앉아 있는 것은 너의 척추에 좋지 않다.
 • 눈을 감은 채로 운전한다니 그녀는 정신이 나갔구나.
 • 그는 라이벌이 바로 뒤에서 추격하면서 1등을 차지하고 있었다.

p. 95

① 스페인어로 영화가 촬영되어서 그 이야기는 이해하기가 어려웠다.
② 내가 들은 것을 엄밀히 말하자면, 우리의 판매 수치가 급격하게 떨어지고 있다.
③ 그 탐정은 자신의 조수가 뒤따르게 한 채로 사건현장에 도착했다.

GRAMMAR PRACTICE
p. 96

A 1 held 2 carried
3 knowing 4 It
5 Having driven 6 Earning
7 living

B 1 Waking up in her room, ~
2 If you enter the room, ~
3 Satisfied with her presence, ~
4 As the leader was not informed of the matter, ~

C 1 having been → being
2 Considered → Considering
3 spoken → speaking
4 painting → painted

해석
A
1 평창 동계 올림픽은 2018년에 개최될 것이다.
2 중요한 문서들이 건물 밖으로 옮겨졌다.
3 무엇을 해야 할지 몰라서 낯선 사람에게 도움을 요청했다.
4 날씨가 좋은 오후였으므로 우리는 소풍을 갔었다.
5 여러 시간을 운전해서 아빠는 매우 피곤하셨다.
6 월드스타로서의 명성을 얻어서 그 팝스타는 인생에서 제일 바쁜 날을 보내고 있다.
7 송도 국제 도시에서 살고 있는 많은 외국인들을 볼 수 있다.

B
1 그녀가 방에서 일어났을 때 그녀는 자신이 갇혔다는 것을 깨달았다.
2 방에 들어가면 많은 사람들을 만나게 될 것이다.
3 그는 그녀가 있는 것에 만족해서 기쁘지 않을 수 없었다.
4 그 일에 대해 통보를 받지 못해서 그 리더는 매우 화가 나 있었다.

C
1 내일 날씨가 좋으면 우리는 바닷가로 갈 것이다.
2 그 쉬운 상황을 고려하면 그들의 일은 나를 만족스럽게 하지 못했다.
3 솔직히 말하자면 그 공은 선을 넘지 않았다.
4 빨간색으로 칠해진 차는 모든 날씨를 견딜 수 있다.

SENTENCE WRITING PRACTICE
p. 97

A 1 was very disappointing
2 Judging from, looks very tired
3 with his eyes open
4 something burning
5 him arresting a criminal

B 1 He was so disappointed that he couldn't say a word.
2 I had my tire exchanged.
3 The car covered with snow is mine.
4 My wife came smiling.
5 Most pollution is made by developing countries.
6 Roasted coffee smells good.

UNIT 12 준동사 총정리

A 준동사의 공통점인 동사적 성질

예문 해석
1 • 그녀를 설득하는 것은 쉽다.
• 회의를 항상 피하는 것은 너의 현재 상황에 도움이 되지 않는다.
• 나는 선생님인 것이 자랑스럽다.
• 그녀는 그가 그녀에게 화내는 것에 대해 신경 쓰지 않는다.
• 문가에 서 있는 여자는 내 여자친구이다.

2 • 그녀는 살이 빠진 것 같다.
• 그는 돈을 훔친 것 때문에 체포되었다.
• 주소를 몰라서 나는 누군가에게 물어봐야 했다.

3 • 그 남자를 다시 만나는 것은 나에게 있어서 꽤 성가신 일이다.
• 그는 그녀가 그 제품에 대한 발표를 하기를 원한다.
• 그가 파티에 와도 괜찮겠니?
• 창문을 깨뜨리면 너는 벌을 받을 것이다.
• 내일 날씨가 좋으면 우리는 소풍을 갈 것이다.

4 • 내 차가 지난밤에 도난당한 것 같다.
• 어떤 것에든 항상 준비되어 있는 것은 매우 중요하다.
• 시골에서 자라서 그는 도시 생활에 대해 잘 알지 못한다.

p. 99

① 주어: I, 시제: 과거
② 주어: her son, 시제: 과거
③ 주어: he, 시제: 대과거
④ 주어: Your son, 시제: 과거
⑤ 주어: of her, 시제: 현재

해석
① 인도를 따라 걷고 있는 동안에 나는 길을 건너는 그녀를 봤다.
② 그녀는 아들이 더 어렸을 때 게을렀던 것에 대해 부끄러워한다.
③ 그는 누군가에게 맞은 것 같았다.
④ 당신의 아들이 창문을 깨뜨렸기 때문에 당신이 책임져야 한다.
⑤ 그녀가 그에게 그렇게 중압감을 주는 것은 무례하다.

B 준동사의 차이점

예문 해석
1 • 건강한 신체를 가지는 것은 중요하다.
• 가르치는 것이 곧 배우는 것이다.
• Antonio는 그의 과거 기록을 검사하는 것을 신경 쓰지 않는다.
• 그 흰색 차를 운전하는 사람은 우리 아빠다.
• 로마 장군이 그의 군대에게 야만인을 향해 계속 진군하도록 시켰다.

2 ● 내 계획은 내년에 사업을 시작하는 것이다.
　● 그녀는 그가 최종 결정을 내리도록 했다.
　● 그 술에 취한 사람은 경찰에게 체포되었다.
　● 간호사는 돌 볼 환자가 없었다.
　● 그가 침낭을 가져왔니?

3 ● 그녀는 혼자서 그 일을 해야 해서 슬플 것임에 틀림없다.
　● 솔직히 말하자면 나는 4일짜리 휴가를 원한다.
　● 원숭이의 행동을 관찰했기 때문에 어느 단계까지는 원숭이의
　　반응을 예측하기가 가능하다.
　● 나는 당신이 우리 집에 머무르는 것이 편안하기를 바랍니다.

Pattern Practice
p. 100

❶ 명사　　　　　　　❷ 부사
❸ 형용사　　　　　　❹ 부사
❺ 형용사

해석
❶ 저 팀을 상대로 이기는 것은 쉽지 않을 것이다.
❷ 밧줄을 잡고 있으면서 그 생존자는 도와달라고 외쳤다.
❸ 그는 살기에 괜찮은 집을 찾고 있는 중이다.
❹ 그렇게 말하다니 그녀는 정신이 나간 것이 틀림없다.
❺ 나는 그녀가 그로부터 도망치는 것을 보았다.

GRAMMAR PRACTICE
p. 101

A　1　To drive, Driving　　　2　Seen
　　3　to enjoy　　　　　　　4　me
　　5　his, him

B　1　Losing the game
　　2　the waitress not bringing my meal
　　3　to have been there at that moment
　　4　him to subscribe to the service soon
　　5　his being punished at once

C　1　Don't → Not
　　2　Seeing → Seen
　　3　없음
　　4　have stolen → have been stolen
　　5　없음

해석
A
1　차를 운전하는 것은 항상 주의해야 한다는 것을 뜻한다.
2　하늘에서 봤을 때 우리 마을은 매우 작아 보인다.
3　그녀는 그 어려운 일을 즐기는 것 같다.
4　다음에 무엇을 해야 할지 말해줘.
5　그들은 그가 경기에서 1등을 한 것에 대해 만족한다.

B
1　비록 그녀는 경기에서 졌지만 참가했던 것에 대해 기뻐했다.
2　나는 종업원이 식사를 가지고 오지 않은 것에 대해 불평했다.
3　그는 그 순간에 거기에 있었던 것 같다.
4　우리는 그가 곧 그 서비스에 가입할 것으로 기대한다.
5　그녀는 그가 즉시 처벌을 받아야 한다고 주장했다.

C　1　그녀가 어디에 사는지 몰라서 그는 그녀의 친척들에게 연락했다.
　　2　비행기에서 봤을 때 우리 집은 장난감 집처럼 보인다.
　　3　그녀는 두 시간 이내에 일을 끝내기로 약속했다.
　　4　내 노트북이 도난당한 것 같다.
　　5　부상당한 군인을 옮기느라 그는 빨리 움직일 수 없었다.

SENTENCE WRITING PRACTICE
p. 102

A　1　Being attacked, to predict
　　2　were exciting, was bored
　　3　no use finding
　　4　It is, for men to survive
　　5　him to win

B　1　I taught for 2 hours with my arms folded.
　　2　Considering her situation, she should not be
　　　here.
　　3　He has something to do with the case.
　　4　My hobby is playing[to play] jazz harmonica.
　　5　My dad enjoyed watching me playing.

Chapter REVIEW TEST
p. 103

A　1　printed　　　　　　2　waiting
　　3　It　　　　　　　　4　Judging from
　　5　having participated

B　1　When 삭제
　　2　disappointed → disappointing
　　3　are → is
　　4　없음
　　5　Being → Having been

C　1　The woman posing on the stage is a famous
　　　model.
　　2　There being nobody around, she began to run
　　　towards home.
　　3　Frankly speaking, I wanted to play guitar
　　　instead of harmonica.
　　4　He came home with his body trembling.

해석
A　1　그의 책상 위에 인쇄된 보고서가 있다.
　　2　버스를 기다리고 있는 사람은 사실 그 회사의 사장이다.
　　3　날씨가 좋았기 때문에 아이들이 밖에서 하루 종일 놀았다.
　　4　그의 행동으로 판단하건대 그는 사실 말하고 있지 않다.
　　5　그녀는 2002 월드컵에 자원봉사자로 참가했던 것에 대하여
　　　자랑스러워한다.

B　1　동시에 여러 강의를 듣는 것은 너에게 효율적이지 못할
　　　것이다.
　　2　그녀가 우리 재즈 클럽에 가입하지 않은 것은 실망스럽다.
　　3　악기를 다루는 것은 쉽지가 않다.
　　4　선생님이 아프셔서 강의는 취소되었다.
　　5　시골 지역에서 태어나서 그녀는 도시 생활에 대하여 잘 알지
　　　못한다.

에세이 주제

사람들은 생활하는 데 돈이 필요해서 일을 한다. 사람들이 일을 하는 다른 이유는 무엇인가? 그 이유를 한 개 이상 논하시오. 구체적인 예와 상세한 내용으로 의견을 설명하시오.

| Body 1 |
① There are many examples / not for money
1 make humble salaries / seven days a week
2 give up their free time to serve the community

| Body 2 |
① they gain satisfaction / contributing to society
1 they want to feel useful
2 gain self-esteem from working

CHAPTER 07

수동태

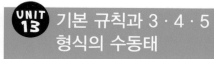

UNIT 13　기본 규칙과 3·4·5 형식의 수동태

A　수동태 만드는 규칙과 주의할 점

예문 해석
1 • 그는 관중들에게 새로운 스마트폰을 발표했다.
　• 새로운 스마트폰이 그에 의해 관중들에게 발표되었다.

2 • 회의실에 있는 서류들은 너의 것이다.
　• 그녀는 멋진 정원을 소유하고 있다.
　• 저 셔츠가 너와 잘 어울린다.
　• 스티브는 여러 면에서 아빠와 닮았다.
　• 영어는 호주에서 사용된다.
　• 그 건물은 1990년에 지어졌다.
　• 내 차는 어제 도난당했다.
　• 그들은 충격적인 소식에 놀랐다.
　• 유명인사들은 거의 모든 사람들에게 알려져 있다.
　• 그 소년은 집에 가는 길을 찾을 수 없다는 것에 겁먹었다.
　• 오래된 책들이 많은 먼지들로 덮여 있다.
　• 그는 그 직장에 지원하는 것에 관심 있다.
　• 그녀는 남편의 수입에 만족한다.
　• 그 건물은 연기로 가득 찼다.

B　3·4·5형식의 수동태

예문 해석
1 • 톰은 오늘 간신히 그 과제를 교수님에게 제출했다.
　→ 그 과제는 오늘 교수님에게 간신히 톰에 의해 제출되었다.

• 그 회사는 이 지역에서 많은 차를 제조한다.
→ 많은 차들이 그 회사에 의해 이 지역에서 제조된다.
• 북한은 다른 나라들을 대하는 데 있어서 호전적이라고들 한다.
• 그 회사는 탄탄한 재정 안전성을 가지고 있다고들 믿고 있다.

Pattern Practice　　p. 109
❶ Lots of snow covered her.
❷ Some old books were given to me by the girl.
❸ The student was dismissed by the teacher.

해석
❶ 그녀는 많은 눈에 쌓여 있었다.
❷ 그 소녀가 나에게 오래된 책 몇권을 주었다.
❸ 선생님이 학생에게 가라고 했다.

예문 해석
2 • 낸시는 그에게 그녀의 명함을 보여줬다.
　→ 그는 낸시에 의해 그녀의 명함을 보게 되었다.
　• 그 회사의 사장이 그녀에게 만 달러를 지불했다.
　→ 그녀는 그 회사의 사장에게서 만 달러를 지불받았다.
　• 낸시는 그에게 그녀의 명함을 보여줬다.
　→ 그녀의 명함이 낸시에 의해 그에게 보이게 되었다.
　• 그 회사의 사장이 그녀에게 만 달러를 지불했다.
　→ 만 달러는 그녀의 사장에 의해 그녀에게 지불되었다.
　• 케이크는 엄마가 나를 위해 만들었다.
　• 장난감 총은 아빠가 그 아이를 위해 사줬다.
　• 그는 그의 차 때문에 그들에게서 부러움을 받았다.

Pattern Practice　　p. 110
1 ❶ Her car wasn't washed this morning by her.
　❷ is said that time is money
　❸ is thought to be getting too warm nowadays

2 ❶ He was envied his fortune by people.
　❷ Some ice cream was bought for her by me.
　❸ I was shown the secret files by him.

해석
1 ❶ 그녀는 오늘 아침에 세차하지 않았다.
　❷ 시간은 돈이라고들 말한다.
　❸ 지구가 요즘 너무 따뜻해지고 있다고들 생각한다.

2 ❶ 사람들은 그의 재산 때문에 그를 부러워했다.
　❷ 나는 그녀에게 아이스크림을 사줬다.
　❸ 그는 나에게 비밀 파일들을 보여줬다.

예문 해석
3 • 그녀의 부모는 그녀를 의사로 만들었다.
　→ 그녀는 부모에 의해 의사가 되었다.
　• 그녀는 언제나 나를 행복하게 한다.
　→ 나는 언제나 그녀에 의해 행복해진다.
　• 선생님은 그가 집에 가도록 허락했다.
　→ 그는 선생님에 의해 집에 가도록 허락을 받았다.
　• 나는 그녀가 미친 사람처럼 춤추는 것을 봤다.
　→ 그녀는 나에 의해 미친 사람처럼 춤추는 것을 목격당했다.
　• 아내가 나에게 음식을 사오도록 했다.
　→ 나는 아내에 의해 음식을 사오게 되었다.
　• 적군이 포로를 석방했다.
　→ 포로는 적군에 의해 석방되었다.

Pattern Practice
p. 111

❶ The bus driver was made to stop the bus by the police.
❷ He was made to resign from his position by the political pressure.
❸ The man was persuaded to look over the current situation again by her.

해석
❶ 경찰은 버스기사에게 버스를 멈추도록 했다.
❷ 정치적 압력이 그를 자리에서 물러나게 했다.
❸ 그녀는 그 남자가 현재의 상황을 다시 검토하도록 설득했다.

GRAMMAR PRACTICE
p. 112

A 1 She was awarded the grand prize by them.
  2 The bird was allowed to fly away by me.
  3 The enemy didn't let him go back to his country.
  4 The famous actress is known to many people.
  5 He is believed to be innocent.
  6 The prisoner was allowed to return to his country by the authorities.
  7 The spacecraft is enabled to escape from the earth's gravity by the enormous speed.

B 1 His car was envied him → He was envied his car
  2 They were bought for the food → The food was bought for them
  3 enter → to enter
  4 없음
  5 My father is resembled by me. → I resemble my father.
  6 be → to be
  7 없음

해석
A
1 그들은 그녀에게 대상을 수여했다.
2 나는 새를 풀어줬다.
3 그는 적군에 의해 자신의 나라로 돌아가는 것을 허락받지 못했다.
4 많은 사람들이 그 유명한 여배우를 안다.
5 사람들은 그가 정직하다고 믿는다.
6 당국은 포로에게 자신의 나라로 돌아가도록 허락했다.
7 엄청난 속도가 우주선을 지구의 중력으로부터 벗어나도록 해준다.

B
1 그는 그의 차로 그들에 의해 부러움을 받았다.
2 음식이 그들을 위해 자원봉사자들에 의해 구입되었다.
3 그녀는 방안에 들어가는 것이 그에 의해 목격되었다.
4 나는 너의 공연에 만족한다.
5 나는 아버지를 닮았다.
6 그녀는 그녀의 일에 만족한다고 한다.
7 이 멋진 스포츠카는 내것이다.

SENTENCE WRITING PRACTICE
p. 113

A 1 were disappointed with
  2 were hurt by
  3 was invited to the governor's party
  4 was covered with snow, for us to find
  5 is spoken

B 1 He was treated unfairly by them.
  2 That new shirt becomes you.
  3 It is required by the school that you master required courses.
  4 It is said that he received bribes.
  5 He was envied his luck by people.

UNIT 14 여러 종류의 수동태

A 수동태의 시제

예문 해석
1 • 새 트럭들이 이 공장에서 제조되고 있다.
  • 그 건물은 다시 리모델링되고 있다.
  • 그녀는 지금 선생님에게 벌을 받고 있는 중이다.

2 • 그 도둑은 여러 번 붙잡혔었다.
  • 그 차는 내 친구에 의해 수리가 되었다.
  • 우리 집은 그 해 여름이 시작하기 전에 다시 칠해졌다.

Pattern Practice
p. 114

❶ The wall is being painted by her now.
❷ Some letters have been written by him.
❸ The vase had been broken by them before their mother arrived home.

해석
❶ 그녀는 지금 벽을 칠하고 있다.
❷ 그는 편지를 몇 통 썼다.
❸ 그들은 엄마가 집에 도착하기 전에 꽃병을 깼다.

B 의문문 · 명령문 · 군동사의 수동태

예문 해석
1 • 정부가 스텔스 전투기들을 구매했니?
  → 스텔스 전투기들이 정부에 의해 구매되었니?
  • 그들이 저 낯선 사람을 아니?
  → 저 낯선 사람은 그들에게 알려져 있니?
  • 언제 정부가 스텔스 전투기들을 구매했니?
  → 언제 스텔스 전투기들이 정부에 의해 구매되었니?
  • 어떻게 그들이 저 낯선 사람을 아니?
  → 어떻게 저 낯선 사람은 그들에게 알려졌니?

Pattern Practice
p. 115

❶ Why was the server shut down by them?
❷ By whom was the race finished first?
  Who was the race finished first by?
❸ Was the dinner cooked by him for you?

해석
❶ 왜 서버를 중단시켰니?
❷ 누가 일등으로 경주를 끝냈니?
❸ 그가 너를 위해서 요리를 했니?

예문 해석
2 • 우산을 가지고 가라.
   → 우산을 가지고 가라.
   • 아이에게 음식을 줘라.
   → 아이가 음식을 대접받도록 하여라.
   • 가게를 너무 일찍 닫지 마라.
   → 가게가 너무 일찍 닫히지 않도록 해라.
   • 친구를 아이처럼 대하지 마라.
   → 친구가 아이처럼 대접받지 않도록 해라.

3 • 할머니가 강아지를 돌보아 주셨다.
   → 그 강아지는 할머니에게서 돌봄을 받았다.
   • 비록 조용했지만 그녀는 볼륨을 낮추었다.
   → 비록 조용했지만 볼륨은 그녀에 의해 낮추어졌다.

Pattern Practice
p. 116

❶ Let your car be parked in the garage.
❷ the chalkboard not be scratched with a piece of chalk.
❸ The poor boy was laughed at by her.

해석
❶ 차고에 차를 주차해라.
❷ 분필로 칠판을 긁지 마라.
❸ 그녀는 그 불쌍한 소년을 비웃었다.

GRAMMAR PRACTICE
p. 117

A 1 Let the betrayer be punished right now!
   2 By whom was that computer brought here?
      Who was that computer brought here by?
   3 Were all the files on the computer deleted by him?
   4 Difficult missions have been accomplished several times by them.
   5 Some important information has been released by the White House.
   6 The final report must be submitted by me before Tuesday.
   7 The leading company was caught up with by our company.

B 1 By who → By whom 또는 By를 문장 맨 뒤로 보냄.
   2 don't → not
   3 없음
   4 Not → Don't
   5 없음

해석
A
1 배신자를 지금 당장 처벌해라!
2 누가 저 컴퓨터를 여기로 가져왔니?
3 그가 컴퓨터의 모든 파일들을 삭제했니?

4 그들은 어려운 임무들을 여러 번 완수했다.
5 백악관이 몇몇 중요한 정보를 발표했다.
6 화요일 전에 나는 최종 보고서를 제출해야 한다.
7 우리 회사가 앞서가는 회사를 따라잡았다.

B
1 어제 그 차는 누구에 의해 운전되었니?
2 아이를 건드리지 마라.
3 테러리스트들이 지난주에 감옥으로 보내졌니?
4 아무도 다치지 않도록 해라!
5 어떻게 저 차가 여기서 이동되었지?

SENTENCE WRITING PRACTICE
p. 118

A 1 was being punished, entered
   2 may be kidnapped
   3 When was, invented
   4 was laughed at
   5 will be arrested

B 1 Why is your motorcycle parked here?
   2 She was being pulled out when I arrived there.
   3 Hundreds of soldiers will be caught as P.O.W.s.
   4 The assembly must be dismissed.
   5 Was any milk delivered today?

Chapter REVIEW TEST
p. 119

A 1 belongs   2 held
   3 with   4 to carry
   5 was that car bought

B 1 The homeless man was made to leave the hotel lobby by the staff.
   2 By whom was this silly decision made?
      Who was this silly decision made by?
   3 The charity group took care of the orphan.
   4 is said to be the best policy
   5 the can not be trashed here

C 1 She was fined by the committee.
   2 My precious laptop computer was stolen.
   3 She was caught cheating by me.
   4 It is said that grammar is the most difficult subject.
      Grammar is said to be the most diffcult subject.

해석
A 1 세계에서 가장 호화로운 호텔이 그 시의 것이다.
   2 대부분의 유럽국가들은 주요한 스포츠 행사를 많이 개최하였다.
   3 그는 그 믿을 수 없는 결과들에 만족한다.
   4 그녀는 무거운 짐을 나르게 되었다.
   5 언제 저 차가 그들에 의해 구입되었니?

B 1 직원이 노숙자를 호텔 로비에서 나가게끔 했다.
　2 누가 이런 바보 같은 결정을 내렸니?
　3 그 고아는 자선 단체에 의해 돌봄을 받았다.
　4 정직이 최선의 정책이라고들 한다.
　5 깡통을 여기에 버리지 마라.

IBT토플 Writing / Essay Topic별 실전 연습 　　p. 120

에세이 주제
다음 말에 동의하는가, 동의하지 않는가? 사람을 겉모습만으로
판단해서는 절대 안 된다. 구체적인 이유와 상세한 내용으로 의견을
설명하시오.

| Body 1 |
① to deliberately deceive
1 set up the appropriate surroundings / others believe
　that they are successful
2 They may drive an expensive car or have an
　impressive office

| Body 2 |
① appearances / misunderstanding
1 we lack all the relevant information
2 moody and unfriendly / some very bad news

CHAPTER 08

가정법

UNIT 15 가정법의 용법

A 가정법 현재 (단순 조건문)

예문 해석
1 • 만약 내일 날씨가 좋다면, 우리는 소풍 갈 것이다.
　• 만약 그가 충분한 시간이 있다면, 파티에 올 것이다.
　• 만약 네가 시험에 합격한다면, 나는 너에게 자전거를 사 주겠다.
　• 만약 내일 날씨가 좋지 않다면, 우리는 야외 행사를 취소할
　　것이다.

Pattern Practice 　　p. 124
❶ is ❷ comes
❸ will freeze ❹ will be worried
❺ get , can't go (or won't go)

해석
❶ 만약 내일 날씨가 좋으면, 우리는 캠핑 갈 것이다.
❷ 만약 아버지가 집에 일찍 오면, 우리는 영화보러 갈 것이다.
❸ 만약 온도가 영하로 떨어지면, 물은 얼 것이다.
❹ 만약 내가 엄마에게 전화를 안 하면, 엄마는 걱정할 것이다.

---

❺ 만약 늦게 일어나면, 나는 그 회의에 갈 수 없다. (or 가지 않을
　것이다.)

B 가정법 과거

예문 해석
1 • 만약 내가 부자라면, 큰 집을 살 수 있을 텐데. /
　　나는 부자가 아니기 때문에, 큰 집을 살 수 없다.
　• 만약 그녀가 더 열심히 공부한다면, 변호사 시험에 합격 할 수
　　있을 텐데.
　• 만약 내가 더 똑똑하다면, 수학 경시대회에서 만점을 받을 수
　　있을 텐데.
　• 만약 내가 치타라면, 훨씬 더 빨리 달릴 수 있을 텐데.
　• 만약 그녀가 MS 엑셀을 더 잘 사용할 줄 안다면, 고용될 수 있을
　　텐데.
　• 만약 스티브가 아프지 않다면, 생일파티에 갈 텐데.
　• 당신이 내 파티에 올 수 있는지 궁금합니다.
　• 당신이 내 파티에 올 수 있다면 정말 좋겠습니다.

Pattern Practice 　　p. 125
❶ he were rich
❷ he is not a millionaire
❸ could play basketball with my friends
❹ I can't travel around the world

해석
❶ 그는 부자가 아니기 때문에, 요트를 살 수 없다.
　→ 만약 그가 부자라라면, 요트를 살 수 있을 텐데.
❷ 그는 백만장자가 아니기 때문에, 비행기가 없다.
　→ 만약 그가 백만장자라면, 비행기를 가질 텐데.
❸ 나는 아프기 때문에, 친구들과 함께 농구를 할 수 없다.
　→ 만약 내가 아프지 않다면, 친구들과 함께 농구를 할 수 있을
　　텐데.
❹ 나는 돈을 많이 가지고 있지 않기 때문에 세계일주 여행을 할 수
　없다.
　→ 만약 내가 돈이 많다면, 세계일주 여행을 할 수 있을 텐데.

C 가정법 과거완료

예문 해석
1 • 만약 그녀가 더 열심히 공부했더라면, 시험에 합격했을 텐데. /
　　그녀는 열심히 공부하지 않았기 때문에 시험에 합격할 수
　　없었다.
　• 만약 내가 더 주의했더라면, 영어에서 만점을 받을 수 있었을
　　텐데.
　• 만약 스티브가 그 프로젝트를 성공적으로 끝냈더라면, 승진할
　　수 있었을 텐데.
　• 만약 수잔이 아프지 않았더라면, 회의에 참석할 수 있었을 텐데.
　• 만약 어제 비가 오지 않았더라면, 우리는 캠핑을 갈 수 있었을
　　텐데.
　• 만약 내가 방을 확인하지 않았더라면 무슨 일이 일어났을까?

Pattern Practice 　　p. 126
❶ I had known her address
❷ he was not rich
❸ we could have gone camping
❹ couldn't buy a big house

❺ she had known the truth, would have told him

해석
❶ 그녀의 주소를 몰랐기 때문에, 나는 그녀를 방문할 수 없었다.
　→ 만약 내가 그녀의 주소를 알았더라면, 그녀를 방문할 수 있었을 텐데.
❷ 그는 부자가 아니었기 때문에, 그 비싼 차를 살 수 없었다.
　→ 만약 그가 부자였다면, 그 비싼 차를 살 수 있었을 텐데.
❸ 어제 날씨가 화창하지 않았기 때문에, 우리는 캠핑을 가지 않았다.
　→ 만약 어제 날씨가 화창했다면, 우리는 캠핑을 갔을 텐데.
❹ 나는 부자가 아니었기 때문에 큰 집을 살 수 없었다.
　→ 만약 내가 부자였다면, 큰 집을 살 수 있었을 텐데.
❺ 그녀는 진실을 몰랐기 때문에 그에게 말하지 않았다.
　→ 만약 그녀가 진실을 알았더라면, 그에게 말했었을 텐데.

D 혼합 가정법

예문 해석
1 • 만약 내가 지난밤에 더 잘 잤다면, 지금 그렇게 피곤하지 않을 텐데.
　• 만약 그가 베트남전쟁에서 죽지 않았다면, 지금 57세일 텐데.
　• 만약 내가 정오에 점심을 먹었다면, 지금 배고프지 않을 텐데.
2 • 만약 그가 가난하다면, 지난달에 구세군에 천만 달러를 기부할 수 없었을 것이다.
　• 만약 스티브가 나를 더 잘 안다면, 그렇게 이야기하지 않을 텐데.

Pattern Practice   p. 128
❶ 만약 내가 아버지의 조언을 들었더라면, 지금 쉬운 삶을 살고 있을 텐데.
❷ 만약 사고가 일어나지 않았더라면, 그녀는 오늘도 아직 살아 있을 텐데.
❸ 만약 그녀가 게으르지 않다면, 오늘 아침에 학교에 늦지 않았을 텐데.

E 가정법 미래

예문 해석
1 • 만약 비가 온다면, 우리는 소풍을 연기할 것이다.
　• 만약 그런 일이 일어난다면, 우리는 무엇을 해야 하나?
2 • 만약 다시 태어난다면, 나는 위대한 피아니스트가 될 것이다.
　• 만약 해가 서쪽에서 뜬다면, 나는 마음을 바꿀 것이다. (즉, 절대로 마음을 바꾸지 않겠다는 의미)

Pattern Practice   p. 129
❶ 그런 종류의 일이 일어난다면 너는 무엇을 해야 하나?
❷ 만약 한반도에 전쟁이 일어난다면, 우리는 무엇을 할 것인가?
❸ 만약 네가 로또에 당첨된다면, 너는 무엇을 할 것이냐?
❹ 만약 다시 태어난다면, 나는 내 아내와 결혼할 것이다.

F 가정법 대용표현

예문 해석
1 • 물과 공기가 없다면, 우리는 생존할 수 없을 것이다.
　• 그의 도움이 없었다면, 나의 사업은 실패했을 것이다.
　• 너의 도움이 있다면, 나는 그 프로젝트를 일정보다 앞당겨서 끝낼 수 있을 텐데.
　• 너의 도움이 있었다면, 나는 그 일을 성공적으로 끝낼 수 있었을 텐데.
　• 그는 영어말하기를 잘 하지 못한다. 그렇지 않다면, 나는 그를 고용할 텐데.
　• 수잔은 매우 바빴다. 그렇지 않다면, 그녀는 파티에 올 수 있었을 텐데.
2 • 그녀가 영어 말하는 것을 듣는다면, 너는 그녀를 원어민으로 생각할 것이다.
　• 그를 보았다면, 너는 그를 거지라고 생각했을 것이다.
　• 그녀가 그 일자리를 거절한다면 더 좋을 걸.
　• 그녀가 그 제안을 거절했다면 더 좋았을 걸.

Pattern Practice   p. 130
❶ were not for
❷ had not been for
❸ heard
❹ he accepted the offer

해석
❶ 공기가 없다면, 우리는 숨을 쉴 수 없을 것이다.
　= 만약 공기가 없다면, 우리는 숨을 쉴 수 없을 것이다.
❷ 그 돈이 없었다면, 그 회사는 부도가 났을 것이다.
　= 만약 그 돈이 없었다면, 그 회사는 부도가 났을 것이다.
❸ 그녀가 노래하는 것을 들으면, 너는 그녀를 가수로 생각할 것이다.
　= 만약 그녀가 노래하는 것을 들으면, 너는 그녀를 가수로 생각할 것이다.
❹ 그가 그 제안을 받아들이면 더 좋을 텐데.
　= 만약 그가 그 제안을 받아들인다면, 더 좋을 텐데.

예문 해석
3 • 만약 선진국에 산다면, 그는 위대한 과학자가 될 텐데.
　• 만약 그 프로젝트를 제시간에 끝냈더라면, 그녀는 승진될 수 있었을 텐데.
　• 만약 혼자 남게 되면, 그 아기는 크게 울 것이다.
　• 만약 부자 나라에 태어났더라면, 그는 성공적인 사업가가 되었을지도 모른다.
4 • 진정한 친구라면 그런 일은 하지 않을 텐데.
　• 진정한 친구였다면 그 약속을 지켰을 텐데.
　• 미국인이라면 그런 표현을 사용하지 않을 텐데.
　• 지혜로운 사람이었다면 다르게 행동했을 텐데.

Pattern Practice   p. 131
❶ lived in a rural area
❷ were left alone
❸ were a true friend
❹ had been, would have kept

해석
❶ 시골 지역에 산다면 그는 평화로운 삶을 즐길 수 있을 텐데.
　= 만약 그가 시골 지역에 산다면, 그는 평화로운 삶을 즐길 수 있을 텐데.

❷ 놀이 공원에서 혼자 남겨 지면, 그 아이들은 길을 잃을 것이다.
   = 만약 그 아이들이 놀이 공원에 혼자 남겨지면, 그들은 길을
     잃을 것이다.
❸ 진정한 친구라면 그런 상황에서 도울 텐데.
   = 만약 그가 진정한 친구라면, 그는 그런 상황에서 도울 텐데.
❹ 진정한 신사였다면 자기가 말한 것을 지켰을 텐데.
   = 만약 그가 진정한 신사였다면, 그는 자기가 말한 것을 지켰을
     텐데.

G If 또는 If절의 생략

예문 해석

1 • 만약 내가 너라면, 나는 그를 용서할 텐데.
  • 만약 내가 돈이 많다면 최신형 스마트폰을 살텐데.

2 • 만약 내가 더 열심히 공부했다면, 나는 시험에 합격할 수 있었을
     텐데.

3 • 만약 전쟁이 일어난다면, 우리는 나라를 지키기 위해 싸울
     것이다.

4 • 그는 서른 살이 넘었다고 말할 수 있을 것이다.
  • 스티브는 훌륭한 화가가 되었을 텐데.

Pattern Practice
p. 132
❶ Were I you
❷ Had I many friends
❸ Had I had a problem with the new project
❹ Should a terror attack occur in a big city

해석
❶ 내가 만약 너라면, 나는 그 일자리 제안을 받아 들일 텐데.
❷ 만약 내가 많은 친구가 있다면, 나는 외롭지 않을 텐데.
❸ 만약 내가 그 새로운 프로젝트에 문제를 가지고 있었다면, 나는
   도움을 요청하기 위해 그에게 전화 했었을 것이다.
❹ 만약 대도시에서 테러 공격이 발생한다면, 시민들은 무엇을 해야
   하나?

GRAMMAR PRACTICE
p. 133

A 1 If you took the subway, you could save time.
  2 If it hadn't rained yesterday, we could have
    played soccer.
  3 If he had had the opportunity, he could[would]
    have gone to the college.
  4 If I were a magician, I could change him into a
    bird.
  5 If she had slept well last night, she would not
    be tired now.
  6 If I knew her address, I could visit her.

B 1 But for, If it had not been for
  2 you saw him   3 I married
  4 you helped   5 were
  6 had been

해석
A
1 너는 지하철을 타지 않기 때문에, 너는 시간을 절약할 수 없다.
   → 만약 네가 지하철을 탄다면, 너는 시간을 절약할 수 있을 텐데.
2 어제 비가 왔기 때문에, 우리는 축구를 할 수 없었다.
   → 만약 어제 비가 오지 않았다면, 우리는 축구를 할 수 있었을
     텐데.
3 그는 기회가 없었기 때문에, 그는 대학에 가지 않았다.
   → 만약 그가 기회를 가졌다면, 그는 대학에 갈 수 있었을 텐데
     [갔었을 텐데].
4 나는 마술사가 아니기 때문에, 나는 그를 새로 바꿀 수 없다.
   → 만약 내가 마술사라면, 나는 그를 새로 바꿀 수 있었을 텐데.
5 그녀는 지난밤에 잘 자지 않았기 때문에, 그녀는 지금 피곤하다.
   → 만약 그녀가 지난밤에 잘 잤다면, 그녀는 지금 피곤하지 않을
     텐데.
6 나는 그녀의 주소를 몰라서, 나는 그녀를 방문할 수 없다.
   → 만약 내가 그녀의 주소를 안다면, 나는 그녀를 방문할 수 있을
     텐데.

B
1 너의 도움이 없었다면, 내 사업은 실패했을지도 모른다.
2 그를 보면 너는 그를 진짜 신사라고 생각할 것이다.
3 나는 그녀와 결혼한다면 행복할 텐데.
4 너의 도움이 있다면, 우리는 그 프로젝트를 제시간에 끝낼 수 있을
   텐데.
5 진정한 친구라면 그는 약속을 지킬 텐데.
6 진정한 파트너였다면 그는 그 약속을 지켰을 텐데.

SENTENCE WRITING PRACTICE
p. 134

A 1 need your help
  2 were rich, I would travel
  3 had not rained yesterday, we could have played
  4 find your watch
  5 were to be young again, I would marry

B 1 Without water and air, we could not live.
  2 With your help, I could finish the project sooner.
  3 To hear him speak English, you would think him
    a native speaker.
  4 If Susan were not sick, she would come to my
    birthday party.
  5 If Susan had not been sick, she would have
    come to my birthday party.
  6 If my son hadn't died in the Iraq War, he would
    still be alive.

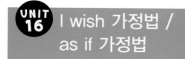

UNIT 16 I wish 가정법 / as if 가정법

A I wish + 가정법 과거 · 과거완료

예문 해석
1 • 나는 그가 여기에 나와 함께 있으면 좋겠다.
  • 나는 수영을 잘 하지 못한다. 나는 수영을 더 잘 하면 좋겠다.
  • 나는 여자 친구가 없다. 나는 여자 친구가 있으면 좋겠다.

2 • 나는 학생 때 더 열심히 공부를 했더라면 좋았을 걸.
  • 나는 그녀에게 비밀을 말했다. 나는 그녀에게 비밀을 말하지
    않았더라면 좋았을 걸.
  • 나는 어제 그 코트를 사지 않았다. 그 코트를 샀더라면 좋았을
    걸.

3 • 나는 부자이면 좋겠다.
  • 나는 부자였더라면 좋았을 걸.

Pattern Practice
p. 135
❶ I had a girl friend
❷ I had known yesterday was Jane's birthday
❸ 내게 더 많은 시간이 있으면 좋을텐데.
❹ 내게 더 많은 시간이 있었으면 좋을텐데.

해석
❶ 나는 여자친구가 있으면 좋겠다.
   = 나는 여자친구가 없어서 유감이다.
❷ 나는 어제가 제인의 생일이었다는 것을 알았으면 좋았을 걸.
   = 나는 어제가 제인의 생일이었다는 것을 몰라서 유감이다.

B as if[though] + 가정법 과거 · 과거완료

예문 해석
1 • 그녀는 마치 자기가 유명한 배우인 것처럼 말한다.
  • 그녀는 마치 자기가 그 사고에 대해서 모든 것을 알고 있는
    것처럼 말한다.
  • 그는 마치 자기가 부자인 것처럼 다른 사람들에게 말한다.
  • 그녀는 마치 자기가 우리 엄마인 것처럼 행동한다.

2 • 그녀는 마치 자기가 유명한 배우였던 것처럼 말한다.
  • 그녀는 마치 자기가 그 사고에 대해서 모든 것을 알고 있었던
    것처럼 말한다.
  • 그는 마치 자기가 부자였던 것처럼 다른 사람들에게 말한다.
  • 그는 마치 자기가 나의 상사였던 것처럼 행동한다.

3 • 그는 마치 자기가 유명한 코미디언인 것처럼 말한다.
  • 그는 마치 자기가 유명한 코미디언이었던 것처럼 말한다.

Pattern Practice
p. 136
❶ she were a promising pianist
❷ she had been a promising pianist
❸ 그는 마치 자기가 (현재) 가수인 것처럼 말한다.
❹ 그는 마치 자기가 (과거에) 가수였던 것처럼 말한다.

GRAMMAR PRACTICE
p. 137

A 1 were   2 had
  3 could   4 had studied
  5 hadn't told   6 were
  7 had been

B 1 나는 남자친구가 있으면 좋겠다.
  2 나는 그 당시에 남자 친구가 있었더라면 좋았을 걸.
  3 나는 큰 집에서 살면 좋겠다.
  4 나는 그 당시에 큰 집에 살았더라면 좋았을 걸.
  5 그는 마치 자기가 (현재) 그 사고에 대한 모든 것을 알고 있는
    것처럼 말한다.
  6 그는 마치 자기가 (과거에) 그 사고에 대한 모든 것을 알고
    있었던 것처럼 말한다.
  7 그녀는 마치 자기가 (현재) 선생님인 것처럼 다른 사람들에게
    말한다.
  8 그녀는 마치 자기가 (과거에) 선생님이었던 것처럼 다른
    사람들에게 말한다.

해석
A
1 나는 젊지 않아서 유감이다. → 나는 젊으면 좋겠다.
2 나는 여자 친구가 없어서 유감이다. → 나는 여자 친구가 있으면
  좋겠다.
3 나는 영어 말하기를 잘 하지 못해서 유감이다. → 나는 영어
  말하기를 잘 하면 좋겠다.
4 나는 학생 때 더 열심히 공부하지 않아서 유감이다.
  → 나는 학생 때 더 열심히 공부했더라면 좋았을 걸.
5 나는 그 비밀을 그녀에게 말한 것이 유감이다.
  → 나는 그녀에게 그 비밀을 말하지 않았더라면 좋았을 걸.
6 그녀는 마치 자기가 유명한 가수인 것처럼 말한다. 사실은 그녀는
  유명한 가수가 아니다.
7 그녀는 마치 자기가 유명한 가수였던 것처럼 말한다. 사실은
  그녀는 유명한 가수가 아니었다.

SENTENCE WRITING PRACTICE
p. 138

A 1 I were tall
  2 I had been tall
  3 he were a famous businessman
  4 he had been a famous businessman
  5 She acts, she were my mom

B 1 I can't speak English very well. I wish I could
    speak English well like you.
  2 Susan is a nurse. I wish she were a doctor.
  3 He talks as if he knew the secret.
  4 He talks as if he had known the secret.
  5 I have an old computer. I wish I had a new one.
  6 Are you leaving tomorrow? I wish you wouldn't
    go.

A 1 is
2 studied
3 had worked
4 would not be
5 should happen
6 had
7 had studied
8 were
9 had been

B 1 If I find your cell phone, I will tell you immediately.
2 If I were not sick, I would go to her birthday party.
3 If I had not been sick, I would have gone to her birthday party.
4 If she had slept well last night, she would not be tired now.
5 I wish I had studied harder when I was a student.
6 He talks as if he had been a famous singer.

해석
A 1 만약 내일 날씨가 좋다면, 우리는 하이킹 갈 것이다.
2 만약 그녀가 더 열심히 공부한다면, 그녀는 시험에 합격할 수 있을 텐데.
3 만약 그가 더 열심히 일했다면, 그는 승진될 수도 있었을 텐데.
4 만약 그녀가 정오에 점심을 먹었더라면, 그녀는 지금 배고프지 않을 텐데.
5 만약 한반도에서 전쟁이 일어난다면, 우리는 무엇을 해야 할까?
6 나는 지금 매우 바쁘다. 나는 시간이 더 있으면 좋겠다.
7 스티브는 학교에서 열심히 공부하지 않아서 지금 그는 후회하고 있다. 그는 학교 때 열심히 공부 했었더라면 좋았을 걸.
8 그는 마치 자기가 우리 아빠인 것처럼 말한다. 사실 그는 우리 아빠가 아니다.
9 그녀는 마치 자기가 의사였던 것처럼 다른 사람들에게 말한다. 사실 그녀는 의사가 아니었다.

IBT토플 Writing / Essay Topic별 실전 연습

p. 140

에세이 주제
어떤 대학은 학생들에게 많은 과목을 수강하도록 요구한다. 또 어떤 대학은 학생들이 한 과목을 전공하도록 요구한다. 어느 쪽이 더 좋은가? 구체적인 이유와 예를 들어 의견을 설명하시오.

| Body 1 |
① be knowledgeable in only one subject
1 what they want to pursue as a career
2 need to study various subjects

| Body 2 |
① end up choosing a subject
1 make the student miserable throughout school
2 If the student discovered that he or she did not enjoy mathematics

CHAPTER 09

접속사

UNIT 17 등위접속사와 상관접속사

A 등위접속사와 상관접속사

예문 해석
1 • 시간과 조수는 사람을 기다리지 않는다. (세월은 사람을 기다리지 않는다.)
• 나는 사람들을 설득하려고 했으나 아무도 내게 집중하지 않았다.
• 우리는 우리 악기를 연습하거나 그냥 소풍을 갈 수도 있다.
• 비가 억수같이 쏟아져서 나는 집에 있기로 결정했다.

2 • 너뿐만 아니라 나도 그녀 없이 그 일을 진행할 수 있다.
• 그는 과학자가 아니라 기계공이다.
• 검정색 펜이나 연필 둘 중의 하나면 된다.
• 데이비드와 스티브 둘 다 파티에 오지 않았다.
• 운전자와 그의 개 둘 다 차 사고로 심하게 다쳤다.

Pattern Practice

p. 144

❶ not only, but also
❷ Neither, nor
❸ not, but

GRAMMAR PRACTICE

p. 145

A 1 likes to study
2 or
3 are
4 take a break
5 to the park

B 1 and
2 Both students and parents are
3 doesn't know
4 not by accident
5 by taxi or by bus

C 1 announcer → an announcer
2 sadness → sad
3 없음
4 you can 삭제
5 to analyze → analyzing

해석
A
1 그녀는 영어 공부하는 것을 좋아할 뿐만 아니라 수학을 공부하는 것도 좋아한다.
2 그 용의자를 계속 지켜봐라. 그렇지 않으면 그는 도망칠 것이다.
3 축구와 야구 둘 다 한국에서 매우 인기 있다.
4 나는 샤워와 휴식을 둘 다 하지 않는다.
5 그녀는 공원이나 도서관 둘 중의 한 곳으로 갔다.

C

1 나는 연예인이 아니라 아나운서이다.
2 그녀는 행복하거나 슬픈 사람 둘 중의 하나이다.
3 그 일은 정직하게 그리고 능숙하게 마쳐졌다.
4 너는 에세이를 쓰거나 소설을 쓸 수 있다.
5 프로젝트를 하고 그것을 분석함으로써 우리는 효율성을 향상시킬 수 있을 것이다.

SENTENCE WRITING PRACTICE p. 146

A 1 not, cancer but from a shock
2 Either you or Jane is
3 both wash, and brush
4 so I went to bed early
5 not only in summer, also in winter

B 1 He works slowly but accurately.
2 You can't have either her love or money.
  = You can have neither her love nor money.
3 She has not only honor but also capability.
4 We should learn English as well as Chinese.
5 What matters is that they are not scientists but industrial spies.

UNIT 18 종속접속사

A 종속접속사의 종류

예문 해석
1 • 그 회사가 100명의 신입 사원을 채용할 것이라는 것은 분명하다.
  • 안토니아는 그녀가 그 일을 끝낼지 말지를 궁금해 한다.
  • 대 피라미드의 비밀은 어떻게 고대 이집트인들이 그것을 건설했는가이다.

2 • 그들이 돌아오면 그 의식은 예정대로 시작될 것이다.
  • 그 이벤트가 연기되었기 때문에 우리는 주말에 할 일이 없었다.
  • 비록 아이가 어렸지만 그는 자신의 주장을 말할 용기가 있었다.
  • 엄마가 오면 나에게 알려줘.
  • 그는 공부하면서 라디오를 들었다.

Pattern Practice p. 147

❶ that   ❷ Whether
❸ Although[Though]

예문 해석
3 • 피해가 너무 커서 그 마을이 복구되는데 오랜 시간이 걸릴 것이다.
  • 그 제안은 매우 합리적이어서 모든 사람들이 그것을 따르기로 합의했다.
  • 그것은 너무나도 괜찮은 강의여서 학생들이 강의에 매우 만족해했다.
  • 그들을 따라잡을 수 있도록 서두르는 것이 좋겠다.
  • 새들은 추위를 피하기 위하여 겨울이 되기 전에 남쪽으로 날아간다.

• 적이 우리가 여기에 있다는 것을 모르도록 주저없이 그 일을 해라.
• 비록 그녀는 아이였지만 용감했다.

Pattern Practice p. 148

❶ 한밤중에도 여전히 너무 더워서 우리는 전혀 잘 수가 없었다.
❷ 그는 비록 영리하지만 마음이 따뜻한 사람은 아니다.
❸ 실패하지 않도록 열심히 공부해라.

GRAMMAR PRACTICE p. 149

A 1 either   2 that
3 Although   4 that
5 Unless

B 1 If she refuses / will face
2 until / finish
3 While / was taking a shower
4 lest you should have
5 Young / he was

C 1 없음   2 good an → a good
3 A girl → Girl   4 없음
5 In spite of → Although

해석
A
1 나는 너와 그 사람 둘 다 회의에 오지 않기를 원한다.
2 탈출 임무가 실패했다는 사실이 나에게는 놀라움이었다.
3 비록 그는 자신의 사업을 걱정하고 있었지만 사업은 확장되기 시작했다.
4 어떤 해커들이 우리의 메인 서버를 해킹하려 했던 것이 분명하다.
5 수리공이 오지 않으면 우리는 불을 켤 수 없을 것이다.

C
1 벌을 받지 않으려면 보고서를 끝내라.
2 그 영화가 너무 좋아서 우리는 그것을 다시 봤다.
3 그녀는 소녀이지만 남자아이보다도 강하다.
4 나는 더 좋은 직장을 얻기 위해서 유학을 하고 싶다.
5 비록 그녀는 여자이지만 그 어려운 상황을 극복했다.

SENTENCE WRITING PRACTICE p. 150

A 1 Although[Though] / did his best
2 but / couldn't go because
3 Whether / or not
4 such a / that / her autograph
5 hurry up so / can[may]

B 1 The movie was so scary that I couldn't open my eyes.
2 It is a pity that he didn't pass the preliminary.
3 The police were investigating when the accident happened.
4 You'd better hurry up lest you (should) be late.
5 I get sleepy when I listen to music while I'm driving.

6 If you turn right at the corner, you will find the pharmacy.

REVIEW TEST

p. 151

Ⓐ 1 am   2 Whether
   3 working   4 but also
   5 whether   6 Child
   7 that   8 nor
   9 so   10 nice a

Ⓑ 1 She gave a candy to the child so that he may not cry.
   2 Beautiful as she is, she is not satisfied with her face.
   3 I will work here until I am exhausted.
   4 Unless he hands in the report before the deadline, he will be fired.
   5 My mom didn't notice what it was.

해석

Ⓐ 1 그들뿐만 아니라 나도 오늘 저녁에 회의가 예정되어 있다.
   2 그가 유죄이든 아니든 나에게 중요하지 않다.
   3 일과 휴식 둘 다 우리 삶에서 필요하다.
   4 그녀는 친절할 뿐만 아니라 부자이기도 하다.
   5 엄마에게 여기서 공부할 것인지 아닌지를 알려드려라.
   6 그녀는 아이일지라도 자신이 하고 있는 것에 대해 확신에 차 있다.
   7 나는 그녀가 무죄라는 것을 확신한다.
   8 그와 그녀 둘 다 그 사건에서 유죄가 아니다.
   9 그들은 그 남자가 대항하지 못하도록 그 남자를 계속해서 공격했다.
   10 그녀는 매우 친절한 사람이라서 모든 사람들이 그녀를 좋아한다.

IBT토플 Writing / Essay Topic별 실전 연습

p. 152

에세이 주제
어떤 사람들은 대학교육의 기회가 모든 학생들에게 주어져야 한다고 믿는다. 또 어떤 사람들은 고등교육의 기회는 더높은 성적의 학생에게만 주어져야 한다고 믿는다. 이러한 관점에 대해 논하시오. 어떤 의견에 동의하는가? 이유를 설명하시오.

| Body 1 |
① Is it fair that / the chance to continue their education
1 be practical to allow everybody to go to university or college
2 not academically minded

| Body 2 |
① learn to do jobs / no further formal education
1 Not everybody wants to work in important, highpowered jobs

CHAPTER 10

관계사

 UNIT 19 관계대명사

A 주격 관계대명사 who, which, that

예문 해석
1 • 테러리스트에 의해 인질로 잡혀 있는 기자는 내 사촌이다.
  • 그녀가 개를 죽게 내버려둔 그 여자다.
  • 동물들을 구한 사람들에 관한 기사가 있었다.

2 • 불법으로 건축한 건물들은 철거될 것이다.
  • 어제 찾은 그 스마트폰은 중고품이다.
  • 이것이 도둑에 의해 사용된 그 차다.

B 목적격 관계대명사 whom, which, that

예문 해석
1 • 그녀는 검사가 범죄로 고소한 저자이다.
  • 나는 오랫동안 보지 못한 옛 친구와 저녁 식사를 했다.
  • 어제 네가 산 하드 드라이버는 품질보증서가 없다.
  • 그녀는 학교가 그녀에게 준 장학금을 받았다.

Pattern Practice

p. 157

❶ This is the camera which[that] I was looking for.
  이것이 내가 찾고 있던 그 카메라이다.
❷ The game which[that] was scheduled for today has been postponed because of the heavy rain.
  오늘 예정되었던 경기는 폭우 때문에 연기되었다.
❸ If you cancel the project which[that] she worked on, she will be disappointed.
  그녀가 일했던 프로젝트를 취소하면 그녀는 실망할 것이다.
❹ Send the boy to his mother whom[that] I met in the City Hall.
  내가 시청에서 만난 그 아이 엄마에게 아이를 보내라.
❺ The tape recorder which[that] you used for 10 years can't be repaired.
  네가 10년간 사용했던 테이프 리코더는 수리되어질 수 없다.
❻ The 23rd Winter Olympics which[that] Pyeongchang will hold will begin in 2018.
  평창이 개최하는 제23회 동계 올림픽은 2018년에 시작할 것이다.

예문 해석
2 • 네가 비웃던 사람은 주지사이다.
  • 이곳이 이 장소를 위해서 그들이 싸우는 영토이다

C 소유격 관계대명사 whose, of which

예문 해석
1 • 나는 아버지가 전투함의 선장인 포로를 만났다.
 • 저 가족 중에는 동생은 정반대인 매우 똑똑한 아들이 있다.
 • 우리는 남편이 나라를 위해 희생한 그 부인에게 경의를 표한다.
2 • 틀이 흰색으로 칠해진 창문이 괜찮아 보인다.
 • 그녀는 교외지역에 조명기구가 유명한 예술가에 의해 설계된 연립주택을 갖고 있다.

Pattern Practice   p. 159
❶ I like this playground in which I used to play.
❷ The mayor about whom we talked will attend the conference tonight.
❸ Who is the man with whom we saw you walking in the park?
❹ We drove down the muddy road whose direction is toward the city.
❺ Light whose speed is unimaginably fast cannot pass by a black hole.
❻ The letter whose envelope was sealed with gold was written by Abraham Lincoln.

해석
❶ 나는 내가 놀곤 했던 이 놀이공원을 좋아한다.
❷ 우리가 얘기했던 시장이 오늘밤 회담에 참석할 것이다.
❸ 우리가 본 네가 공원에서 같이 걷고 있던 남자는 누구니?
❹ 우리는 도시로 향하는 진흙투성이 길을 따라 운전했다.
❺ 상상할 수 없을 정도로 빠른 속도의 빛도 블랙홀을 통과할 수 없다.
❻ 금으로 봉투가 밀봉되어 있는 편지는 애이브러햄 링컨에 의해 쓰였다.

D 관계대명사 what

예문 해석
1 • 그가 지난 번에 네게 했던 것은 고의로 한 것이 아니다.
 • 너는 내가 갖지 못한 것을 갖고 있다.
 • 손녀와 함께 자전거를 타는 것이 우리 아빠가 항상 하고 싶었던 것이었다.
2 • 그 참전 용사는 소위 영웅이다.
 • 사람은 재산에 의해서가 아니라 인격에 의해 평가되어야 한다.
 • 그 팀이 이겼다. 그리고 금상첨화로 그 팀이 팀 순위에서도 선두가 되었다.
 • 그 선거는 실패였고 설상가상으로 부패되었다.
 • 독서와 마음의 관계는 음식과 몸의 관계와 같다.
 • 연료와 자동차와의 관계는 음식과 사람의 관계와 같다.

Pattern Practice   p. 160
1 ❶ That is what they said.
   저것이 그들이 말한 것이다.
 ❷ Do you believe what he said last month?
   그가 지난달에 말한 것을 믿느냐?
2 ❶ 그는 경기를 이겼고, 금상첨화로 그 경기의 최우수 선수로 뽑혔다.
 ❷ 사람들을 그들이 가진 재산으로 평가하지 마라.

E that vs what

예문 해석
• 그가 나에게 한 일이 내 감정을 상하게 했다.

Pattern Practice   p. 161
❶ That   ❷ that
❸ what

해석
❶ 그가 의심할 여지가 없이 정직했다는 것이 거짓인 것으로 드러났다.
❷ 나는 우리 회사가 내년에 더 좋은 결과를 얻을 것으로 믿는다.
❸ 이것이 내 평생 항상 원했던 것이다.

F 유사관계대명사

예문 해석
1 • 안토니오는 역사상 가장 위대한 과학자이다.
 • 수은주가 영하 5도만큼 낮게 떨어졌다.
 • 인도는 중국만큼 사람들이 많지 않다.
 • 이해할 수 없는 그러한 문법책들은 공부하지 마라.
 • 우리 엄마는 대부분의 남자들이 결혼하고 싶어 하는 그런 부인이다.
 • 그녀는 네가 공부하는 같은 과목을 공부한다.
 • 그 대변인은 저번에 대답했던 것과 같은 대답을 했다.
 • 메리는 지난 학기에 내가 가르쳤던 같은 과목들을 가르친다.
2 • 예외가 없는 규칙은 없다.
 • 그것을 모르는 사람은 없다.
3 • 겉으로 보이는 것보다 더 많은 것들이 내면에 있다.
 • 필요한 것보다 더 많은 음식들이 있다.

Pattern Practice   p. 162
❶ as   ❷ as
❸ than

해석
❶ 부회장이 회의에 늦었는데 종종 있는 일이다.
❷ 그녀는 지금까지의 어느 천문학자보다 위대하다.
❸ 사람들은 보통 필요한 것보다 더 많은 음식을 먹는다.

G 복합관계대명사

예문 해석
1 • 여왕을 웃게 만드는 누구든지 상을 탈 것이다.
 • 스티브는 그가 좋아하는 누구에게든지 그의 자금을 투자할 것이다.
 • 나는 그가 누구이든 (상관없이) 네가 그 사람을 만날 수 있게 돕겠다.
 • 누가 우리 사무실에 오든지 우리의 중요한 회의를 방해하지 마라.
2 • 그녀가 원하는 어느 것이든지 선택하게 해라.
 • 그들이 어느 것을 선택하든지 그들은 그들의 선택에 책임이 있다.
3 • 네 아이가 그가 좋아하는 무엇이든지 사게 하지 마라.

- 그녀가 하는 것은 무엇이든지 내게는 좋아 보이지 않는다.
- 동기가 무엇이든지 간에 그 정당은 그 후보를 지지할 것이다.

Pattern Practice　　　　　　　　　p. 163

❶ 너는 네가 좋아하는 무엇이든지 그릴 수 있다.
❷ 어느 것을 선택하든지 당신은 결코 집으로 돌아갈 수 없는 운명이다.
❸ 누가 오던지 환영이다.

H 관계대명사의 생략

예문 해석

1
- 뭔가 귀중한 것을 찾는 사람들이 불쌍하게 보였다.
- 오늘 개봉할 예정이었던 그 영화는 연기되었다.
- 구석에 있는 위원회의 회원은 꽤 피곤해 보였다.

2
- 그가 가게에서 구입한 그 스마트폰은 도난당했다.
- 어제 내가 주차장에서 만났던 사람은 바로 슈나이더 씨였다.
- 이곳은 내가 지금까지 본 공원 중에서 가장 아름답다!
- 우리가 얘기했던 그 대사가 다른 나라로 갔다.
- 청와대는 한국의 대통령이 살고 있는 거주지이다.

Pattern Practice　　　　　　　　　p. 164

❶ I like the picture which[that] was...
❷ Is this the house which[that]...
❸ 없음

해석

❶ 나는 L.A.의 누나에게서 온 사진들을 좋아한다.
❷ 이 집이 그녀가 사는 집이니?
❸ 사람들이 모퉁이에서 신호등이 녹색으로 변하기를 기다리고 있다.

GRAMMAR PRACTICE　　　　　　　p. 165

A
1 that	2 That
3 of which	4 that
5 which	6 which
7 which	8 whose
9 which	10 than
11 which	12 Whatever
13 that	

B　1 That → Whoever
　　2 whose → of which
　　3 of 삭제
　　4 which 삭제 또는 which were
　　5 whose → who(m)
　　6 whom → who

해석

A
1 이곳은 내가 지금까지 가 본 적이 있는 건물들 중에서 가장 높다.
2 원자력 발전소 건설 계획이 취소되었다는 것은 유감이다.
3 이것이 주인이 버린 그 노트북이었다.
4 그녀가 노래 부르는 것을 중단하게끔 내가 할 수 있었던 것은 없었다.

5 경찰이 탈옥한 죄수가 숨어 있는 건물을 포위했다.
6 20개의 팀이 있는 영국 프리미어 리그는 가을에 시즌을 시작한다.
7 그 백만장자는 차가 세 대 있는데, 그것들은 매우 독특하다.
8 일꾼들이 너무 어두운 열람실을 밝게 할 예정이다.
9 우리 선생님이 우리에게 그녀가 쓴 책의 제목을 말해달라고 부탁하셨다.
10 우리가 예상했던 것보다 훨씬 더 많은 사람들이 있었다.
11 그는 더 이상 예전의 겁 많은 사람이 아니다.
12 어떤 명령을 그가 내리더라도 복종한다.
13 내 평생 본 것 중에서 이 TV 프로그램이 최악이다!

B
1 그녀가 어떤 사람이든지 나에게는 그다지 중요하지 않다.
2 은퇴한 정치인에 대해 쓴 저자의 보고서를 나에게 제출해라.
3 우리가 직면한 현재의 상황은 별로 좋지 않다.
4 심지어 정부의 지원을 받았던 은행들조차도 공황 때문에 파산했다.
5 그녀는 내게 말했던 그 사람을 사랑하지 않는 것 같다.
6 내 생각에 그 모든 어려운 질문들을 대답할 능력이 없는 그 대변인은 곧 정계에서 은퇴할 것이다.

SENTENCE WRITING PRACTICE　　　 p. 166

A 1 One of the teachers who teaches science in our school
　 2 suspected the person who visited the bank
　 3 what she memorizes
　 4 The player who is wearing a red shirt
　 5 which she established, the world's steel industry

B 1 Protectionism which was introduced by developed nations is spreading worldwide.
　 2 A law which is proposed by a political party is not always good for citizens.
　 3 Actions which threaten national security should certainly be punished.
　 4 Some countries which became independent are suffering dire poverty.
　 5 I've lost the CD which you gave me yesterday.

UNIT 20 관계부사

A 관계부사 where, when, why, how

예문 해석

1
- 이곳이 그 회사의 CEO가 머물렀던 호텔이다.
- 이곳이 반군이 그들의 무기를 숨기던 비밀기지니?
- 팀이 지도를 잃어버린 상황에서 그들은 별로 길을 찾는 것에 의존했다.
- 어제가 대통령이 성명을 발표했던 날이다.
- 내가 사업에서 성공할 해를 추측할 수 있겠니?
- 그가 결승선을 통과한 정확한 시간을 체크했니?

2
- 회의가 취소된 이유를 그가 너에게 알려줬니?

- 그 남자는 규칙을 어긴 이유를 대라고 요청받았다.
- 당신이 여기를 탈출해야 하는 세 가지 이유를 말해라.
- 그 영상물은 우리에게 그 음식을 요리할 수 있는 방법을 보여준다.
- 우리는 북한이 어떻게 그 기술을 습득했는지 모른다.
- 그 교관이 당신에게 정글에서 생존하는 방법을 가르칠 것이다.

Pattern Practice   p. 168

❶ where   ❷ where
❸ X 또는 that

해석
❶ 내가 태어났던 그 병원이 몇 개월 전에 허물어졌다.
❷ 범인이 국경을 건너간 상황에서 그 법은 적용될 수 없다.
❸ 제발 나는 그가 문제를 푼 방법을 알아야만 한다.

B 관계부사 또는 선행사의 생략

예문 해석
1 • 이곳이 어젯밤에 사고가 일어났던 곳이다.
  • 학생들이 오는 시간을 아니?
  • 조사관이 내게 왜 시위에 참가했는지 계속해서 물었다.

2 • 네가 일을 끝낼 수 있는 시간을 나에게 알려줘라.
  • 그들은 그녀가 직장을 그만 둔 이유를 안다.
  • 그들은 내가 너에게 어떻게 여기에 와야 하는지 알리는 것을 막았다.

Pattern Practice   p. 169

❶ 생략 가능   ❷ 생략 가능
❸ 생략 불가능

해석
❶ 그녀가 나를 떠난 이유가 알려지지 않았다.
❷ 내가 그녀를 마지막으로 봤을 때 그녀는 괜찮았다.
❸ 그가 사는 건물은 이 근처에 있다.

C 복합관계부사

예문 해석
1 • 그녀의 부모님은 그녀가 좋아하는 어디든지 갈 수 있게 했다.
  • 테레사 수녀는 어디를 가든지 환영받았다.
  • 그들이 어디에 있어도 FBI는 틀림없이 그들의 숨는 장소를 찾을 것이다.
  • 구름이 어디로 흘러가도 나는 가능한 한 그 구름들을 쫓아갈 것이다.

2 • 언제든지 연설을 시작해도 된다.
  • 나는 그를 볼 때마다 그의 아버지가 떠오른다.
  • 언제 내게 전화를 할지라도 당신은 환영이다.
  • 그녀가 언제 떠난다 할지라도 내 마음은 항상 그녀와 함께 있을 것이다.

3 • 당신이 아무리 멀리 있을지라도 우리는 서로 항상 연결되어 있을 것이다.
  • 사업체를 운영하는 것이 아무리 어려울지라도 나는 성공할 것이다.

Pattern Practice   p. 170

❶ 그녀가 어디를 가든지 그는 그녀를 찾을 것이다.
❷ 아무리 협상이 어려울지라도 그들은 공통의 합의점을 찾으려고 노력할 것이다.

GRAMMAR PRACTICE   p. 171

A 1 when   2 that
   3 where   4 when
   5 where   6 which
   7 where   8 why
   9 wherever   10 However

B 1 없음   2 at which → why
   3 없음   4 which → where
   5 없음   6 없음

해석
A
1 나는 신용카드를 잃어버린 날짜를 기억할 수 없다.
2 우리에게 그 일을 어떻게 했는지를 알려주는게 어때?
3 이 규칙이 적용이 안 되는 경우는 몇몇 있다.
4 2차 세계대전이 끝난 1945년에 아버지가 태어나셨다.
5 감옥에서 탈옥하는 상황에서 그는 많은 어려움을 만나게 될 것이다.
6 그 가수가 사는 집의 위치를 아니?
7 없어진 공을 찾아야 하는 창고는 꽤 크다.
8 왜 이 프로그램에 지원했는지 구체적인 이유를 말해야 한다.
9 그가 만약 관대한 사람이라면 어디를 가든 환영받을 것이다.
10 아무리 피자가 클지라도 내 것보다 클 리가 없다.

B
1 그가 갑자기 자기 분야에서 은퇴한 이유는 미스테리로 남아 있다.
2 나는 그 실험이 실패로 끝난 이유를 전혀 모르겠다.
3 무지개가 나타나는 대부분의 경우에는 충분한 습기가 있다.
4 얼음이 녹음으로써 많은 양의 물을 공급받는 지역에서는 염분 비율이 더 낮다.
5 저것이 그가 시를 항상 쓰는 방식이다.
6 1979년은 전직 대통령인 박정희가 암살을 당한 해이다.

SENTENCE WRITING PRACTICE   p. 172

A 1 the company where
   2 how the astronomer
   3 no reason why
   4 the year when
   5 when everybody should be united

B 1 Winter is the season when it is difficult for us to swim.
   2 This is the reason why he refused to come here.
   3 An expressway goes across the land where the wild animals once lived.
   4 However cold it may be outside, she goes out to exercise.
   5 Whenever it rains, I always have a chill.

6 Singapore is the city where she went on a honeymoon.
7 We should teach a child how he should order something.

REVIEW TEST

p. 173

Ⓐ 1 where   2 who
3 that   4 Whoever
5 where

Ⓑ 1 who was in danger   2 the place where
3 What is worse   4 who helped the poor
5 who don't keep deadlines

Ⓒ 1 open → opens   2 what → that
3 he 삭제   4 it 삭제
5 which → where

해석

Ⓐ 1 그들이 있을지도 모르는 황야를 조사해라.
2 운전면허증을 원하는 사람들은 먼저 시험을 통과해야 한다.
3 공원에서 걷고 있던 할머니와 개가 갑자기 사라졌다.
4 이 지역을 침범하는 누구든지 500 달러의 벌금을 물게 될 것이다.
5 그녀는 약국이 없는 마을에서 산다.

Ⓑ 1 이것이 사무실을 여는 열쇠이다.
2 그녀가 원하는 모든 것은 너의 진정한 사랑이다.
3 그녀는 정비소에서 일하는 새로운 남자 친구가 생겼다.
4 나는 네가 찾고 있던 책을 찾았다.
5 버뮤다 삼각지대는 바다에서 배들이 사라진 장소이다.

IBT토플 Writing / Essay Topic별 실전 연습

p. 174

에세이 주제
다음 말에 동의하는가, 동의하지 않는가? 텔레비전은 사람들 간의 정상적인 대화를 방해해 왔다. 구체적인 이유와 예를 들어 의견을 설명하시오.

| Body 1 |
① can discuss their opinions freely and openly
1 Before television was invented
2 the entire family can watch television together

| Body 2 |
① allows everyone access to news, sports
1 allowed the entire world to view the recent legal actions
2 could be the topic of talking

명사와 관사

UNIT 21 명사

Ⓐ 보통명사, 집합명사 용법

예문 해석
1 • 한 소년이 친구들과 함께 농구를 하고 있다.
• 많은 소년들이 친구들과 함께 농구를 하고 있다.
• 약간의 학생들이 졸업시험에 합격했다.
• 문(文)이 무(武)보다 더 강하다.
• 그녀는 자기 가슴 속에서 모성애가 솟는 것을 느꼈다.
• 그녀는 천사 같은 아내이다.
• 그 부자는 궁궐 같은 집에서 산다.

Pattern Practice

p. 178

❶ very clever → a very clever
❷ boy is → boys are
❸ is → are
❹ are → is
❺ Many student → Many students

해석
❶ 그는 아주 영리한 소년이다.
❷ 몇몇 소년들이 운동장에서 축구를 하고 있다.
❸ 저 소년들은 내가 좋아하는 친구들이다.
❹ 펜이 칼보다 더 강하다
❺ 많은 학생들이 밖에서 농구를 하고 있다.

예문 해석
2 • 우리 가족은 이 집에서 살고 있다.
• 두 가족이 이 집에서 살고 있다.
  cf. 우리 가족은 모두 일찍 일어나는 사람들이다.
• 인권에 관한 위원회가 한 달에 한 번 모인다.
• 정부에는 많은 위원회들이 있다.
  cf. 위원들의 의견이 나뉘어 졌다.
• 한 반에는 약 35명의 학생들이 있다.
• 우리 학교에는 50개의 학급이 있다.
• 경찰이 그 살인사건을 수사하고 있다.
  cf. 경찰관 한 명이 도둑을 쫓고 있다.
• 성직자들이 회의에 참석했다.
  cf. 성직자 한 사람이 회의에 참석했다.
• 소들이 들판에서 풀을 뜯고 있다.
• 18세 이상의 사람들은 이 나라에서 투표권을 가지고 있다.
  cf1. 이 나라는 하나의 민족으로 이루어져 있다.
  cf2. 이 나라는 두 개의 민족으로 이루어져 있다.

Pattern Practice

p. 180

❶ 그의 가족은 부산에 살고 있다.
❷ 그의 가족들은 모두 일찍 일어나는 사람들이다.
❸ 경찰이 그 자동차 사고를 조사하고 있다.
❹ 경찰관이 용의자를 쫓고 있다.

⑤ 그 나라는 두 민족으로 구성되어 있다.

B 고유명사, 물질명사, 추상명사의 용법

예문 해석

1 • 베토벤은 위대한 음악가였다.
  • 서울은 한국의 수도이다.
  • 중국은 아시아에서 가장 큰 나라이다.
  • 네가 나가 있는 동안에 존슨 씨라는 사람이 너를 보러 왔었다.
  • 그는 미래에 에디슨 같은 사람이 되기를 원한다.
  • 브라운 씨 가족들이 파티에 올 것이다.
  • 스티브는 다음 주에 새로운 벤츠차를 살 것이다.
  • 이것은 100년 전에 그려진 피카소의 작품이다.

2 • 빵은 흔한 아침식사이다.
  • 그가 사 온 빵은 맛있었다.
  • 쌀은 한국인의 주식이다.
  • 생선을 보관하기 위해서는 많은 소금이 필요하다.

Pattern Practice   p. 181

❶ 브라운 씨라는 사람이 너를 보러 왔다.
❷ 너는 미래의 에디슨이 될 수 있다
❸ 이것은 100년 전에 그려진 피카소의 작품이다
❹ 중국은 아시아에서 가장 큰 국가이다
❺ 브라운 씨 가족이 파티에 왔다

예문 해석

3 • 아는 것(지식)이 힘이다.
  • 너는 회사를 경영하는 어려움을 알아야만 한다.
  • 페니실린은 위대한 발견이다.
  • 이것은 중요한 정보이다.

Pattern Practice   p. 182

❶ two pieces of chalk
❷ three cups of coffee
❸ two bottles of coke
❹ three pounds of sugar
❺ two tubes of toothpaste

예문 해석

• 그녀는 화가로서 성공한 사람이다.
• 그는 시인으로서 실패한 사람이었다.
• 그는 야심 있는 청년이다.
• 그녀는 한때 미인이었다.
• 그들은 나에게 많은 친절을 베풀었다.
• 그 선생님은 지혜로운 사람이다.
• 그는 능력 있는 사람이다.
• 그 책은 그에게 소용이 없다.
• 그 선수는 그 팀에 중요하다.
• 그녀는 그 어려운 수학문제를 쉽게 풀었다.
• 그는 영어를 유창하게 말한다.
• 그 의사는 환자들을 친절하게 치료한다.
• 나는 극장에서 우연히 그녀를 만났다.
• 그는 일부러 그 실수를 했다.

Pattern Practice   p. 183

❶ 그는 사업가로서 성공한 사람이다.

❷ 그녀는 나에게 많은 친절을 베풀었다.
❸ 그녀는 그 카페에서 우연히 이전 남자친구를 만났다.
❹ 그는 능력있는 사람이다.
❺ 그 선수는 팀에 중요하다.

C 명사의 수, 격, 성

예문 해석

1 • 모든 사람은 자기 이름을 가지고 있다.
  • 몇 명의 사람들이 공원에서 걷고 있다.
    cf. 공원에서 걷고 있는 사람이 거의 없다.
  • 많은 사람들이 시청 앞에 모여들고 있다.
  • 어제 눈이 조금 왔다.
    cf. 어제 눈이 거의 오지 않았다.
  • 지난 겨울에 많은 눈이 왔다.
  • 그녀는 어제 구두 두 켤레를 샀다.
  • 나는 어제 그 영화배우와 악수를 했다.
  • 그는 수잔과 친구가 되기를 원한다.
  • 통계학은 재미있는 과목이다.
  • 그 뉴스는 국민들에게 충격적이었다.

Pattern Practice   p. 184

❶ people → person   ❷ hand → hands
❸ were → was   ❹ are → is
❺ is → are

해석

❶ 모든 사람은 자기만의 재능이 있다.
❷ 그는 그 유명한 가수와 악수를 했다.
❸ 그 뉴스는 나에게 아주 충격적이었다.
❹ 통계학은 재미있는 과목이다.
❺ 많은 학생들이 운동장에 모이고 있다.

Pattern Practice   p. 185

❶ heroine   ❷ niece
❸ actress   ❹ waitress
❺ widow

GRAMMAR PRACTICE   p. 186

A 1 are   2 friends
   3 is   4 was
   5 a friend of mine 6 The bread

B 1 이것은 아주 가치 있는 피카소의 작품이다.
   2 그녀는 궁궐 같은 집에서 산다.
   3 나는 미래에 에디슨 같은 사람이 되고 싶다.
   4 그는 사업가로서 성공한 사람이다.
   5 그녀는 파티를 위해 유리잔 3개를 샀다.
   6 그는 유능한 사람이다.

C 1 Cattles → Cattle
   2 A police is → The police are or A policeman is
   3 difficulty → the difficulty
   4 son-in-law's → sons-in-law
   5 wise → wisdom
   6 people → person

7 is → are
8 mother → the mother

해석

A

1 많은 학생들이 콘서트에서 함께 노래하고 있다.
2 나는 그와 친구가 되고 싶다.
3 경제학은 내가 좋아하는 과목이다.
4 그 뉴스는 학생들에게 매우 충격적이었다.
5 나는 어제 내 친구 중에 한명을 만났다.
6 네가 만든 빵은 맛이 좋다.

C

1 소들이 들판에서 풀을 뜯고 있다.
2 경찰이 그 강도사건을 수사하고 있다.
3 너는 가게를 운영하는 어려움을 인식해야 한다.
4 그녀에게는 몇 명의 사위들이 있다.
5 그는 지혜로운 사람이다.
6 모든 사람은 인간다운 삶을 살 권리가 있다.
7 그의 가족은 모두 일찍 일어나는 사람들이다.
8 그녀는 그 불쌍한 아기를 보았을 때, 마음속에서 모성애가 솟아오르는 것을 느꼈다.

SENTENCE WRITING PRACTICE p. 187

A 1 Knowledge is
2 Three families are living
3 is a great invention
4 a man of ability
5 shook hands with the famous singer

B 1 The police are investigating the murder case.
2 I'll give you a piece of information about the accident.
3 She felt the mother rise in her heart.
4 My mom was a beauty when she was young.
5 A Mr. David came to see you while you were out.
6 Let's talk about Korea's future together.
7 He solved the difficult math problem with ease.

UNIT 22 관사

A 부정관사(a/an)의 용법

예문 해석

1 • 그녀는 컴퓨터가 하나 있다. 하지만, 나는 없다.
• 그는 선생님이고 나는 학생이다.
• 한 번에 많은 것들을 할 수 없다.
• 그는 커피 한 잔을 주문했다.
• 그들은 모두 한 마음이다.
• 같은 깃털을 가진 새들이 함께 모인다.
• 어떤 의미에서 인생은 꿈과 같은 것이다.
• 그는 어느 비오는 날에 한국으로 돌아왔다.

• 고양이는 독립적인 동물이다.
• 어린이는 부모의 사랑을 필요로 한다.
• 나는 일주일에 세 번씩 테니스를 한다.
• 그녀는 일주일에 한 번씩 피아노 레슨을 받는다.
• 나는 한 동안 여기서 머물 것이다.
• 그는 멀리서 말 한 마리를 보았다.

Pattern Practice p. 189

❶ 우리는 한 번에 많은 일들을 할 수 없다.
❷ 같은 종류의 새들이 함께 모인다.
❸ 어떤 의미에서 인생은 꿈과 같다
❹ 그는 일주일에 세 번 수영을 간다.
❺ 그는 여기에 한동안 머물 것이다.

B 정관사(the)의 용법

예문 해석

• 그녀는 고양이를 한 마리 기른다. 그 고양이는 매우 귀엽다.
• 내 휴대폰 보았니? 그래. 나는 테이블 위에서 그 휴대폰을 보았다.
• 그 토론의 주제는 매우 논란이 되는 것이었다.
• 내가 어제 공원에서 만난 소녀는 미국인이었다.
• 날씨가 덥다. 창문을 열어라.
• 그 소금 좀 건네주세요.
• 우리 선생님은 이 건물의 4층에 사신다.
• 닐 암스트롱은 달에 착륙한 최초의 인간이다.
• 한국에서 가장 높은 건물은 어느 것이냐?
• 치타는 모든 육상동물 중에서 가장 빠르게 달릴 수 있다.

Pattern Practice p. 190

❶ a   ❷ The
❸ the   ❹ the
❺ the

해석

❶ 그는 개를 한 마리 기른다. 그 개는 매우 크다.
❷ 토론의 주제는 지구온난화에 대한 것이었다.
❸ 그녀는 이 아파트 5층에 산다.
❹ 이것은 한국에서 가장 높은 건물이다.
❺ 그는 달에 착륙한 최초의 인간이었다.

예문 해석

• 지구는 태양 주위를 돈다.
• 달은 지구 주위를 돈다.
• 증기는 공기 중에서 위로 올라간다.
• 바다에는 많은 종류의 생물들이 있다.
• 그는 7살 때 피아노를 칠 수 있었다.
• 그들은 콘서트홀에서 바이올린을 연주하고 있다.
• 벽돌이 데이비드의 머리를 때렸다.
• 그녀는 그의 뺨에 키스를 했다.
• 그들은 일당으로 돈을 지급 받는다.
• 소금이 그램 단위로 판매된다.
• 젊은이들은 어르신들을 공경해야 한다.
• 정부는 빈부의 격차를 줄이기 위해 더 많은 노력을 해야 한다.

C 관사의 생략

예문 해석
- 어머니가 지금 당장 너를 보고 싶어 하신다.
- 경관님, 이 장소 찾는 것을 좀 도와 줄 수 있나요?
- 의사 선생님, 훨씬 나아진 것 같습니다.
- 그들은 그를 주지사로 선출했다.
- 제임스 교수님은 다음 달에 은퇴할 것이다.

Pattern Practice
p. 191

❶ The
❷ the
❸ the
❹ the
❺ ×

해석
❶ 지구는 태양 주위를 돈다.
❷ 그녀는 기타를 아주 잘 친다.
❸ 그는 그녀의 볼에 뽀뽀했다.
❹ 소금은 그램 단위로 판매된다.
❺ 사람들은 그를 주지사로 선출했다.

예문 해석
- 우리는 외식하러 나갈 것이다.
- 그는 30분 전에 점심을 먹었다.
  cf. 그는 30분 전에 점심을 잘 먹었다.
- 그는 물리학을 매우 좋아한다.
- 요즘에는 영어 배우기가 매우 중요하다.
- 학교 끝나고 함께 축구 하자.
- 그들은 지금 2시간 동안 농구를 하고 있다.
- 그들은 기차로 여기에 왔다.
- 내가 너에게 계약서 사본을 팩스로 보내겠다.

D 관사의 유무에 따른 의미 변화

예문 해석
- 언덕 위에 교회가 하나 있다.
- 그는 지붕을 수리하기 위해 교회에 갔다.
- 그는 일요일 마다 예배하러 교회에 간다.
- 그녀는 음식을 배달하러 학교에 갔다.
- 그녀는 월요일부터 금요일까지 (공부하러) 학교에 간다.
- 운동장에 있는 어린이들이 축구를 하고 있다.
- 어린이들은 컴퓨터 게임 하는 것을 좋아한다.
- 설탕 좀 건네줄래요?
- 설탕은 치아에 좋지 않다.

Pattern Practice
p. 192

❶ 우리는 거기에 차로 갔다.
❷ 너는 그 서류를 우리에게 팩스로 보내야만 한다.
❸ 그는 우유를 배달하러 학교에 갔다.
❹ 운동장에 있는 그 아이들은 야구를 하고 있다.
❺ 설탕은 치아에 좋지 않다.

GRAMMAR PRACTICE
p. 193

A 1 an
2 the
3 The
4 a

---

5 the
6 ×
7 a
8 The
9 the
10 a
11 the
12 ×
13 a

B 1 그는 월요일부터 금요일까지 학교에 (공부하러) 간다.
2 그는 지붕을 수리하기 위해 학교에 갔다.
3 어린이는 부모님의 사랑이 필요하다.
4 10세 미만의 어린이는 부모님과 동반해야만 합니다.

C 1 the e-mail → e-mail
2 the baseball → baseball
3 highest → the highest
4 the lunch → lunch

해석
A
1 그와 나는 같은 나이이다.
2 그녀는 이 아파트의 6층에 산다.
3 나는 좋은 선생님을 한 분 알고 있다. 그 선생님은 학생들에게 매우 친절하다.
4 그는 노트북 컴퓨터를 하나 가지고 있지만 나는 없다.
5 그녀는 10살 때 플룻을 연주할 수 있었다.
6 그들은 외식하러 나갔다.
7 어떤 의미에서 인생은 꿈에 불과하다.
8 곱슬머리의 그 소녀는 그의 여자 친구이다.
9 그들은 주급으로 돈을 받는다.
10 그는 일주일에 두 번씩 테니스를 친다.
11 많은 새가 하늘에 날고 있다.
12 우리는 오늘 오후에 농구를 할 것이다.
13 우리 할머니는 한동안 우리 집에 머물 것이다.

C
1 나는 그 문서를 이메일로 보낼 것이다.
2 그들은 어제 함께 야구를 했다.
3 세계에서 가장 높은 빌딩은 어느 것이냐?
4 그들은 구내식당에서 점심을 먹었다.

SENTENCE WRITING PRACTICE
p. 194

A 1 three times a week
2 A[The] dog is a smart / Dogs are a smart animal
3 The sun is much, the earth
4 play the guitar
5 is sold by the meter

B 1 The gap between the rich and the poor is getting wider.
2 She has a dog and the dog is very smart.
3 She kissed me on the forehead.
4 They play baseball in the playground on Saturdays.
5 Construction workers are usually paid by the day.
6 We are all of a mind.
7 The young should respect the old.

Ⓐ 1 books   2 are
   3 a failure   4 child
   5 sisters-in-law

Ⓑ 1 two furnitures → two pieces of furniture
   2 woman → women
   3 son-in-laws → sons-in-law
   4 one friend of my father
      → a friend of my father's

Ⓒ 1 an ambitious youth
   2 of importance
   3 by the liter

Ⓓ 1 This is a Picasso painted 100 hundred years
    ago.
   2 I will give you a piece of advice on making
    money.
   3 The United States has 50 states.

해석

Ⓐ 1 나는 주말에 건축에 관한 책을 몇 권 읽었다.
   2 위원들은 그 문제에 대해서 의견이 나뉘어 졌다.
   3 그는 음악가로서 실패한 사람이었다.
   4 모든 어린이에게 연필 한 자루와 공책 한 권이 주어졌다.
   5 그녀에게는 많은 시누이들이 있다.

Ⓑ 1 그녀는 어제 가구 두 점을 샀다.
   2 많은 여성 작가들이 가족에 관한 책을 출판한다.
   3 그 여자에게는 많은 사위들이 있다.
   4 나는 아버지의 친구 분 중에 한 분을 만났다.

IBT토플 Writing / **Essay Topic별 실전 연습** p. 196

에세이 주제

어떤 사람들은 인간 활동으로 지구가 손상되고 있다고 믿는다. 또 어떤 사람들은 인간 활동이 지구를 더 살기 좋은 곳으로 만든다고 믿는다. 당신의 의견은 무엇인가요? 구체적인 이유와 예를 들어 의견을 설명하시오.

| Body 1 |
ⓘ the world a safer place to live in
1 constant fear of being killed by predators
2 could not control wild animals

| Body 2 |
ⓘ to make the best use of the world's resources
1 The planet Earth is filled with resources
2 Some people argue that / be used in responsible ways

CHAPTER 12

대명사

UNIT 23 대명사의 종류

A 인칭대명사

예문 해석

1 • 누구십니까? – 저에요.
   • 시험에서 만점을 받은 사람은 바로 그녀였다.

2 • 아무리 안전을 강조해도 지나치지 않다.
   • 다른 사람을 존중할 줄 알아야한다.
   • 친구를 놀리면 안 된다.

3 • 내 말을 분명히 이해했니?
   • 그녀는 스튜디오에서 자기 사진을 찍고 있다.
   • 그녀는 정치부패에 관하여 기사를 직접 썼다.
   • 그는 낚시하는 것을 좋아한다.
   • 그녀는 스스로 자신의 숙제를 가까스로 끝냈다.
   • 만취한 사람들은 종종 제 정신이 아닌 사람들처럼 행동한다.

B 지시대명사 this, that, so, such

예문 해석

1 • 이것이 너의 보고서이니, 아니면 저것이 너의 보고서이니?
   • 이것[저것]이 너의 책이니? – 응. 그래.
    이것들[저것들]이 너의 책들이니? – 응. 그래.
   • 그들은 그 프로젝트를 아무런 경고 없이 취소했다. 이것이 그를 극도로 화나게 했다.
   • 건강은 재산보다 더욱 중요하다. 후자는 전자보다 덜 중요하다.
   • 한국의 기후는 일본의 그것과 비슷하다.

2 • 그는 내일 오니? – 그런 것 같아.
   • 그가 범죄를 저질렀니? – 그런 것 같아.
   • 그녀는 고귀한 사람이니까 그렇게 대접을 받아야 한다.

Pattern Practice p. 201

1 ❶ 강조   ❷ 재귀
  ❸ 강조

2 ❶ that → this   ❷ so → such
  ❸ those → that

해석

1 ❶ 나는 직접 그녀에게 사랑한다고 말했다.
  ❷ 그녀는 거울에 비친 자신의 모습을 봤다.
  ❸ 그녀는 직접 그 무거운 상자를 들어올렸다.

2 ❶ 엄마는 이것을 말씀하셨다: "항상 다른 사람들에게 친절해라."
  ❷ 그는 겨우 아이니까 우리는 그를 그렇게 대접해야 한다.
  ❸ 한국의 인구는 일본의 인구보다 적다.

GRAMMAR PRACTICE

p. 202

A 1 myself
3 this
5 such
7 they are
9 he
11 such

2 beside himself
4 yourself
6 that
8 myself
10 myself
12 Such

B 1 that → those
3 besides → beside
5 없음

2 myself → yourself
4 없음
6 yourselves → yourself

해석
A

1 제 소개를 해도 되겠습니까?
2 그는 복권에 당첨된 후에 제정신이 아니다.
3 갈릴레이는 "지구가 태양 주위를 돈다."라고 말했다.
4 앉아서 편히 계세요.
5 그녀는 내가 제일 좋아하는 선생님이야. – 나는 그와 같은 사람을 모르는데.
6 북한의 기후는 남한의 기후보다 춥다.
7 저것들은 죽었니 아니면 살았니? – 살아있는 것 같아.
8 나는 아버지에게 실망시키지 않겠다고 직접 말씀드렸다.
9 대회에서 대상을 탄 사람은 바로 그다.
10 탐, 내가 그때 분명히 말했다고 난 생각하는데.
11 아이처럼 굴면 그와 같이 대접을 받게 될 것이다.
12 내 반응은 그와 같았다.

B

1 토끼의 귀는 여우의 귀보다 길다.
2 편히 계세요.
3 나는 제 정신이 아닌 사람에게 다가가지 않을 것이다.
4 친절한 것은 똑똑한 것보다 더 중요하다. 다시 말해서 후자는 전자보다 덜 중요하다.
5 그의 우둔함의 결과들은 그와 같았다.
6 너는 이제 어른이니까 네가 점잖게 행동할거라 기대한다.

SENTENCE WRITING PRACTICE

p. 203

A 1 is similar to that of
2 be treated as such
3 Such / my case
4 blamed herself
5 you are a man / as such

B 1 To be or not to be, that is the question.
2 Is she doing her homework? - I hope so.
3 My homework is more important than yours. That is prior to this.
4 Such was the punishment I received.
5 His behavior was simplicity itself.

UNIT 24 부정대명사

A 부정대명사 one, another, other

예문 해석

1 • 스포츠카를 살 여유가 없다면 한 대 빌려라.
  • 어른들을 공경해야 한다.

2 • 고지를 공격하는 것과 방어하는 것은 별개의 것이다.
  • 나는 이 펜이 좋다. 하나 더 줘라.

3 • 너는 저 쌍둥이를 서로 구분할 수 있니?
  • 길거리에 차량 다섯 대가 있다. 한 대는 너의 것이고 나머지는 그들의 것이다.
  • 그는 가방 안에 12개의 펜이 있다. 하나는 나의 것이고 다른 것들은 그와 너의 것이다.
  • 그 클럽은 회원이 30명이다. 일부는 나이가 많고 나머지는 젊다.
  • 많은 사람들이 여기에 모였다. 일부는 한국에서 왔고 다른 사람들은 대만, 중국에서 왔다.

Pattern Practice

p. 204

❶ others
❷ others
❸ One / the other

해석
❶ 하나는 나의 것이고 다른 것들은 내 부인과 딸의 것이다.
❷ 여기에 많은 학생들이 있다. 일부는 키가 크고, 다른 사람들은 작다.
❸ 그들은 쌍둥이이다. 한 명은 마이크이고 다른 한 명은 찰스이다.

B 부정대명사 all, both, none, each와 부분부정

예문 해석

1 • 모두 회의 결과에 만족해했다.
  • 밤에는 모든 것이 고요했다.
  • 둘다 수업에 참석하고 있다.

2 • 아무도 그 장소에 가본 적이 없다.
  • 우리 가족 구성원 각각이 무대에서 노래를 한다.
  • 각각 성취해야할 임무들이 있다.
  • 모든 아이들은 자신만의 문제가 있다.

3 • 모두 그 회의에 참가할 수 있던 것은 아니다.
  • 나는 둘다 좋아하는 것은 아니다.

4 • 아무도 그 결과에 기뻐하지 않는다.
  • 둘다 파티에 오지 않았다.
  • 둘다 기쁘지 않았다.

Pattern Practice

p. 205

❶ boy → boys
❷ was → were
❸ were → was

해석
❶ 각각의 아이들이 교실에 들어갔다.
❷ 회담에서 모두가 조용했다.
❸ 나는 물을 찾아봤으나 남아 있는 것이 없었다.

C 부정대명사 −thing, −body

예문 해석
1 • 누군가가 어제 우리집에 침입했다.
 • 선을 넘는 사람은 누구든지 법을 위반한 것으로 간주될 것이다.
 • 모든 사람들이 전기를 물처럼 쓴다.
 • 아무도 그가 경기를 이길 것으로 기대하지 않는다.

2 • 이 가방 안에 있는 무엇인가가 냄새가 지독하다.
 • 필요한 것 있습니까?
 • 그것이 일어나면 모든 것이 녹색으로 변한다.
 • 당신을 향한 내 사랑은 변하지 않을 것이다.

Pattern Practice
p. 206
❶ 그는 누구든지 그 일을 할 수 있다고 말한다.
❷ 누구든지 문 안으로 들어오는 것이 보이면 쏴라.
❸ 아무도 그 영화를 다시 보고 싶어하지 않는다.

GRAMMAR PRACTICE
p. 207

A 1 others
 3 was
 5 were
 7 has
 9 has
 2 anybody
 4 girl has
 6 another
 8 was
 10 anybody

B 1 Anything, be careful
 3 don't like both
 5 Anybody, be awarded
 2 None were
 4 like neither

해석
A
1 일부는 학생들을 가르치고 있고 다른 사람들은 수업 준비를 하고 있다.
2 누구든 이 기계를 작동하는 법을 아는 사람 있나요?
3 잼을 찾으려고 했다. 아무것도 남아 있지 않았다.
4 모든 소녀들이 자신의 초를 가지고 있다.
5 장례식 동안에 모두가 깊은 슬픔에 잠겨 있었다.
6 이것은 내 스타일이 아니다. 또 다른 것을 보여줘.
7 그 남자들 각각은 자신의 차가 있다.
8 그들 둘 다 추락현장에서 발견되지 않았다.
9 아무도 그들이 그렇게 춤추는 것을 본적이 없었다.
10 여기 누구 있나요?

SENTENCE WRITING PRACTICE
p. 208

A 1 Something / smells
 2 Both thought
 3 Is / anybody
 4 Some / others
 5 one thing / another

B 1 None survived the accident.
 2 Neither of them will pass the test.
 3 I saw something moving in the dark room.
 4 One is yours, and others are dad's, mom's, and mine.
 5 Everybody has their rights.

A 1 myself
 3 those
 5 Not all
 2 by herself
 4 so
 6 those

B 1 Everything in the room looks beautiful.
 2 Make yourself at home.
 3 Every person has at least one problem.
 4 Anybody who teases her will be punished.
 5 My wife is a special person and should be treated as such.

IBT토플 Writing / Essay Topic별 실전 연습
p. 210

에세이 주제
오늘날 세계에서 성공하기 위해서 배워야 할 매우 중요한 기술은 무엇인가? 하나의 기술을 선택해서, 구체적인 이유와 예를 들어 의견을 설명하시오.

| Body 1 |
① unless he or she has a natural and intellectual curiosity
1 embarrassing questions and propose incredible theories
2 As they get older

| Body 2 |
① if he or she is not curious about other people
1 if one wants to make the business contacts
2 Through such small talks and interaction / what we have in common

CHAPTER 13
형용사 와 부사

UNIT 25 형용사

A 형용사의 용법

예문 해석
1 • 그녀는 분홍색 모자를 가지고 있다.
 그녀의 모자는 분홍색이다.
 • 그것은 어려운 시험이었다.
 그 시험은 어려웠다.

2 • 그의 현재 주소가 무엇인가요?
 모든 학생들이 그 행사에 참석했다.

- 고인이 된 제임스 씨는 위대한 사업가였다.
  그녀는 종종 회의에 늦는다.
- 이곳에 들어가기 위해서는 일정 나이 이상이 되어야만 합니다.
  그가 파티에 올 것이라는 것은 확실하다.
- 그의 나쁜 매너가 우리를 당황하게 만들었다.
  그는 2주 동안 계속 아프다.

Pattern Practice
p. 214

❶ 그녀는 고인이 된 남편을 사랑했다.
❷ 그녀가 운전면허시험에 합격할 것은 분명하다.
❸ 나는 주주총회에 참석했다.
❹ 그녀의 나쁜 매너가 그를 화나게 했다.
❺ 네가 나가 있는 동안에 어떤 사람이 전화했다.

예문 해석
3 • 이것들은 살아있는 물고기이다.
  • 한 술 취한 남자가 주차장에서 배회하고 있었다.
    cf 그 남자는 술이 취했다.
  • 나는 목조주택에서 살고 싶다.

4 • 그 기술들이 대기업과 중소기업 모두에 의해서 많은 곳에서
    응용되고 있다.
  • 그의 아들은 어딘가에 틀림없이 살아 있을 것이다.
  • 그 어린이들은 어둠을 두려워한다.
  • 한 귀여운 아기가 침대에서 자고 있다.
    cf 자고 있는 아기를 깨우지 마라.

Pattern Practice
p. 215

❶ alive → live
❷ like → alike
❸ asleep → sleeping
❹ live → alive
❺ live → alive

해석
❶ 이것들은 살아있는 개미들이다.
❷ 쌍둥이는 서로 같아 보인다.
❸ 자고 있는 그 사람을 깨우지 마라.
❹ 그녀는 틀림없이 어딘가에 살아 있다.
❺ 이 물고기들은 살아 있다.

B 수량 형용사

예문 해석
• 많은 사람들이 회의에 참석했다.
• 몇몇 사람들이 회의에 참석했다.
• 회의에 참석한 사람이 거의 없다.
• 그녀는 지난밤 파티에서 포도주를 많이 마셨다.
• 그녀는 지난밤 파티에서 포도주를 약간 마셨다.
• 그녀는 지난밤 파티에서 포도주를 거의 마시지 않았다.
• 그는 역사에 관한 많은 책을 읽었다.
• 그는 전 세계를 여행하는 데 많은 돈을 썼다.

Pattern Practice
p. 216

❶ 몇몇 학생들이 그 행사에 참석했다.
❷ 그 행사에 학생들이 거의 참석하지 않았다.
❸ 많은 학생들이 그 행사에 참석했다.
❹ 그는 와인을 약간 마셨다.
❺ 그는 와인을 거의 마시지 않았다.

C 주의해야 할 형용사 용법

예문 해석
1 • 그는 비싼 차를 한 대 가지고 있다.
  • 그녀는 항상 뭔가 특별한 것을 원한다.
  • 테이블 위에 물이 가득한 컵이 하나 있다.
  • 그들은 그 문제를 해결하기 위해 상상할 수 있는 모든 수단을
    사용했다.
  • 당신은 이용 가능한 최신 정보를 얻을 수 있다.

2 • 나는 어제 멋진 녹색 테이블을 하나 샀다.
  • 언덕 위에 크고 낡은 집이 두 채 있다.
  • 그 소년은 커다란 빨간색 사과를 하나 가지고 있다.

3 • 그는 전망이 밝은 직업을 가지고 있다.
  • 나는 게으른 것이 부끄럽다.

4 • 학생들이 타임 잡지를 읽는 것은 어렵다.
  • 어린이들이 성냥을 가지고 노는 것은 위험하다.

5 • 나는 그가 변호사 시험에 합격해서 기쁘다.
  • 나는 그와 함께 일하게 돼서 기쁘다.

Pattern Practice
p. 218

❶ 우리는 다른 사람에게 배려심이 있어야 한다.
❷ 우리 아버지는 우리에게 전기를 더 절약하라고 말씀 하셨다.
❸ 그 부지런한 남자는 성공을 위해 많은 노력을 했다.
❹ 민주주의의 문자 그대로의 의미는 '국민에 의한 정부' 이다.
❺ 그들은 우리 계획에 호의적이다.

GRAMMAR PRACTICE
p. 219

A 1 much
  2 drunken
  3 a number of
  4 a few
  5 promising

B 1 나는 경제적인 차를 살 것이다.
  2 그는 내가 알고 있는 가장 사려 깊은 사람이다.
  3 외국소설의 문자 그대로의 번역은 자연스럽지 못하다.
  4 고인이 된 그 대통령은 많은 사람으로부터 사랑을 받았다.
  5 네가 나가 있는 동안에 어떤 여인이 너를 만나러 왔다.

C 1 alive → live
  2 healthy → healthful
  3 red big → big red
  4 올바른 문장 → It is dangerous for children to cross
    the street.
  5 a few → a little
  6 special something → something special
  7 asleep → sleeping
  8 historical → historic

해석
A
1 존은 종종 많은 고기를 먹는다.
2 한 술 취한 사람이 경찰관과 말다툼을 하고 있었다.
3 요즘에 많은 사람들이 호주로 여행을 하고 있다.
4 잠깐만 기다려 줄 수 있겠니, 수잔?
5 그녀는 전망이 밝은 직업을 가지고 있다.

C

1 이것들은 살아있는 물고기이다. 물고기들이 매우 싱싱하다.
2 토마토 주스는 건강에 좋은 음료이다.
3 우리 엄마는 가게에서 커다란 빨간색 사과를 5개 샀다.
4 어린이들이 거리를 건너는 것은 위험하다.
5 그는 지난밤 파티에서 약간의 포도주를 마셨다.
6 대부분의 여자들은 결혼기념일에 뭔가 특별한 것을 원한다.
7 자고 있는 아기가 깨지 않도록 시끄럽게 하지 마라.
8 많은 역사학자들은 증기기관의 발명은 역사적 사건이었다고
   말한다.

SENTENCE WRITING PRACTICE
p. 220

A 1 I am glad
   2 want something new
   3 her present job
   4 ill manner, us angry
   5 My mom and I are alike

B 1 The late Mr. Brown was a great artist.
   2 A number of young fans bought the tickets for
     the concert.
   3 I need a small round table.
   4 It is easy for students to solve the math
     question.
   5 I want to have a promising job in the future.
   6 He is healthy both physically and mentally.
   7 She is an industrious and willing worker.

UNIT 26 부사

A 부사의 형태 및 역할

예문 해석

2 • 그녀는 영어말하기를 잘 한다.
  • 매우 화창한 아침이었다.
  • 그는 기말고사를 위해서 정말로 열심히 공부했다.
  • 이상하게도, 그가 시험에 떨어졌다.
  • 스티브는 아직 어리지만, 아주 능력 있는 사람이다.
  • 우리는 저녁식사에 늦었다. 하지만 우리를 위한 음식이 충분히
    남아 있었다.

Pattern Practice
p. 221

❶ He studied hard last night.
❷ Her dog is very cute.
❸ She can speak English well.
❹ Fortunately, he passed the exam.

해석

❶ 그는 지난밤에 열심히 공부했다.
❷ 그녀의 개는 매우 귀엽다.
❸ 그녀는 영어를 매우 잘 말할 수 있다.
❹ 다행히도, 그는 시험에 합격했다.

B 부사의 위치 및 어순

예문 해석

1 • 나는 그녀를 5년 전에 처음 만났다.
  • 그는 달리기를 한 후에 깊게 숨을 쉬었다.
  • 나는 정직하게 돈을 번다.(생계를 꾸려가다)
  • 분명히, 그녀가 틀리다.
  • 그는 꽤 열심히 일하고 있다.
  • 그 책은 주의 깊게 써졌다.

2 • 그는 항상 어린이들에게 친절하다.
  • 수잔은 가끔 다른 나라를 여행하는 데 많은 돈을 쓴다.
  • 그녀는 절대 너의 조언을 들으려 하지 않을 것이다.

3 • 그들은 여행을 마치고 어제 이곳에 안전하게 도착했다.
  • 그녀는 지난밤에 콘서트에서 아름답게 노래를 불렀다.

4 • 그녀는 1995년 9월11일 월요일 새벽4시 30분에 태어났다.
  • 그들은 서울에 있는 한 호텔에 머물렀다.

5 • 그녀는 신발을 신었다.
  • 그녀는 그것들을(신발을) 신었다.

Pattern Practice
p. 223

❶ eats sometimes → sometimes eats
❷ yesterday in the park → in the park yesterday
❸ picked up it → picked it up
❹ always is → is always
❺ never would follow → would never follow

해석

❶ 그는 가끔 정크 푸드를 너무 많이 먹는다.
❷ 나는 어제 공원에서 그녀를 만났다.
❸ 그녀는 바닥에서 그것을 집었다.
❹ 그녀는 항상 다른 사람에게 친절하다.
❺ 그는 절대로 너의 조언을 따르지 않을 것이다.

C 주의해야 할 부사의 용법

예문 해석

1 • 그는 힘든 상황에 있다.
  • 그는 지난밤에 열심히 공부했다.
  • 나는 그가 말하는 것을 거의 이해할 수 없다.
  • 나는 가까운 장래에 집을 한 채 살 수 있을 것이다.
  • 우리는 이야기를 하면서 공원 근처까지 걸었다.
  • 나는 숙제를 거의 끝냈다.
  • 서울에는 높은 건물들이 많다.
  • 그 운동선수는 매우 높게 점프했다.
  • 나는 네가 이 기회를 잡으라고 강력하게 추천한다.
  • 그는 1990년대 말에 태어났다.
  • 요즘 우리 아버지는 직장에서 늦게 집에 오신다.
  • 너는 최근에 수잔을 본 적 있느냐?
  • 그는 단편소설 한 편을 썼다.
  • 그녀의 경력은 암으로 짧게 끝났다.
  • 재판이 곧 시작될 것이다.

2 • 그는 큰 집을 살 만큼 충분히 부자다.
  • 이 방은 20명의 학생을 수용할 만큼 충분히 크다.
  • 그는 그 프로젝트를 끝낼 충분한 시간을 가지고 있다.

3 • 내 동생은 만화책을 좋아한다. 나도 역시 좋아한다.
  • 그녀는 만화책을 좋아하지 않는다. 나도 역시 좋아하지 않는다.

8 제인은 바닥에 연필을 떨어뜨렸다. 그리고 그것들을 주웠다.

Pattern Practice

❶ 나는 그의 말을 거의 믿을 수 없다.
❷ 오늘 오후에 비가 올 것 같다.
❸ 나는 오늘 끝내야 할 그 일을 거의 끝냈다.
❹ 그의 경력은 자동차 사고로 짧게 단절되었다.
❺ 그는 공을 잡기 위해 높이 뛰었다.

GRAMMAR PRACTICE
p. 225

A
1 hardly	2 nearly
3 highly	4 high
5 either	6 too
7 lately	8 late
9 shortly	

B
1 hungry	2 she didn't leave me
3 spoke	4 well

C
1 spends usually → usually spends
2 always is → is always
3 yesterday at the theater → at the theater yesterday
4 never would → would never
5 enough old → old enough
6 cash enough → enough cash
7 too → either
8 picked up them → pick them up

해석
A
1 미안하지만 전 당신을 거의 모릅니다.
2 그녀는 선생님이 내 준 숙제를 거의 끝냈다.
3 존은 매우 성공한 사업가이다.
4 우리 아버지는 고혈압으로 고생하신다.
5 데이비드는 정크 푸드를 먹지 않는다. 나도 역시 안 먹는다.
6 A: 나는 해물 스파게티를 먹고 싶어. B: 나도 그래.
7 너는 최근에 어떻게 지냈니?
8 늦어서 우리는 지금 가야만 한다.
9 영화가 곧 시작할 것이다.

B
1 나는 지금 매우(끔찍하게) 배고프다.
2 다행스럽게도, 그녀는 나를 떠나지 않았다.
3 그는 말하기대회에서 영어를 유창하게 말했다.
4 그녀는 기타를 아주 잘 칠 줄 안다.

C
1 그는 보통 컴퓨터 게임을 하는 데 많은 시간을 보낸다.
2 그녀는 항상 모든 것에 늦는다.
3 그는 어제 극장에서 여자 친구를 만났다.
4 그는 절대로 선생님의 조언을 따르려고 하지 않는다.
5 나는 일해서 돈을 벌 만큼 충분히 나이를 먹었다.
6 그녀는 그 콘서트 티켓을 살 충분한 돈을 가지고 있다.
7 내 아버지는 록음악을 좋아하지 않으시고 나 역시 그렇다.

SENTENCE WRITING PRACTICE
p. 226

A
1 gives me a friendly smile
2 really exciting experience
3 trusted you absolutely
4 hardly believe, she is saying
5 will shortly begin

B
1 Finally, I'd like to thank you for visiting me tonight.
2 They arrived in Seoul safely yesterday.
3 I can't talk with you because of the radio. Please turn it off.
4 I have nearly finished the homework that my teacher gave me.
5 David is a highly successful writer.
6 Have you seen John lately?
7 She is old enough to vote.

Chapter REVIEW TEST
p. 227

A
1 He has a few friends to play with.
2 My son wants something special for his birthday.
3 The actress is extremely beautiful.
4 He earns his living honestly.

B
1 a little → a few
2 last Friday in London → in London last Friday
3 square big → big square
4 turn off it → turn it off

C
1 It is, for students to read
2 beautifully at the concert last night

D
1 He was present at the meeting for marketing strategy yesterday.
2 A great deal of money is needed to construct a bridge.
3 This stadium is large enough to accommodate fifty thousand people.
4 My mom doesn't like seafood. I don't like it either.

해석
A
1 그는 함께 놀 친구가 몇 명 있다.
2 우리 아들은 생일날 뭔가 특별한 것을 원한다.
3 그 여배우는 매우 아름답다.
4 그는 정직하게 돈을 번다.(생계를 꾸려간다.)

B
1 그는 역사에 관한 책을 몇 권 가지고 있다.
2 그들은 지난 금요일에 런던에 도착했다.
3 그녀는 커다란 사각형 테이블을 하나 사야한다.
4 라디오 음악 소리가 너무 커요. 좀 꺼주시겠습니까?

에세이 주제

당신은 다음 내용에 동의하나요? 동의하지 않나요?
사람들이 직접 얼굴을 보고 하는 의사소통이 편지, 이메일, 전화 통화와 같은 다른 종류의 의사소통보다 낫다. 구체적인 이유와 당신의 대답을 뒷받침해주는 상세내용을 쓰시오.

| Body 1 |

① assess a person by talking face-to-face.
1 Employers still require a face-to-face interview
2 talk directly /evaluate their appearance and behavior

| Body 2 |

① also rely upon visual information
1 Face-to-face interaction provides a little more information
2 get to know someone through physical interaction

CHAPTER 14

비교

UNIT 27   비교급의 형태 및 원급비교

A   비교급과 최상급의 형태

Pattern Practice   p. 233

① true - truer - the truest
② tired - more tired - the most tired
③ brave - braver - the bravest
④ easily - more easily - the most easily
⑤ expensive - more expensive - the most expensive

Pattern Practice   p. 234

① bad - worse - the worst
② few - fewer - the fewest
③ late (순서) - latter - the last
④ far (정도) - further - the furthest
⑤ much - more - the most

B   원급비교 용법

예문 해석

1 • 그녀는 나만큼 키가 크다.
  cf. 그녀는 나만큼 키가 크지 않다.
  • 그는 예의바른 것만큼 친절하다.
  • 그 가수는 이전만큼 유명하지 않다.

• 그녀는 자기 남편만큼 많은 돈을 번다.
• 나는 그 사람만큼 많은 책을 가지고 있다.
• 그는 5줄에서 5개의 철자 실수를 했다.
• 그는 매우 존경을 받았다. 반면에 그녀는 그만큼 멸시 당했다.
• 나는 그에게 가능한 느리게(천천히) 말했다.
• 그는 세상에 드문 지혜로운 사람이다.
• 이 돌은 저 돌보다 3배 무겁다.

2 • 그는 사업가라기보다는 정치인이다.
  • 너는 운동을 더 하는 것이 좋겠다.
  • 너는 TV를 보느니 차라리 운동하는 게 낫겠다.
  • 너 뿐만 아니라 나도 역시 옳았다.
  • 그는 거지나 다름없다.
  • 그녀는 더할 나위 없이 친절하다.

Pattern Practice   p. 235

❶ 그녀는 세 줄에서 세 개의 철자 실수를 했다.
❷ 존은 제인을 사랑하지만 그만큼 미워한다.
❸ 그는 정치인이라기보다는 사업가이다.
❹ 그는 거지나 다름이 없다.

GRAMMAR PRACTICE   p. 236

A   1 elder, older   2 more quickly
    3 more expensive   4 happiest
    5 most famous   6 hotter
    7 cheaper   8 later
    9 the best   10 more clearly
    11 further   12 fattest

B   1 many → much   2 as twice → twice as
    3 올바른 문장   4 farther → further
    5 than → as   6 shorter → short
    7 bigger → big   8 whiter → white
    9 올바른 문장   10 better → good
    11 than → as

해석

A

1 이쪽은 제 형 존입니다. 그는 나보다 나이가 두 살 더 많습니다.
2 사장님은 그에게 그 일을 더 빨리 하라고 요청했다.
3 그의 차는 내차보다 더 비싸다.
4 어제는 내 인생에서 가장 행복한 날이었다.
5 그는 밴드에서 가장 유명한 연주자이다.
6 인도네시아의 기후는 한국보다 더 덥다.
7 빨간 재킷이 파란색 재킷보다 더 싸다.
8 안녕! 나중에 봐요.
9 이것은 내가 본 것 중에서 가장 좋은 그림이다.
10 나는 그가 전보다 더 명확하게 답하기를 원한다.
11 나는 더 이상 할 말이 없다.
12 존은 자기 반에서 가장 똑똑한 소년이다.

B

1 그는 자기 아내만큼 많은 돈을 번다.
2 그녀는 나보다 책이 2배 많다.
3 메리는 수잔보다 더 흔한 이름이다.
4 더 많은 정보를 원하시면 우리 웹사이트를 방문해 주세요.

5 너는 아무것도 안 하느니 차라리 소설을 읽는 게 낫다.
6 그녀의 치마는 내 치마 만큼 짧다.
7 이 상자는 저 상자의 다섯 배는 크다.
8 그녀의 얼굴을 매우 하얗게 보였다.
9 그녀는 전만큼 유명하지 않다.
10 그 사람은 거지나 다름없다.
11 그녀는 학자라기보다는 작가이다.

SENTENCE WRITING PRACTICE

p. 237

A 1 as smart as his wife
2 not as beautiful as roses
3 as many books as
4 as slowly as possible (she could)
5 five times as big as

B 1 I have as much money as you.
2 I ran to the school as fast as possible.
3 My car is three times as big as yours.
4 The man is as good as a beggar.
5 He is not so much a scholar as a poet.
6 The actor isn't as famous as before.
7 She is ten times as beautiful as her sister.

UNIT 28 비교급 · 최상급 용법

A 비교급의 용법

예문 해석
1 • 이 차는 저 차보다 더 비싸다.
• 저 차는 이 차보다 덜 비싸다.
• 우리 동생은 나보다 키가 더 크다.
• 그는 나보다 축구를 더 좋아한다.
• 오늘날 젊은이들은 기성세대보다 세상을 더 명확하게 바라본다.
• 나는 그녀보다 키가 2인치 더 크다.
• 제인은 수잔보다 10배는 더 아름답다.
• 신공항은 옛날 공항보다 훨씬 더 크다.
• 그는 둘 중에서 더 똑똑하다.
• 스티브는 부끄러워하기 보다는 예의바른 편이다.

Pattern Practice
p. 238
❶ wiser → more wise
❷ very → much
❸ heavier 5 kilograms → 5 kilograms heavier
❹ very → much
❺ smarter → the smarter

해석
❶ 그는 똑똑하기 보다는 지혜로운 편이다.
❷ 너의 학교가 우리 학교보다 훨씬 더 크다.
❸ 그는 나보다 5킬로그램 더 무겁다.
❹ 새 건물은 이전 건물보다 훨씬 더 크다.
❺ 그녀는 둘 중에 더 똑똑하다

예문 해석
2 • IT 장비들이 점점 더 똑똑해지고 있다.

• 그녀가 더 많이 먹을수록 더 뚱뚱해 진다.
• 그는 더 이상 어린애가 아니다.
• 그녀는 한국어는 말할 것도 없고 영어도 말할 수 있다.
• 그녀는 불어는 말할 것도 없고 영어도 말하지 못한다.
• 태양과 지구 중에서 어느 것이 더 큰가?
• 나는 똑같은 실수를 두번 할 만큼 어리석지 않다.
• 나는 제인의 결정 때문에 그만큼 더 그녀를 좋아한다.
• 그녀는 친구가 단지 세 명뿐이다.
• 그 로프는 기껏해야 10피트 밖에 안 된다.
• 그녀는 나에게 200달러나 주었다.
• 그는 적어도 50달러는 지불했다.

3 • 이것은 고급 호텔이다.
• 그는 젊은 세대이다.
• 대부분의 포유동물은 고등동물이다.
• 그는 나보다 나이가 많다.
• 그는 나보다 나아기 적다.
• 그는 나보다 우수하다.
• 그는 나보다 더 못하다.(열등하다.)
• 그는 우유보다 주스를 더 좋아한다.

Pattern Practice
p. 240
❶ fattest → fatter
❷ warmer and warm → warmer and warmer
❸ than → to
❹ than → to
❺ than → to

해석
❶ 그가 더 많이 먹으면 먹을수록, 그는 더 뚱뚱해 진다.
❷ 날씨가 점점 더 따뜻해지고 있다.
❸ 그녀는 커피보다 차를 더 좋아한다.
❹ 그는 나보다 나이가 더 많다.
❺ 그녀는 영어를 배우는데 있어서 그 보다 더 뛰어나다.

B 최상급의 용법

예문 해석
1 • 저것이 서울에서 가장 높은 건물이다.
• 그는 친구들 중에서 가장 키가 크다.
• 그녀는 내가 만난 사람 중에서 가장 똑똑하다.
• 이것은 수집품 중에서 단연코 가장 가치 있는 그림이다.
• 강이 여기에서 가장 넓다.
• 이것은 그의 가장 편안한 의자이다.
• 우리 가족 중에서 엄마가 가장 조심해서 운전을 하신다.

2 • 가장 지혜로운 사람이라 하더라도 모든 것을 알 수 없다.
• 그는 결코 거짓말을 할 사람이 아니다.
• 그는 파티에 마지막으로 온 사람이었다.
• 그녀는 우리 반에서 가장 똑똑한 학생 중에 한 명이다.
• 한국은 세계에서 10번째 경제대국이다.
• 너는 너의 기회를 최대한 이용해야 한다.

3 • 에베레스트 산은 세계에서 가장 높은 산이다.
= 에베레스트 산은 세계의 그 어느 산보다 더 높다.
= 세계에서 그 어느 산도 에베레스트 산보다 높지 않다.
= 세계에서 그 어느 산도 에베레스트 산만큼 높지 않다.
• 시간은 인생에서 가장 소중한 것이다.
= 시간이 인생에서 그 어느 것보다 더 소중하다.

= 인생에서 그 어느 것도 시간보다 더 소중하지 않다.
= 인생에서 그 어느 것도 시간만큼 소중하지 않다.

Pattern Practice
p. 241

❶ He is the richest man in the world.
❷ He is richer than any other man in the world.
❸ No other man in the world is richer than him.
❹ No other man in the world is as rich as him.

GRAMMAR PRACTICE
p. 242

A 1 ten pounds heavier   2 of
    3 much   4 the second
    5 to   6 the prettier
    7 to   8 better
    9 much more   10 more polite
    11 much less

B 1 more → the more   2 small → smaller
    3 than → to   4 last → the last
    5 you → yours (your car)   6 Higher → The higher
    7 in → of   8 bigger → big
    9 tenth → the tenth   10 better → the better
    11 the most → most   12 higher → high

해석

A

1 그는 나보다 10파운드 더 무겁다.
2 그녀는 집안에서 가장 키가 크다.
3 새 스타디움은 이전 것보다 훨씬 더 크다.
4 부산은 한국에서 두번째로 큰 도시이다.
5 우리 동생이 영어 말하기는 나보다 더 뛰어나다.
6 그녀는 둘 중에서 더 예쁘다.
7 나는 축구를 구경하는 것보다 축구 하는 것을 더 좋아한다.
8 나는 그런 일을 할 정도로 어리석지 않다.
9 그는 영어는 말할 것도 없고 불어도 말할 수 있다.
10 그녀는 수줍어한다기 보다는 예의바르다.
11 그녀의 아기는 뛰는 것은 말할 것도 없고 걷지도 못한다.

B

1 그녀는 둘 중에서 더 아름답다.
2 세상이 점점 더 작아지고 있다.
3 유기농식품이 정크푸드 보다 더 좋다.(우수하다.)
4 그녀는 결코 그런 실수를 할 사람이 아니다.
5 내 자동차가 너의 자동차 보다 훨씬 더 크다.
6 우리가 더 높이 올라 갈수록 날씨는 더욱 추워진다.
7 그녀는 식구들 중에서 가장 키가 크다.
8 한국에서 그 어느 섬도 제주도만큼 크지 않다.
9 서울은 세계에서 10번째로 큰 도시이다.
10 나는 수잔의 결점 때문에 더욱 그녀를 좋아한다.
11 이것은 그의 가장 편안한 의자이다.
12 남한에서 그 어떤 산도 한라산만큼 높지 않다.

SENTENCE WRITING PRACTICE
p. 243

A 1 the largest city in Korea
    2 Which, bigger, Daegu or Daejeon
    3 10 centimeters taller than he (him)
    4 apples to grapes
    5 the tallest man in the world

B 1 This cell phone is one hundred thousand won
      more expensive than that one.
    2 The world is getting smaller and smaller thanks
      to the development of transportation and
      communications.
    3 He is the last person to tell a lie.
    4 No other city in Korea is bigger than Seoul.
    5 He is the third tallest student in our class.
    6 She has no more than 10 dollars.
    7 The younger you are, the easier it is to learn.

Chapter REVIEW TEST
p. 244

A 1 narrower, the narrowest
    2 more expensive, the most expensive
    3 more slowly, (the) most slowly
    4 more useful, the most useful
    5 more tired, the most tired
    6 happier, happiest
    7 grayer, the grayest
    8 more friendly, the most friendly
      friendlier, the friendliest

B 1 as good as   2 3 meters longer than
    3 superior to   4 the fastest of

C 1 much → many   2 taller → the taller
    3 most → more   4 very → much
    5 in → of   6 another → other

D 1 for further information
    2 as popular as before
    3 ten times more handsome than
    4 No other man in the world
    5 more and more serious
    6 The more, the fatter he becomes

E 1 This apple is as sweet as honey.
    2 The more you practice, the faster you will learn
      English.
    3 Our new house is much bigger than the old
      one.
    4 Who is taller, you or your father?
    5 He is one of the most successful businessmen in
      Korea.
    6 David has as many comic books as I (me).

1 그녀는 10줄에서 10개의 철자 실수를 했다.
3 그가 둘 중에서 키가 더 크다.
3 우리는 더 많이 가질수록 더 많은 것을 원한다.
4 새 사무실은 옛날 것보다 훨씬 더 크다.
5 그녀는 자기 친구들 중에서 가장 똑똑하다.
6 에베레스트 산은 세계의 그 어떤 산보다 더 높다.

IBT토플 Writing / Essay Topic별 실전 연습   p. 246

에세이 주제

일부 사람들은 컴퓨터가 생활을 더 쉽게 그리고 더 편리하게 만들었다고 말한다. 다른 사람들은 컴퓨터가 생활을 더 복잡하고 스트레스를 주도록 만들었다고 말한다. 당신의 의견은 무엇인가? 구체적인 이유와 당신의 대답을 뒷받침하는 예를 들어 쓰시오.

| Body 1 |
① has replaced the typewriter
1 mistakes were unable to be easily corrected
2 can detect errors and correct them

| Body 2 |
① most professionals now depend on them
1 musicians, artists, and even doctors use computers
2 music albums and feature films are now being produced with only computers

CHAPTER 15

일치와 화법

UNIT 29 일치

A 주어·동사의 수 일치, 대명사의 수·성·인칭·격의 일치

예문 해석

1 • 그녀는 학교가 끝난 후에 자기 숙제를 한다.
 • 데이비드는 의사가 되는 꿈을 가지고 있다.
 • 그는 친구들과 함께 농구하기를 좋아한다.
 • 영어 말하기는 어렵지 않다.
 • 컴퓨터 게임을 하는 것은 내가 좋아하는 소일거리이다.
 • 그가 최선을 다했다는 것은 사실이다.
 • 고양이 한 마리와 개 한 마리가 공을 가지고 함께 놀고 있다.
 • 너 아니면 수잔이 거기에 가야한다.
 • 이 교실에 있는 모든 책상은 수리되어야 한다.
 • 각각의 어린이에게 꽃 한 송이와 약간의 사탕이 주어졌다.

2 • 많은 시민들이 시청 앞에 모여들고 있다.

 • 시청 앞에 모인 시민들의 수가 2,000명이다.
 • 그 시인이자 교수인 분이 현대문학에 대한 강의를 하고 있다.
 • 그 시인과 그 교수가 함께 이야기를 하고 있다.

Pattern Practice   p. 251

❶ are → is
❷ is → are
❸ students have → student has
❹ are → is
❺ are → is

해석

❶ 버터 바른 빵은 그녀의 아침식사이다.
❷ 고양이 한 마리와 개 한 마리가 공을 가지고 놀고 있다.
❸ 모든 학생들은 그 시합에 참석해야만 한다.
❹ 친구들과 함께 축구하는 것은 내가 좋아하는 소일거리이다.
❺ 이 휴대폰들 각각은 해외 시장에 수출된다.

예문 해석

 • 그의 가족은 대가족이다.
 • 두 가족이 이 집에 살고 있다.
 • 그의 가족은 모두 일찍 일어나는 사람들이다.
 • 부자들이 항상 행복한 것은 아니다.
 • 일주일에 30달러는 학생에게 적은 금액이 아니다.
 • 경제학은 내가 좋아하는 과목이다.
 • 미국은 큰 나라이다.
 • 이 사과의 대부분은 빨간색이다.
 • 이 치즈의 대부분이 상했다.
 • 나는 매우 친절한 한 소녀를 알고 있다.
 • 나는 매우 친절한 소녀 세 명을 알고 있다.

3 • 존과 수잔은 둘 다 미국인이다.
 • 너 아니면 그가 그 사고에 책임이 있다.
 • 그녀도 너도 둘 다 그 일을 할 수 없다.
 • 너 뿐만 아니라 수잔도 역시 내 딸이다.
 • 너 뿐만 아니라 수잔도 역시 내 딸이다.

4 • 수잔은 빵을 조금 들고 자기 이웃들을 방문했다.
 • 나는 친구로부터 메시지를 하나 받았고 그 메시지를 그녀에게 보냈다.
 • 고양이는 귀엽지만 나는 고양이를 좋아하지 않는다.

Pattern Practice   p. 252

❶ is → are
❷ have → has
❸ is → are
❹ are → is
❺ have → has

예문 해석

❶ 많은 학생들이 운동장에 모이고 있다.
❷ 그 발명가이자 과학자는 많은 책을 썼다.
❸ 부자들이 항상 행복한 것은 아니다.
❹ 미국은 큰 나라이다.
❺ 너 아니면 그 사람중 한 명이 거기에 가야만 한다.

B 주절의 동사와 종속절의 동사간의 시제 일치

예문 해석

1 • 나는 그가 바쁘다고 생각한다.
 • 나는 그가 (지금까지) 바빴다고 생각한다.
 • 나는 그가 바빴다고 생각한다.

- 나는 그가 바쁠 것이라고 생각한다.
- 나는 그가 바빴다고 생각했다.
- 나는 그가 (그전까지) 바빴었다고 생각했다.
- 나는 그가 바쁠 거라고 생각했다.
- 네가 그를 도와주어야만 할 필요가 있었다.
- 나는 네가 그 프로젝트에 책임을 져야 한다고 생각했다.

2
- 우리는 빛이 공기 중에서 소리보다 더 빠르다는 것을 배웠다.
- 사장님은 운동을 하기 위해 매일 6시에 일어난다고 말했다.
- 선생님은 물이 섭씨 100도에서 끓는다고 우리에게 가르쳤다.
- 그는 2차 세계대전이 1945년에 끝난 것을 알고 있었다.
- 수잔은 자기가 1990년에 태어났다고 말했다.
- 그녀는 만약 아프지 않다면 자기가 갔을 거라고 말한다(말했다.)
- 그 당시에, 그녀는 지금보다 젊어 보였다.

Pattern Practice
p. 253

❶ is → was   ❷ will → would
❸ had broken out → broke out
❹ traveled → travels   ❺ is → was

해석
❶ 나는 그가 바빴다고 생각했다.
❷ 나는 그가 파티에 올 것이라고 생각했다.
❸ 우리는 한국 전쟁이 1950년에 일어났다고 배웠다.
❹ 그들은 빛이 공기 중에서 소리보다 더 빠르다고 가르쳤다.
❺ 그는 자기가 유럽을 여행할 것이라고 말했다.

GRAMMAR PRACTICE
p. 254

A 1 is   2 is
   3 is   4 has
   5 are   6 was
   7 is   8 is
   9 would   10 are
   11 has

B 1 children were → child was
   2 can → could   3 are → is
   4 must → had to   5 is → are
   6 are → is   7 are → is
   8 are → is   9 did → does
   10 are → is

해석
A
1 중국어를 말하는 것은 매우 어렵다.
2 너 뿐만 아니라 그도 역시 그 프로젝트의 지연에 책임이 있다.
3 일주일에 50달러는 학생에게 적은 금액이 아니다.
4 너 또는 스티브가 금요일까지 그 프로젝트를 끝내야만 한다.
5 많은 자동차들이 해외 시장으로 수출되고 있다.
6 데이비드는 자기가 1990년에 태어났다고 말했다.
7 친구들과 축구하는 것은 내가 좋아하는 소일거리이다.
8 10년은 기다리기에 긴 시간이다.
9 나는 그녀가 내 생일파티에 올 거라고 생각했다.
10 그 가수와 그 교수님이 식당에서 식사를 하고 있다.
11 그 과학자이자 작가는 공상과학 소설을 한 권 썼다.

B
1 각각의 어린이에게 점심 도식락이 하나씩 주어졌다.
2 나는 제 시간에 거기에 갈 수 있기를 희망했다.
3 당신이나 그도 피아노를 칠 수 없다.
4 나는 네가 회의에 가야 한다고 생각했다.
5 바구니에 있는 대부분의 사과가 녹색이다.
6 카레라이스는 내가 좋아하는 음식이다.
7 나는 키가 매우 크고 잘 생긴 한 소년을 알고 있다.
8 음주운전은 심각한 범죄이다.
9 그 당시에 그는 지금보다 더 강해 보였다.
10 대학에 들어가는 학생들의 숫자가 증가하고 있다.

SENTENCE WRITING PRACTICE
 p. 255

A 1 are not always happy
   2 person has a birthday
   3 you or she has to go
   4 is a large one
   5 is a rich country

B 1 A number of students are going abroad to study English.
   2 Five years is a long time to wait for someone.
   3 Not only you but also Steve is my son.
   4 The professor said that he gets up at 7:00 a.m. every day.
   5 David said that he was born in 1991.
   6 Each child was given a flower and a pencil.
   7 The scientist and writer published a new book on space last month.

UNIT 30 화법

A 평서문, 의문문, 명령문의 화법전환

예문 해석
1
- 그는 나에게 "나는 변호사 시험에 합격하기 위해 열심히 공부하고 있어"라고 말한다.
- → 그는 나에게 자기가 변호사 시험에 합격하기 위해 열심히 공부하고 있다고 말한다.
- 그는 나에게 "나는 변호사 시험에 합격하기 위해 열심히 공부했어"라고 말한다.
- → 그는 나에게 자기가 시험에 합격하기 위해 열심히 공부 했다고 말한다.
- 그는 나에게 "나는 변호사 시험에 합격하기 위해 열심히 공부할 거야"라고 말한다.
- → 그는 나에게 자기가 변호사 시험에 합격하기 위해 열심히 공부할 거라고 말한다.
- 그녀는 나에게 "내가 너에게 이 책을 내일 줄게"라고 말한다.
- → 그녀는 나에게 자기가 그 책을 다음날 나에게 주겠다고 말한다.
- 그는 나에게 "나는 이 소년을 3년 전에 만났어."라고 말한다.
- → 그는 나에게 자기가 그 소년을 3년 전에 만났었다고 말한다.

Pattern Practice
p. 257

1 He tells me that he will do his best in the exam.
2 He tells me that he did his best in the exam.
3 He told me that he would do his best in the exam.
4 He told me that he had done his best in the exam.

예문 해석

2 • 그녀는 나에게 "너는 지금 행복하니?"라고 말했다.
   → 그녀는 나에게 내가 그때 행복했는지 물었다.
   • 그는 "너는 축구하기를 좋아하니?" 라고 말했다.
   → 그는 내가 축구하기를 좋아하는지 물었다.
   • 그녀는 나에게 "너의 취미가 무엇이니?"라고 말했다.
   → 그녀는 나에게 내 취미가 무엇이냐고 물었다.
   • 그는 "너는 5년 전에 어디에 살았니?"라고 말했다.
   → 그는 내가 5년 전에 어디에 살았었는지 물었다.
   • 그녀는 나에게 "저기 있는 그 사람은 누구야?" 라고 말했다.
   → 그녀는 나에게 저기 있는 그 사람이 누구였냐고 물었다.
   • 선생님은 나에게 "너의 동생은 왜 학교에 늦느냐?"라고 말했다.
   → 선생님은 나에게 내 동생은 왜 학교에 늦었는지 물었다.

Pattern Practice
p. 258

1 The man asked me if I were a student.
2 The police asked the girl where she lived.
3 She asked me who my favorite singer was.
4 He asked me if I liked to play baseball.
5 He asked me why I was late for school.

예문 해석

1 그 사람은 나에게 "너는 학생이냐?"라고 말했다.
2 경찰은 그 소녀에게 "너의 집이 어디냐?"라고 말했다.
3 그녀는 나에게 "누가 너의 좋아하는 가수이냐?"라고 말했다.
4 그는 나에게 "너는 야구하기를 좋아하냐?" 라고 말했다.
5 그는 나에게 "너는 왜 학교에 늦었냐?" 라고 말했다.

예문 해석

3 • 우리 엄마는 나에게 "너의 숙제를 즉시 해라"라고 말했다.
   → 우리 엄마는 나에게 즉시 숙제를 하라고 지시했다[말했다].
   • 선생님은 그녀에게 "시험을 위해서 더 열심히 공부해라"라고 말했다.
   → 선생님은 그녀에게 시험을 위해 더 열심히 공부하라고 지시했다[요청했다].
   • 우리 아빠는 나에게 "내일 세차해라"라고 말했다.
   → 우리 아빠는 나에게 그 다음날 세차를 하라고 지시했다[요청했다].
   • 그녀는 나에게 "너는 집에 일찍 가는 것이 좋겠다."라고 말했다.
   → 그녀는 나에게 집에 일찍 가라고 조언해 주었다.
   • 의사는 나에게 "당신은 담배를 끊어야만 합니다."라고 말했다.
   → 의사는 나에게 담배를 끊으라고 경고했다.
   • 스티브는 "함께 농구하자"라고 말했다.
   → 스티브는 함께 농구하기를 제안했다.
   → 스티브는 우리가 함께 농구하는 것을 제안했다.
   • 그녀는 "내가 답을 알려줄게"라고 말했다.
   → 그녀는 나에게 답을 알려 주겠다고 제안했다.

Pattern Practice
p. 259

1 My mom told[ordered] me to clean my room.
2 The doctor advised me to eat less and exercise more.

3 The secretary asked me to call back.

해석

1 우리 엄마는 나에게 "너의 방을 청소해라"라고 말했다.
2 의사는 나에게 "당신은 적게 먹고 더 많이 운동하는 게 좋겠습니다."라고 말했다.
3 비서는 나에게 "다시 전화 주세요."라고 말했다.

B 감탄문, 기원문, 중문/복문의 화법 전환

예문 해석

1 • 그는 "그 여자 정말 예쁘다!"라고 말했다.
   → 그는 그 여자가 정말 예쁘다고 (감탄해서) 소리쳤다.
   → 그는 그 여자가 매우 예쁘다고 말했다.
   • 그녀는 나에게 "너는 정말 바보구나!"라고 말했다.
   → 그녀는 나에게 내가 정말 바보라고 소리쳤다.
   → 그녀는 나에게 내가 매우 바보라고 말했다.

2 • 그는 (나에게) "신의 은총이 함께 하기를 기원합니다."라고 말했다.
   → 그는 신이 나에게 은총을 베풀어 주기를 기도했다.
   → 그는 신이 나에게 은총을 베풀어 주기를 기도했다.
   • 그녀는 (나에게) "성공하기를 기원한다."라고 말했다.
   → 그녀는 내가 성공하기를 원한다는 소망을 표현했다.

Pattern Practice
p. 260

1 They cried out what a strong man he was.
   They said that he was a very strong man.
2 He told me that I was very smart.
3 She prayed me that God might bless me.
   She prayed for God to bless me.
4 He expressed his wish that I might succeed.

해석

1 그들은 "그는 정말 힘이 세다!"라고 말했다.
2 그는 나에게 "너는 정말로 똑똑하구나!" 라고 말했다.
3 그녀는 나에게 "신의 은총이 함께하기를 바랍니다."라고 말했다.
4 그는 "네가 성공하기를 기원한다."라고 말했다.

예문 해석

3 • 그녀는 "눈이 많이 오고 있었어. 그러나 나는 거기에 갔어."라고 말했다.
   → 그녀는 눈이 많이 오고 있었지만 자기는 거기에 갔었다고 말했다.
   • 그는 "비가 많이 오고 있었어. 그리고 나는 숲속에서 길을 잃었어"라고 말했다.
   → 그는 비가 많이 오고 있었고 자기는 숲속에서 길을 잃었다고 말했다.
   • 그는 나에게 "내가 너를 돕기 위해 할 수 있는 일이 있느냐?"라고 말했다.
   → 그는 자기가 나를 돕기 위해 할 수 있는 일이 있는지 물었다.
   • 그녀는 "나는 누가 그 낙서를 그렸는지 궁금해"라고 말했다.
   → 그녀는 누가 그 낙서를 그렸는지를 궁금하다고 말했다.

4 • 나는 그녀에게 "너는 창백해 보인다. 아프니?"라고 말했다.
   → 나는 그녀에게 창백해 보인다고 말했고 그녀가 아프냐고 물었다.
   • 그녀는 나에게 "치과 의사에게 가 봐. 치통이 두통보다 더 나쁘다"라고 말했다.

→ 그녀는 나에게 치과 의사에게 가보라고 말했고 치통이
두통보다 더 나쁘다고 말했다.

● 그는 "나는 정말 바보구나! 똑같은 실수를 또 다시 했어"라고
말했다.

→ 그는 자기가 정말 바보라고 소리쳤고 자기가 똑같은 실수를 또
다시 했다고 말했다.

p. 261

Pattern Practice

❶ He said that it had been a sunny day and that he had gone on a picnic.
❷ She asked me if there was anything she could do for me.
❸ She told me that I looked angry and asked me what had happened.
❹ He told me that I looked very tired and asked if I was okay.

해석
❶ 그는 "날씨가 화창했다. 그리고 나는 소풍을 갔다."라고 말했다.
❷ 그녀는 나에게 "내가 너를 위해 할 수 있는 일이 있느냐?"라고
말했다.
❸ 그녀는 나에게 "너는 화나 보인다. 무슨 일이냐?"라고 말했다.
❹ 그는 나에게 " 너는 매우 피곤해 보인다. 괜찮냐?"라고 말했다.

GRAMMAR PRACTICE
p. 262

A 1 She told me that she would study hard for the final exam.
2 I asked her if she was angry then.
3 I asked him what time it was then.
4 My mom ordered[asked] me to wash my hands before I ate something.
5 She cried out what a fine day it was.
6 The pastor prayed that God might bless me.
The pastor prayed for God to bless me.
7 He said that it had been a sunny day and he had gone swimming.
8 She told me that I looked good and asked if I was happy.

B 1 will → would
2 do you live → she lived
3 do → to do
4 am → was
5 said → asked

해석
A
1 그녀는 나에게 "나는 기말고사를 위해서 열심히 공부할 거야"라고
말했다.
→ 그녀는 나에게 자기가 기말고사를 위해서 열심히 공부하겠다고
말했다.
2 나는 그녀에게 "너 지금 화났니?" 라고 말했다.
→ 나는 그녀에게 그 때 화가 났는지 물었다.
3 나는 그에게 "지금 몇 시냐?"라고 말했다.
→ 나는 그에게 그 때 몇 시였냐고 물었다.
4 우리 엄마는 나에게 "뭘 먹기 전에 손을 씻어라."라고 말했다.
→ 우리 엄마는 나에게 뭘 먹기 전에 손을 씻으라고
명령(요청)했다.

5 그녀는 "날씨가 정말 좋구나!"라고 말했다.
→ 그녀는 정말 좋은 날씨라고 (감탄해서) 소리쳤다.
6 목사님은 나에게 "신의 은총이 있기를!"라고 말했다.
→ 목사님은 신이 나를 축복해 주기를 기원했다.
→ 목사님은 신이 나를 축복해 주기를 기원했다.
7 그는 "화창한 날이었다. 그리고 나는 수영을 갔다."라고 말했다.
→ 그는 화창한 날이었고 자기기 수영을 갔다고 말했다.
8 그녀는 나에게 "너는 좋아 보인다. 행복하니?"라고 말했다.
→ 그녀는 나에게 내가 좋아 보인다고 말했고 내가 행복한지
물었다.

B
1 그녀는 나에게 "나는 가능한 많은 책을 읽을 거야"라고 말했다.
→ 그녀는 나에게 자기가 가능한 많은 책을 읽을 거라고 말했다.
2 나는 그녀에게 "어디에 사느냐?" 라고 말했다.
→ 나는 그녀에게 어디에 사느냐고 물었다.
3 선생님은 나에게 "지금 숙제를 해라" 라고 말했다.
→ 선생님은 나에게 그때 숙제를 하라고 명령했다.
4 그는 나에게 "왜 학교에 늦었느냐?"라고 말했다.
→ 그는 나에게 왜 학교에 늦었느냐고 물었다.
5 나는 그에게 "너는 창백해 보인다. 지금 아프냐?"라고 말했다.
→ 나는 그에게 창백해 보인다고 말했고 그때 아프냐고 물었다.

SENTENCE WRITING PRACTICE
p. 263

A 1 Are you happy now?
me if I was happy then
2 You have to study hard.
me that I had to study hard.
3 Where is the nearest subway station?
me where the nearest subway station was
4 Go and see a doctor.
him to go and see a doctor

B 1 He said, "It was raining hard, but I went there."
He said that it had been raining hard, but that he had gone there.
2 I said to her, "How beautiful you are!"
I cried out (to her) how beautiful she was.
3 The teacher said to me, "Do you like to play basketball?"
The teacher asked me if[whether] I liked to play basketball.
4 He said, "Let's play soccer together."
He suggested playing soccer together.
He suggested that we (should) play soccer together.

Chapter REVIEW TEST
p. 264

A 1 is
2 am
3 ended
4 is
5 them
6 has
7 is
8 gets
9 are
10 is

B 1 I met → she had met
  2 tomorrow → the next day
  3 was your car → my car was
  4 was your birthday → her birthday was
  5 exercise → to exercise
  6 you were → I was
  7 you → I

C 1 is, very, diligent   2 David, you, is
  3 will, be, busy   4 his, hobby, was
  5 was, born, in   6 warned, to quit
  7 if, I, liked   8 Both, and, are

D 1 Forty dollars a week is not a small sum for a student.
  2 Either you or I am responsible for the failure.
  3 The children learned that light travels faster than sound.
  4 I said to her, "Where did you live 3 years ago?"
    I asked her where she had lived 3 years before.
  5 She said to me, "You look pale. Are you sick now?"
    She told me that I looked pale and asked if I was sick then.

해석

A 1 그가 실수를 한 것은 명백하다.
  2 너와 나 둘다 첼로를 연주할 줄 모른다.
  3 나는 2차 세계대전이 1945년에 끝났다고 배웠다.
  4 그 아이는 유치원에서 일 더하기 일은 이라는 것을 배웠다.
  5 개는 귀엽지만 나는 개를 좋아하지 않는다.
  6 당신 아니면 그가 이달 말까지 그 프로젝트를 끝내야만 한다.
  7 당신뿐만 아니라 그녀도 마라톤 시합에 참여할 것이다.
  8 선생님은 자기가 매일 아침 7시에 일어난다고 말했다.
  9 많은 학생들은 그 소식을 듣고 놀랐다.
  10 그 시인이자 작가는 학생들에게 강의를 하고 있다.

B 1 그녀는 나에게 "나는 2년 전에 이 소녀를 만났다."라고 말했다.
   → 그녀는 나에게 자기가 그 소녀를 2년 전에 만났었다고 말했다.
  2 그는 나에게 "나는 이 만화책을 너에게 내일 돌려줄게."라고 말했다.
   → 그는 나에게 자기가 그 만화책을 그 다음날에 돌려주겠다고 말했다.
  3 그녀는 나에게 "네 차가 어디 있니?"라고 말했다.
   → 그녀는 나에게 내 차가 어디 있냐고 물었다.
  4 나는 그녀에게 "너의 생일이 언제냐?"라고 말했다.
   → 나는 그녀에게 생일이 언제냐고 물었다.
  5 의사는 나에게 "매일 30분 이상 운동을 하세요."라고 말했다.
   → 의사는 나에게 매일 30분 이상 운동을 하라고 조언했다.
  6 그녀는 나에게 "너는 정말 힘이 세구나!" 라고 말했다.
   → 그녀는 내가 정말 힘이 세다고 (감탄하여) 소리쳤다.
  7 그녀는 (나에게) "건강하기를 바랍니다!"라고 말했다.
   → 그녀는 내가 건강하기를 바란다는 소망을 표현했다.

IBT토플 Writing / Essay Topic별 실전 연습   p. 266

에세이 주제
당신은 다음 내용에 동의하는가, 동의하지 않는가?
어린이들은 학교를 시작하자마자 외국어를 배우기 시작해야 한다.
구체적인 이유와 당신의 입장을 뒷받침하는 예를 쓰시오.

| Body 1 |
① much better to begin studying early on in life
1 learning their sports at very early ages
2 The earlier you start , the better

| Body 2 |
① becoming increasingly difficult to survive in the world
1 are required to deal with foreign clients
2 It is much easier for them to negotiate with foreign clients

CHAPTER 16

전치사

UNIT 31 전치사의 종류 및 용법

A 주요 전치사의 용법

예문 해석
1 • 그 영화는 6시 10분에 시작한다.
 • 학교는 3시에 끝난다.
 • 거기에서 정오에 만나자
 • 그는 지금 책을 읽고 있는 중이다.
 • 그녀는 43세의 나이에 죽었다.
 • 나는 그 당시에 무엇을 해야 할지를 몰랐다.
 • 나는 가게에서 콜라 하나를 샀다.
 • 나는 버스정거장에서 그녀를 기다리고 있는 중이었다.
 • 그녀는 메인 스트리트 25번지에 산다.
 • 그는 목표를 향해 쐈다. 그러나 목표를 맞히지 못했다.
 • 그녀는 지금 사무실에서 일하고 있는 중이다.
 • 데이비드는 지금 점심을 먹고 있는 중이다.
 • 나는 그와 함께 이야기 할 때 편안함을 느낀다.
 • 그녀는 반값에 그 드레스를 샀다.
 • 우리는 그 뉴스를 듣고 놀랐다.

Pattern Practice   p. 271
❶ at 7:20
❷ at the age of twenty nine
❸ at the bus stop
❹ at lunch now
❺ at the news

51

예문 해석

2 • 그는 6월에 태어났다.
  • 그들은 겨울에 스키를 즐긴다.
  • 서울 올림픽경기가 1988년에 개최되었다.
  • 우리는 21세기에 살고 있다.
  • 그는 아침에 언제나 운동을 한다.
  • 나는 일주일 후에 너를 방문할 것이다.
  • 당신이 자리를 비웠을 때, 매니저가 당신을 찾았다.
  • 나는 10년 동안 서울에 살아오고 있다.
  • 데이비드는 1990년 이후로 한국에서 일을 하고 있다.
  • 세계인구의 거의 절반이 아시아에 산다.
  • 병 안에 많은 사탕들이 있다.
  • 그녀는 지금 누워 있다.
  • 그는 입원중이다.
  • 푸른색 재킷을 입고 있는 그 사람은 내 동생이다.
  • 오늘날 10명 중에 6명의 학생은 안경을 쓰고 있다.
  • 나는 네가 너의 방을 정리정돈하기를 바란다.

Pattern Practice   p. 272

❶ in the 21st century   ❷ in a week
❸ in Seoul   ❹ in the morning
❺ in ten people

예문 해석

3 • 나는 대개 금요일마다 수영을 간다.
  • 그녀는 5월 24일에 태어났다.
  • 나는 너의 생일날 너에게 선물을 하나 주겠다.
  • 회원들은 항상 일요일 아침마다 만난다.
  • 너는 벽에 있는 저 파리가 보이느냐?
  • 35페이지에 있는 그림을 보아라.
  • 제인은 이 아파트 4층에 산다.
  • 그 건물은 10번가에 있다.
  • 나는 그 소식을 라디오로 들었다.
  • 그들은 전화로 통화하고 있다.
  • 트럭 운전사들은 3일 동안 파업을 하고 있다.
  • 그는 역사에 관한 많은 책을 가지고 있다.
  • 나는 집에 가는 길에 친구 한 명을 만났다.
  • 그는 어제 사업차 뉴욕에 갔다.

4 • 나는 2시간 동안 그녀를 기다리고 있는 중이다.
  • 이 비행기는 시드니행이다.
  • 그는 어제 서울을 떠나 런던을 향했다.
  • 그는 매일 3마일을 달린다.
  • 나는 너를 위해 넥타이를 하나 샀다.
  • 그녀는 그 일에 적합한 사람이다.
  • 너는 그 계획에 찬성하느냐? 반대하느냐?
  • 나는 DMB전화기 값으로 200달러를 지불했다.
  • 그는 오늘 아침에 아침식사로 버터 바른 빵을 먹었다.
  • 그녀는 나이에 비해 젊어 보인다.
  • 사장은 그 프로젝트의 지연에 대해 그를 나무랐다.

Pattern Practice   p. 273

❶ on the seventh floor   ❷ on the radio
❸ for Seoul   ❹ for his age

예문 해석

5 • 나는 내 친구들과 함께 박물관에 갔다.
  • 그녀는 칼라가 달린 드레스를 선호한다.

• 그는 파란 눈을 가진 아들이 하나 있다.
• 나는 쓸 펜이 필요하다.
• 그의 손은 장갑 때문에 따뜻했다.
• 우리는 10년 동안 이 가게를 상대해 왔다.
• 나는 너와 의견이 같다.

6 • 그녀는 부유한 가족에서 태어났다.
  • 그는 폐암으로 죽었다.
  • 그 남자는 그녀에게서 그녀의 돈을 강탈했다.
  • 그들은 죄수들에게 음식을 주지 않았다.
  • 너는 집에서 쥐들을 없애야만 한다.
  • 이 약이 그의 감기를 치료했다.
  • 가구는 나무로 만들어진다.
  • 소녀들 중에 세 명이 학교에 늦었다.
  • 테이블의 다리 하나가 부러졌다.
  • 그녀는 자기의 죽은 아들에 대해서 절대 말하지 않는다.
  • 그가 시험에 떨어졌다는 사실이 우리를 놀라게 했다.

7 • 그는 히터 옆에 앉아 있었다.
  • 그들은 시청 옆으로 통과했다.
  • 그녀는 경찰에 의해 체포되었다.
  • 신용카드로 지불해도 되나요?
  • 다른 사람들을 옷으로 판단하지 마라.
  • 그는 나보다 키가 10센티미터 더 크다.
  • 대부분의 건설 근로자들은 일당으로 돈을 받는다.
  • 나는 10시까지 돌아오겠다.

Pattern Practice   p. 275

❶ with him   ❷ of lung cancer
❸ by the stove   ❹ by 8 o'clock

예문 해석

8 • 학교는 9월 2일에 시작한다.
  • 너는 어디 출신이냐?
  • 버터는 우유로 만들어진다.
  • 그녀는 열병으로 죽었다.
  • 외모로 판단해 보건데, 그는 틀림없이 부자일 것이다.
  • 그녀는 처음으로 집에서 멀리 떨어졌다.
  • 폭우로 그들은 나가지 못했다.
  • 그 노인은 고통으로부터 절대 자유롭지 못하다.
  • 너는 그와 그의 쌍둥이 동생을 구분할 수 있느냐?

9 • 10시 5분전이다.
  • 공원은 도시의 동쪽에 있다.
  • 너의 상처에 약간의 연고를 발라라.
  • 이것이 정문의 열쇠이다.
  • 그들은 재즈음악에 맞춰 춤을 추었다.
  • 모두 합해서 120달러입니다.
  • 승리를 위해서 건배를 제안하고자 합니다.
  • 그들은 나를 구하러 왔다.
  • 그의 계획이 나의 계획보다 더 낫다.

Pattern Practice   p. 276

❶ from grapes   ❷ from going out
❸ to the door   ❹ superior to

B 기타 전치사의 용법

예문 해석

1 • 그녀는 3시 이후에 자유시간이 있을 것이다.
  • 당신 뒤에 있는 문을 좀 닫아 주세요.
  • 우리는 그 프로젝트를 크리스마스 전에 끝낼 수 있다.
  • 그는 위원회 앞에서 발표를 했다.

2 • 물이 내 무릎 위까지 올라왔다.
  • 이 줄 밑으로는 쓰지 마시오.
  • 그는 그 가수 위로 커다란 우산을 들고 있었다.
  • 커다란 배 하나가 다리 밑으로 항해했다.

3 • 그녀는 우리 집에서 도로 건너편에 산다.
  • 그의 집은 바로 거리 건너편에 있다.
  • 그는 강을 따라서 달렸다.
  • 이 거리를 따라서 두 블록을 가라.
  • 기름이 이 파이프를 통해서 흐른다.
  • 한강은 서울을 가로질러 흐른다.

4 • 테이블과 침대 사이에 공이 하나 있다.
  • 한 소년이 데이비드와 수잔 사이에 서 있었다.
  • 나는 나무들 사이에서 토끼 한 마리를 발견했다.
  • 그는 군중들 사이에 있었다.

Pattern Practice
p. 277
❶ before the committee ❷ above my knee
❸ along the river ❹ among the trees

예문 해석

5 • 버스가 우리 집 앞에 선다.
  • 내 앞의 싸이클 선수가 갑자기 멈추었다.
  • 그 소년은 큰 나무 뒤에서 달려 나왔다.
  • 선생님 뒤에 서 있는 저 소녀는 누구냐?

6 • 그 계획에 대해서 심각하게 이야기 해 보자.
  • 그는 현대역사에 대한 책을 썼다.

7 • 그가 열심히 일을 했음에도 불구하고, 그는 사업에 실패했다.
  • 그는 나이에도 불구하고 매우 건강하다.
  • 피곤한데도 불구하고, 우리는 나가기로 했다.
  • 배는 악천후에도 불구하고 항해를 했다.

8 • 어린이들은 물속으로 뛰어 들었다.
  • 너는 상세하게 말할 필요도 없다.
  • 그 소년은 침대에서 뛰쳐나왔다.
  • 우리 아버지는 주머니에서 지갑을 꺼냈다.

Pattern Practice
p. 278
❶ in front of ❷ on history
❸ in spite of ❹ into the water

GRAMMAR PRACTICE
p. 279

A 1 by   2 at
  3 on   4 During
  5 from   6 by
  7 on   8 in

B 1 at   2 by
  3 from   4 for
  5 in   6 at
  7 with   8 of
  9 at

C 1 at → in   2 until → by
  3 than → to   4 on → over
  5 among → between

해석

A
1 그는 어제 차로 부산에 갔다.
2 그는 24세의 나이에 차사고로 사망했다.
3 재무위원회는 3월 4일에 다시 회의를 할 것이다.
4 여름방학 동안 그는 인명구조원으로 일했다.
5 나는 금요일부터 일요일까지 이곳에 머물 것이다.
6 우리의 모든 제품은 이메일로 주문될 수 있습니다.
7 그들은 월요일 아침에 회의가 있다.
8 그녀는 일주일 뒤에 런던에서 돌아올 것이다.

B
1 우리 아들은 지금 학교에 있다.
2 이 건물은 저 건물보다 150미터 더 높다.
3 그는 그 사고에 대한 모든 책임(비난)으로부터 자유로웠다.
4 그녀는 어린이를 위한 이야기 책 몇 권을 가지고 올 것이다.
5 데이비드는 2주 후에 뉴욕에서 돌아올 것이다.
6 나는 최대 속도로 달렸다. 하지만 그를 따라잡을 수 없었다.
7 나는 그녀와 공통점이 거의 없다.
8 그는 나에게서 돈을 빼앗았다.
9 아기가 한밤중에 울고 있었다.

C
1 우리 누나는 지금 휴가차 캘리포니아에 있다.
2 그는 내일까지 그 일을 끝내야만 한다.
3 나는 와인보다 맥주를 더 좋아한다.
4 램프 하나가 테이블 위에 매달려 있었다.
5 두 소년 사이에 앉으세요.

SENTENCE WRITING PRACTICE
p. 280

A 1 at the age of thirty two
  2 in the 21st century
  3 a present on your birthday
  4 Seoul for Sydney yesterday
  5 her of her watch

B 1 He was arrested by the police.
  2 The heavy snow prevented them from going out.
  3 They danced to the Jazz music.
  4 You have to finish the project before Christmas.
  5 I jog along the river every day.
  6 I bought the bag at half price.
  7 He paid $250 for the smartphone.

REVIEW TEST

p. 281

Ⓐ 1 for   2 from
   3 to   4 on

Ⓑ 1 with blue eyes
   2 during the summer vacation
   3 by 5 centimeters
   4 of the insects
   5 on my way home
   6 for or against

해석

Ⓐ 1 이 기차는 서울행입니다.
     그는 아침식사로 샌드위치를 먹는다.
     그는 나이에 비해 늙어 보인다.
   2 그의 겉모습으로 판단해 보건대, 그는 틀림없이 부자일
     것이다.
     너는 그녀의 쌍둥이 자매와 그녀를 구분할 수 있느냐?
     포도주는 포도로 만들어진다.
   3 전체 금액은 250달러입니다.
     우리의 우정을 위하여 건배를 제안합니다.
     이것이 그 보안문의 열쇠이다.
   4 그는 현대역사에 관한 많은 책을 썼다.
     금속 노조원들은 5일 동안 파업해 오고 있다.
     천정에 있는 저 파리 보이나요?

IBT토플 Writing / Essay Topic별 실전 연습

p. 282

에세이 주제
어떤 사람들은 새로운 것들을 즐기고 새로운 경험을 기대한다. 또
어떤 사람들은 같은 상태로 유지되는 생활을 좋아하고 자신들의
일상적인 습관을 바꾸지 않는다. 이 두 가지 생활방식을 비교해 보라.
어느 생활방식을 선호하는가? 이유를 설명하시오

| Body 1 |
ⓣ our home is our oasis
1 comfortable in a familiar setting
2 that have remained the same for years

| Body 2 |
ⓣ it is an inevitable part of life, add excitement
1 recognize the opportunities that it offers us
2 could be the beginning of a whole new adventure

CHAPTER 17

특수 구문

UNIT 32 강조구문, 도치구문, 생략구문

A 강조구문

예문 해석
1 나는 지난달에 런던에서 수잔을 만났다.
   → 지난달에 런던에서 수잔을 만난 사람은 바로 나였다.
   → 내가 지난달에 런던에서 만난 사람은 바로 수잔이었다.
   → 내가 런던에서 수잔을 만난 때는 바로 지난달 이었다.
   → 내가 지난달에 수잔을 만난 곳은 바로 런던에서였다.

Pattern Practice

p. 286

❶ It was I that[who] wrote a long letter to her in my room yesterday.
❷ It was a long letter that I wrote to her in my room yesterday.
❸ It was yesterday that[when] I wrote a long letter to her in my room.
❹ It was in my room that[where] I wrote a long letter to her yesterday.

해석
나는 어제 내 방에서 그녀에게 긴 편지를 한 통 썼다.
❶ 어제 내 방에서 그녀에게 긴 편지 한 통을 쓴 사람은 바로 나였다.
❷ 어제 내 방에서 내가 그녀에게 쓴 것은 바로 긴 편지 한 통
   이었다.
❸ 내가 내 방에서 그녀에게 긴 편지 한 통을 쓴 것은 바로 어제였다.
❹ 내가 어제 그녀에게 긴 편지 한 통을 쓴 곳은 바로 내 방에서였다.

예문 해석
   • 나는 TV에서 축구경기를 보았다.
   • 그녀는 예쁜 소녀이다.
   • 그녀는 버스를 주의깊게 운전한다.
   • 불행하게도, 그는 시험에 합격하지 못했다.
   • 그들이 어제 운동장에서 한 것은 바로 축구였다.
   • 그들이 어제 운동장에서 축구를 한 것은 사실이었다.
2 • 나는 수영하는 것을 정말로 좋아한다.
   • 이것이 내가 찾고 있던 바로 그 차이다.
   • 너는 도대체 무슨 이야기를 하고 있는 거야?
   • 나는 전혀 배고프지 않다.
   • 그는 우리 반에서 아주 키가 큰 학생이다.
   • 그는 우리 반에서 어느 학생보다 훨씬 더 키가 크다.

Pattern Practice

p. 287

❶ It~that 구문   ❷ It is~that 강조구문
❸ It~that 구문   ❹ It~that 구문

해석
❶ 우리가 우리 자신에게 정직해야 한다는 것은 중요하다.
❷ 지난밤에 내 컴퓨터를 사용한 사람은 바로 톰이었다.
❸ 그가 실수를 한 것이 명백하다.
❹ 그의 팀이 경기에서 이긴 것은 사실이다.

B 도치구문

예문 해석
1 • 그녀는 자기 아들이 그 시험에 합격할 거라고 조금도 기대하지 않았다.
 • 나는 그가 말한 것을 도저히 믿을 수가 없다.
 • 나는 그렇게 아름다운 소녀는 한 번도 본 적이 없다.
 • 오늘 아침까지만 해도 그는 그 충격적인 소식을 듣지 못했다.
 • 여기 버스가 온다.
 • 여기 그가 온다.
 • 가로등이 꺼졌다.
 • 침대 위에 한 아기가 자고 있다.
 • 가족들과 함께 한 호주 여행을 나는 영원히 기억할 것이다.
 • 그 소년은 하루 종일 단 한마디도 말하지 않았다.

Pattern Practice   p. 288
❶ I can → can I
❷ a cat is sleeping → is sleeping a cat
❸ will I → I will
❹ said the boy → did the boy say

해석
❶ 나는 그 소식을 도저히 믿을 수 없다.
❷ 침대 위에 고양이 한 마리가 자고 있다.
❸ 하와이 여행을, 나는 절대 잊지 않을 것이다.
❹ 그 소년은 하루 종일 한 마디도 안 했다.

예문 해석
 • 사물의 밝은 면을 볼 수 있는 사람들이 행복한 사람이다.
 • 마음이 순수한 사람은 복을 받는다.
 • 그는 너무 충격을 받아서 무엇을 해야 할지 몰랐다.
2 • 이 건물 벽에는 많은 사진들이 있다.
 • A: 나는 행복하다[행복했다]. B: 나도 그래[그랬다].
   A: 나는 축구를 한다[했다]. B: 나도 한다[했어].
   A: 나는 사과를 좋아하지 않는다[않았다]. B: 나도 안 좋아해[안 좋아했다].
   A: 나는 바이올린을 연주할 줄 모른다[몰랐다]. B: 나도 못한다[못했다].
 • "정직이 최선의 정책이다." 라고 그 교수님이 말씀하셨다.
   "정직이 최선의 정책이다." 라고 그는 말했다.
 • 만약 내가 부자라면, 나는 세계일주 여행을 할 텐데.
   만약 그가 더 열심히 공부를 했더라면, 그는 더 나은 일자리를 잡을 수 있었을 텐데.

Pattern Practice   p. 289
❶ Blessed <u>are</u> <u>the poor</u> in spirit.
❷ There <u>are</u> <u>many books</u> on the table.
❸ "I loved her so much." <u>said</u> <u>the man</u>.
❹ So shocked <u>he</u> <u>was</u> that he didn't know what to do.

해석
❶ 영혼이 가난한 자는 복이 있다.
❷ 탁자 위에 많은 책들이 있다.
❸ "나는 그녀를 매우 많이 사랑했다." 라고 그 남자는 말했다.
❹ 그는 매우 충격을 받아서 무엇을 해야 할지 몰랐다.

B 생략구문

예문 해석
1 • 스티브는 공부하러 뉴욕에 갔고 제니퍼는 여행하러 파리에 갔다.
 • 실수를 하는 것은 인간이고 용서하는 것은 신이다.
 • 내 방이 내 여동생의 방보다 더 지저분하다.
 • 그는 학교에 늦으면 안 된다. 하지만 그는 가끔 학교에 늦는다.
 • A: 너는 그 파티에 올 거니? B: 기꺼이 가겠다.
 • 어떤 사람에게는 공부가 기쁨이지만, 다른 사람에게는 고통이다.
2 • 그는 젊었을 때 매우 건강했다.
 • 비록 아프지만 그는 평소처럼 출근 했다.
 • 가능하다면, 내가 들게.
 • 그는 어제보다 훨씬 더 좋은 상태이다.
3 • 금연
 • 손대지 마시오.
 • 판매용이 아닙니다.
 • 만약 그것이 사실이 아니라면 어떡하죠?
 • 그녀가 곧 돌아올까요? 그러지 않을 것 같아요.
 • 주말에 눈이 올까? 그렇지 않았으면 좋겠다.

Pattern Practice   p. 290
❶ I will visit the factory, if (it is) necessary.
❷ I thought he would be happy and he was (happy).
❸ I was very confident when (I was) young.
❹ My room is cleaner than my brother's (room).

해석
❶ 필요하다면, 나는 그 공장을 방문할 것이다.
❷ 나는 그가 행복할 거라고 생각했고 실제로 그는 행복했다.
❸ 나는 젊었을 때 매우 자신감이 있었다.
❹ 나의 방은 내 동생의 방보다 더 깨끗하다.

GRAMMAR PRACTICE   p. 291

A 1 a) It was I that[who] met Susan at his birthday party last month.
  b) It was Susan that I met at his birthday party last month.
  c) It was at his birthday party that I met Susan last month.
  d) It was last month that[when] I met Susan at his birthday party.
 2 a) It was they that[who] played basketball in the playground yesterday.
  b) It was basketball that they played in the playground yesterday.
  c) It was in the playground that[where] they played basketball yesterday.
  d) It was yesterday that[when] they played basketball in the playground.

55

B 1 Hardly did I dream that I would marry her.
2 Never have I seen such a big animal.
3 Not a word did my daughter say all day long yesterday.
4 On the floor is sleeping a puppy.

C 1 Blessed are the poor in spirit.
2 There is a cell phone on the desk.
3 "Heaven helps those who help themselves," said the teacher.
4 Here comes the train.
5 Hardly could the boy believe what he saw.

해석
A
1 나는 지난달 그의 생일파티에서 수잔을 만났다.
→ 지난달에 그의 생일파티에서 수잔을 만난 사람을 바로 나였다.
→ 내가 지난달에 그의 생일파티에서 만난 사람은 바로 수잔이었다.
→ 내가 지난달에 수잔을 만난 곳은 바로 그의 생일파티에서였다.
→ 내가 그의 생일파티에서 수잔을 만난 때는 바로 지난달이었다.

2 그들은 어제 운동장에서 농구를 했다.
→ 어제 운동장에서 농구를 한 사람은 바로 그들이었다.
→ 그들이 어제 운동장에서 한 것은 바로 농구였다.
→ 그들이 어제 농구를 한 곳은 바로 운동장이었다.
→ 그들이 운동장에서 농구를 한 때는 바로 어제였다.

B
1 나는 내가 그녀와 결혼할 것이라는 것을 꿈도 꿔보지 않았다.
2 나는 그렇게 큰 동물은 한 번도 본 적이 없다.
3 우리 딸은 어제 하루 종일 단 한마디도 말하지 않았다.
4 강아지 한 마리가 침대 위에서 자고 있는 중이다.

C
1 영혼이 가난한 자는 복이 있다.
2 책상 위에 휴대폰이 하나 있다.
3 "하늘은 스스로 돕는 자를 돕는다". 라고 선생님은 말씀 하셨다.
4 여기 기차가 온다.
5 그 소년은 자기가 본 것을 전혀 믿을 수 없었다.

SENTENCE WRITING PRACTICE   p. 292

A 1 do like to play soccer
2 the very book, have been looking for
3 in the world broke this window
4 rain tomorrow, I hope not.
5 not tired at all

B 1 It was Steve that I met in Busan last week.
2 It was last week that I met Steve in Busan
3 Hardly can I believe what she said.
4 Not until this morning did he hear the good news.
5 Never have I seen such beautiful scenery.
6 Happy are those who have a positive attitude.
7 He can run much[far, ever] faster than me[I].

56

UNIT 33 공통, 삽입, 동격, 물주구문

A 공통구문

예문 해석
• 그는 과거에도 지금도 가장 사랑받는 배우이다.
• 그녀는 아름답고 똑똑하다.
• 당신은 차의 안전과 가격에 관심을 가져야 한다.
• 너는 영어를 배울 수 있고 배워야만 한다.
• 우리 엄마는 매일 아버지의 셔츠를 세탁하고 다리미질 한다.
• 그녀는 아름답고 똑똑한 소녀이다.
• 그는 매일 학교까지 학교에서 집까지 3킬로미터를 걷는다.

B 삽입구문

예문 해석
• 스티브는 놀랍게도 변호사 시험에 합격했다.
• 그녀는 소위말해 걸어다니는 사전이다.
• 그는 설령 있다 해도, 다시 걸을 희망이 거의 없다.
• 내 생각에 능력있고 정직한 사람을 나는 채용했다.
• 그는 내가 알기로는 신사이다.
• 100년 전에 세워진 그 건물이 강변에 서 있다.
• 고속열차는 7시에 출발해서 부산에 10시에 도착했다.

Pattern Practice   p. 293
❶ He is, so to speak, a genius.
❷ She is, as far as I know, a kind lady.
❸ She runs 2 km to and from school every day.

해석
❶ 그는 소위 말해 천재이다.
❷ 그녀는 내가 알고 있는 한 친절한 숙녀이다.
❸ 그녀는 매일 학교에 갔다 왔다 2km를 달린다.

C 동격구문

예문 해석
• 훌륭한 의사인 존슨 씨는 가난한 사람들을 많이 도와줬다.
• 그가 시험에 합격했다는 소식에 우리는 매우 안심이 되었다.
• 물가가 올라간다는 사실은 인플레이션의 신호가 될 수 있다.
• 나는 교육에 관한 책을 출판한다는 그 생각이 좋다.

D 물주구문

예문 해석
• 폭우 때문에 우리는 하이킹을 가지 못했다.
• 편견 때문에 그는 그 제안을 받아들이지 못했다.
• 아들의 죽음 때문에 그는 미쳤다.
• 그녀는 부유해서 어느 것이든 할 수 있다.
• 이 사진을 보면 나의 어린 시절이 생각난다.
• 20분을 걸은 후에 그는 버스 정거장에 도착했다.
• 주의깊게 생각해 보면 너는 답을 알 수 있을 것이다.
• 이 지하철 노선을 타면 너는 시청에 갈 수 있을 것이다.
• 이 약을 먹으면 좋아질 것이다.

- 아무리 돈이 많아도 그녀는 만족하지 못한다.
- 조금 더 마신다고해도 죽지 않는다.
- 그녀는 예뻐서 그룹에서 눈에 띈다.

Pattern Practice
p. 294
❶ 왜 그렇게 오래 걸렸느냐?
❷ 이 사진을 보면 좋았던 옛날이 생각난다.
❸ 규칙적으로 운동하면 건강해 진다.
❹ 폭설로 인해 그들은 밖에 나가지 못했다.

GRAMMAR PRACTICE
p. 295

A 1 I will hire a person who I believe is diligent and honest.
2 The bus, leaving at 3, arrived in Daegu at 7.
3 The school, which was founded in 1900, is very famous for its ivy.
4 Who do you think is the best player?

B 1 Ms. Susan, a famous pianist, held a concert in Seoul last week.
2 Can you believe the fact that he failed the exam?
3 Venus, the closest planet to Earth, is easy to see at night.
4 I oppose the government's plan of raising taxes.

C 1 거리의 시끄러운 소리 때문에 나는 밤새 잠을 이루지 못했다.
2 그 결과를 보고 나는 행복했다.
3 무엇 때문에 크게 웃느냐?
4 홍수 때문에 구조대원들이 재난지역에 들어가지 못했다.
5 폭우 때문에 우리는 캠핑을 가지 못했다.
6 장학금 덕분에 그는 외국에서 공부할 수 있었다.
7 이 약을 먹으면 통증이 완화될 것이다.
8 이 버스를 타면 시내에 갈 수 있을 것이다.
9 원정 때문에 그는 목숨을 잃었다.
10 과로 때문에 스티브는 목숨을 잃었다.
11 무슨 일로 여기에 왔느냐?
12 무엇 때문에 그렇게 오래 걸렸느냐?

해석
A
1 내가 믿기에 부지런하고 정직한 사람을 채용하겠다.
2 버스는 3시에 떠나서 대구에 7시에 도착했다.
3 1900년에 설립된 그 학교는 담쟁이로 유명하다.
4 너는 누가 최고의 선수라고 생각하느냐?

B
1 유명한 피아니스트인 미즈 수잔은 지난 주에 서울에서 콘서트를 열었다.
2 너는 그가 시험에 떨어졌다는 사실을 믿을 수가 있느냐?
3 지구에서 가장 가까운 행성인 금성은 밤에 쉽게 볼 수 있다.
4 나는 세금을 올리겠다는 정부의 계획에 반대한다.

SENTENCE WRITING PRACTICE
p. 296

A 1 may or may not be true
2 was and is
3 as far as I know, a smart man
4 a good lawyer, helped the weak
5 made me angry

B 1 The heavy rain prevented us from going out.
2 The heavy snow prevented people from driving.
3 His politeness made me happy.
4 What makes you so sad?
5 This medicine will make you feel better.
6 This train will take you to Busan.

Chapter REVIEW TEST
p. 297

A 1 does like   2 much
3 did he expect   4 she comes
5 did the girl say   6 she was
6 did the robber show

B 1 when young   2 Though sick
3 if any

C 1 The storm forced us to postpone the camping.
2 His wealth enables him to do anything.
3 This picture reminds me of my school days.
4 Her rudeness made him angry.
5 His son's death drove him mad.

해석
A 1 그는 테니스 치는 것을 정말로 좋아한다.
2 그녀는 우리 반의 다른 소녀들보다 훨씬 더 예쁘다.
3 그는 자기가 복권에 당첨되리라고는 조금도 기대하지 않았다.
4 여기 그녀가 온다.
5 그 소녀는 하루 종일 단 한 마디도 말하지 않았다.
6 매우 충격을 받아서 그녀는 한 마디도 말하지 못했다.
7 그 강도는 정말로 무자비했다.

IBT토플 Writing / Essay Topic별 실전 연습
p. 298

에세이 주제
일부 고등학교들은 모든 학생들이 교복을 입도록 요구한다. 다른 학교들은 학생들이 학교에 올 때 입고 싶은 옷을 스스로 결정하도록 허용한다. 이 두 개의 정책 중에 어느 것이 더 좋다고 생각하느냐? 구체적인 이유와 당신의 의견을 뒷받침할 예를 드시오

| Body 1 |
① tend to tease students
1 distracts them from their school lessons
2 create a better learning environment for all students

| Body 2 |
① create a sense of community among all students
1 help students to identify each other
2 Such a feeling can help cut down on

주요 불규칙 동사 변화표

원형	과거	과거분사
be	was / were	been
begin	began	begun
break	broke	broken
bring	brought	brought
buy	bought	bought
catch	caught	caught
come	came	come
cut	cut	cut
do	did	done
draw	drew	drawn
drink	drank	drunk
drive	drove	driven
eat	ate	eaten
fall	fell	fallen
feel	felt	felt
find	found	found
fly	flew	flown
get	got	got(ten)
give	gave	given
go	went	gone
have	had	had
hear	heard	heard
keep	kept	kept
know	knew	known
leave	left	left
lose	lost	lost
make	made	made
meet	met	met
pay	paid	paid
put	put	put
read	read	read
ride	rode	ridden
run	ran	run
say	said	said
see	saw	seen
sell	sold	sold
send	sent	sent
sing	sang	sung
sit	sat	sat
sleep	slept	slept
speak	spoke	spoken
swim	swam	swum
take	took	taken
teach	taught	taught
tell	told	told
think	thought	thought
wake	woke	waken
write	wrote	written

※ 앞에서 학습한 동사 변화를 아래 빈칸에 직접 써 보세요.

원형	과거	과거분사
be		
begin		
break		
bring		
buy		
catch		
come		
cut		
do		
draw		
drink		
drive		
eat		
fall		
feel		
find		
fly		
get		
give		
go		
have		
hear		
keep		
know		
leave		
lose		
make		
meet		
pay		
put		
read		
ride		
run		
say		
see		
sell		
send		
sing		
sit		
sleep		
speak		
swim		
take		
teach		
tell		
think		
wake		
write		

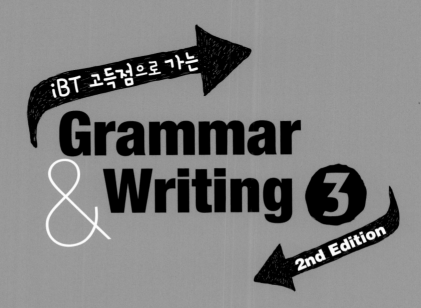

iBT 고득점으로 가는

Grammar
& Writing ❸

2nd Edition